外贸跟单实务

主　编　杨　芬　章雁峰
副主编　欧阳驹　陈贤平　傅祝屏
参　编　魏巧米　黄冬梅　姜继红

北京理工大学出版社
BEIJING INSTITUTE OF TECHNOLOGY PRESS

版权专有　侵权必究

图书在版编目（CIP）数据

外贸跟单实务：英、汉 / 杨芬，章雁峰主编. —北京：北京理工大学出版社，2020.7（2021.12重印）

ISBN 978-7-5682-8625-1

Ⅰ. ①外⋯　Ⅱ. ①杨⋯②章⋯　Ⅲ. ①对外贸易–市场营销学–汉、英　Ⅳ. ①F740.4

中国版本图书馆CIP数据核字（2020）第112272号

出版发行 / 北京理工大学出版社有限责任公司
社　　址 / 北京市海淀区中关村南大街5号
邮　　编 / 100081
电　　话 / （010）68914775（总编室）
　　　　　（010）82562903（教材售后服务热线）
　　　　　（010）68944723（其他图书服务热线）
网　　址 / http://www.bitpress.com.cn
经　　销 / 全国各地新华书店
印　　刷 / 北京国马印刷厂
开　　本 / 787毫米×1092毫米　1/16
印　　张 / 14.25　　　　　　　　　　　　　　　责任编辑 / 武丽娟
字　　数 / 338千字　　　　　　　　　　　　　　文案编辑 / 武丽娟
版　　次 / 2020年7月第1版　2021年12月第3次印刷　责任校对 / 刘亚男
定　　价 / 42.80元　　　　　　　　　　　　　　责任印制 / 施胜娟

图书出现印装质量问题，请拨打售后服务热线，本社负责调换

前　言

党的二十大报告指出："我国经济实力实现历史性跃升。"国内生产总值从54万亿元增长到114万亿元，稳居世界第二位。同时，报告提出推动共建"一带一路"高质量发展，这意味着中国不仅仅要推动构建人类命运共同体，更重要的是实现高质量发展。增强国内大循环内生动力和可靠性，提升国际循环质量和水平，加快建设现代化经济体系，坚持把发展经济的着力点放在实体经济上，加快建设制造强国、质量强国。作为世界第一货物贸易大国，中国正以"一带一路"倡议为统领，不断提高对外开放水平，努力开创对外开放新格局。面对外贸发展新机遇和新挑战，培养大批熟悉国际贸易规则，适应外贸发展新业态的高素质技能型外贸人才，成为我国从贸易大国走向贸易强国的关键。合格的外贸从业人员不仅要掌握外贸商品、外贸函电等国际贸易基础知识，还要掌握外贸合同跟踪，比如跟单、单证制作等知识。

围绕实施科教兴国战略，党的二十大报告指出："教育、科技、人才是全面建设社会主义现代化国家的基础性、战略性支撑。必须坚持科技是第一生产力、人才是第一资源、创新是第一动力，深入实施科教兴国战略、人才强国战略、创新驱动发展战略，开辟发展新领域新赛道，不断塑造发展新动能新优势。"顺应"互联网+"时代的发展趋势，提升育人效果，深化教育教学改革，丰富教育教学资源，提高教育质量。教材编写组成员根据教育部《关于加强高等学校在线开放课程建设应用与管理的意见》（教高〔2015〕3号）和浙江省省教育厅《浙江省教育厅办公室关于组织开展省级精品在线开放课程建设工作的通知》（浙教办高教〔2015〕95号）文件精神，开发建设浙江省精品在线开放课程《外贸出口跟单实务》，先后在浙江省高等学校在线开放课程共享平台和智慧职教平台开课，在教师、学生、社会用户中均产生了较大影响。在课程建设基础上，教材编写组又结合岗位工作任务和职业能力分析结果，以外贸跟单工作流程为主线开发本教材。

本教材紧扣党的二十大精神，以外贸跟单工作业务流程为主线，选取有代表性的大型综合案例设计项目的活动为载体，涵盖了业务操作的全过程。全书分为四个单元，第一单元是认识外贸跟单，概括介绍外贸跟单的工作流程和外贸跟单员的工作特点；第二单元是出口跟单实务，有九个模块，详细介绍外贸出口跟单操作的流程；第三单元是进口跟单实务，重点介绍外贸进口跟单的工作流程；第四单元是客户管理，重点介绍客户管理的方法。每个模块都会由多个项目任务分解完成，比如样品跟单中会有四个项目任务：分析样品要求、测算样品费用、制作样品、样品管理等。同时，整个外贸出口跟单的操作都会在同一个外贸订单项下完成。每个模块都由知识目标、技能目标、素养目标、工作背景、工作任务、知识储备、知识回顾、技能训练等几个栏目构成。

本教材比较全面地阐述了外贸跟单的基本知识和实务操作，具有以下几个特点：

1. 教材内容编写落实立德树人根本任务

提炼素质目标，以"敬业、精业、创新、担当"四种精神为引领，以学生任务为导向，将做人做事的基本道理、职业精神、社会主义核心价值观、实现民族复兴的理想和责任融入教材内容。

2. 体例安排和内容设置做到理论与实际相结合

本书采用典型的外贸跟单业务案例，开发情境化的项目活动载体，设计相关工作任务和实训项目，内容丰富且贴近实务。理论知识的选取紧紧围绕工作任务完成的需要来进行，同时又充分考虑了高等职业教育对理论知识学习的需要，并融合了相关职业资格证书对知识、技能和态度的要求。

3. 贯彻项目驱动、任务导向理念

本教材采用"案例订单"与"实训订单"双情境组织结构，每个学习情境都是完整的工作过程，均设计相应的学习任务和实训任务。在任务分解的基础上，详细阐述外贸跟单特别是出口跟单的流程，并辅以知识储备、技能训练等，让学生在完成工作任务的过程中扎实掌握跟单专业知识和技能。

4. 实现新形态一体化教材的"互联网+"式互动

本书为浙江省高校"十三五"第二批新形态教材建设项目，在编写过程中吸收了外贸行业发展的新知识、新要求，并配套开发了文本、图片、视频、动画等多形态、立体化的教学资源，并在书中设置了对应的标识和二维码，以满足教学设计、教学实施等多方面需要。

本教材由浙江育英职业技术学院杨芬、章雁峰任主编，并负责总体策划和最后审定，由欧阳驹、陈贤平、傅祝屏担任副主编。具体编写分工为：杨芬（模块一、三、四、五、六），章雁峰（模块二、七、八、九），傅祝屏（模块十），浙江长征职业技术学院姜继红（模块十一），黄冬梅、魏巧米（模块十二），陈贤平、欧阳驹（模块十三）。另外，本课程建设和教材编写除兄弟院校支持外，还得到了上海远恒电子工程有限公司的大力支持，在此一并表示衷心感谢。

本教材在课时设计上，预计为每周 3 学时，总学时预计约 48 学时。建议采用本教材的教师根据授课对象的不同，有选择、有重点地讲授，同时建议授课教师充分利用本书中立体化的数字教学资源，开展翻转课堂和线上线下混合教学探索和实践。

由于编者水平有限，编写时间紧、任务重，难免会出现一些疏漏错误，欢迎同行专家学者和广大读者提出宝贵意见。

编者

目 录

第一单元　外贸跟单

模块一　解读外贸跟单 …………………………………………………（3）

第二单元　出口跟单实务

模块二　接单、审单 ……………………………………………………（17）

模块三　样品跟单 ………………………………………………………（35）

模块四　选择生产企业 …………………………………………………（54）

模块五　原材料（零部件、辅料）采购跟单……………………………（74）

模块六　生产进度跟单 …………………………………………………（89）

模块七　品质跟单 ………………………………………………………（101）

模块八　出口产品包装跟单 ……………………………………………（117）

模块九　出口运输跟单 …………………………………………………（141）

模块十　出口收汇、退税跟单 …………………………………………（159）

第三单元 进口跟单实务

模块十一 进口跟单流程…………………………………………………（169）

模块十二 进口报检与报关………………………………………………（182）

第四单元 客 户 管 理

模块十三 解读客户管理…………………………………………………（201）

附　录……………………………………………………………………（216）

参考文献…………………………………………………………………（222）

第一单元

外贸跟单

解读外贸跟单

知识目标

1. 知晓外贸跟单员的基本知识与基本素质
2. 熟悉外贸跟单的分类、特点
3. 掌握外贸跟单、外贸跟单员的含义
4. 掌握生产企业跟单和外贸公司跟单的异同点

技能目标

1. 掌握外贸公司出口跟单的流程
2. 掌握生产企业出口跟单的流程

您好！我叫章晓智，毕业于浙江育英职业技术学院国贸专业。我来应聘公司的外贸跟单员岗位。

章晓智，你好！我是天津忆思纺织品进出口有限公司的外贸经理黄英。我们将对你的业务能力进行简单的测试。请说说出口跟单的一般流程。

章晓智在面试前，应充分了解外贸跟单的相关知识：
1. 外贸跟单岗位与其他工作岗位的关系
2. 外贸跟单的工作流程

知识储备

视频1：认识外贸跟单员

一、外贸跟单岗位与其他工作岗位的关系

（一）外贸跟单的概念

外贸跟单，是外贸行业一个细分的从业岗位，其主要职责是围绕着外贸订单，将国外的订单按质、按量、按时交到国外采购商手中，也是外贸公司内部多部门之间、外贸公司与生产企业、外贸公司与客户、生产企业与客户之间的桥梁。

外贸跟单员是指在进出口业务中，在贸易合同签订后，依据相关合同或单证对货物生产加工、装运、保险、报检、报关、结汇等部分或全部环节进行跟踪或操作，协助履行贸易合同的外贸从业人员。

跟单中的"跟"是指跟进、跟随，跟单中的"单"是指合同项下的订单；而外贸跟单中的"单"，则是指企业中的涉外合同或信用证项下的订单。对于外销员（经理）来说，外贸跟单员是协助他们开拓国际市场、推销产品、协调生产和完成交货的业务助理。

（二）外贸跟单的分类

1. 出口外贸跟单和进口外贸跟单

根据货物的流向，可分为出口外贸跟单和进口外贸跟单。

（1）出口外贸跟单。出口外贸跟单是由出口商对出口贸易合同的履行进行部分或全部跟踪或操作。

（2）进口外贸跟单。进口外贸跟单是由进口商对进口贸易合同的履行进行部分或全部跟踪或操作。

知识链接

外贸跟单岗位与其他外贸工作岗位的关系

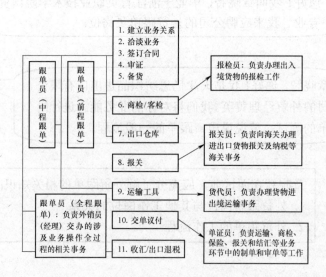

2. 前程跟单、中程跟单、全程跟单

根据外贸跟单业务的进程，可分为前程跟单、中程跟单和全程跟单。

（1）前程跟单。前程跟单是指"跟"到出口货物的出货为止。

（2）中程跟单。中程跟单是指"跟"到清关装船为止。

（3）全程跟单。全程跟单是指"跟"到货款到账、合同履行完毕为止。

3. 外贸公司跟单和生产企业跟单

根据外贸跟单的企业性质，可分为外贸公司跟单和生产企业跟单。

（1）外贸公司跟单。外贸公司跟单是指外贸公司根据贸易合同规定的货物品质、包装和交货时间，选择生产企业，进行原料、品质、包装和生产进度的跟单，按时、按质地完成交货义务。

（2）生产企业跟单。生产企业跟单是指拥有外贸经营权的生产企业根据贸易合同规定的货物品质、包装和交货时间等有关条款进行原料跟单、品质跟单、包装跟单和生产进度跟单，按时、按质地完成交货义务。

此外，根据商品类别可分为纺织品跟单、服装跟单、鞋类跟单和玩具跟单等。根据具体业务环节可分为运输跟单、原材料采购跟单、包装跟单、外包（协）跟单、生产进度跟单和商品质量跟单等。以上分类名称各有不同，但外贸跟单的目标是相同的，都是为了按时、按质地完成交货义务。

（三）外贸跟单员需具备的基本知识与素质

外贸跟单员不仅需要有很强的业务技能，还需要有较高的知识要求和良好的职业素质、知识素质、能力素质和管理素质。

1. 外贸跟单员的知识要求

（1）外贸基础知识。

外贸跟单员在国际贸易业务岗位上工作，不仅要了解国际贸易的规则和政策，还要了解海关、商检、运输、保险、外汇、银行结算等与外贸跟单有关的外贸基础知识。这些知识内容涉及面广，掌握这些基础知识，是做好外贸跟单工作、成为一名优秀外贸跟单员的前提。

① 国际商务基础理论。

国际商务（International Business）是指国（地区）与国（地区）之间进行的一切商务活动的总称，是一种商务活动。在国际贸易活动中有业务磋商和订立合同的环节，会涉及价格和价格术语，这是国际贸易中不可缺少的专门语言，每一个外贸从业人员必须充分了解和掌握，以便在实际外贸业务中能够正确运用，从而维护企业和国家利益。同样，外贸跟单员也必须了解和掌握这些价格术语对跟单工作的影响，将掌握国际商务基础理论作为一种自觉行为。

② 运输与保险。

国际货物运输是国际贸易中必不可少的一个环节。国际货物运输具有线长面广、环节多、时间性强、情况复杂、风险较大等特点。为了按时、按质、按量完成国际货物的运输任务，买卖双方在订立国际货物买卖合同时，都需要合理选定运输方式，制订好各项装运条款，并具备有关装运单据。

由于在国际货物运输过程中，会遇到意想不到的风险，为了分散风险，在合同中还必须确定保险条款和正确处理有关进出口货物运输保险事宜,从事国际贸易的人员必须了解国际货运保险的有关知识。

③ 商检与报关。

国际货物买卖中的商品检验（Commodity Inspection）（简称商检），是指商品检验机构对卖方拟交付货物或已交付的货物的品质、规格、数量/重量、包装、卫生、安全等项目按约定的标准所进行的检验、鉴定工作。

国际货物买卖中，由于交易双方分处两地，相距遥远，货物在长途运输过程中难免会发生残损、短少甚至灭失，尤其是在凭单证交货的象征性交货条件下，买卖双方对所交货物的品质、数量等问题更易发生争议。因此，为了便于查明原因，确定责任归属，以利于货物的交接和交易的顺利进行，就需要一个客观、公正的第三者，即商品检验机构，对货物进行检验或鉴定。由此可见，商品检验是国际货物买卖中不可缺少的一个环节。

对于所有进出境的运输工具、货物、物品，在进境或出境地的海关，由进出口货物的收发货人、进出境物品的所有人、运输工具的负责人以自己的名义直接向海关或通过报关代理人向海关办理货物、物品、运输工具进出境手续及相关海关事务，这就是通常所说的"报关"。

对于需要法定商检的商品，必须在报关前完成商检手续，遵循"先报检、再报关"的原则。同时，预留恰当的商检、报关时间，以防延误船期或航班时间。

④ 国际贸易的规则、政策。

国家或地区贸易政策直接影响国与国之间的贸易往来。作为一名与国际贸易活动相关的从业人员，必须了解出口国（地区）和进口国（地区）的对外贸易政策，如贸易管制的政策（配额和许可证等）、知识产权，商品的准入条件和标准等，这些政策保证和维系了国际贸易的正常开展，必须引起外贸跟单员的足够重视。尤其是在知识产权问题上，由于价廉物美是中国商品的一个特点，有一些国外公司利用信息不对称，在我国境内从事涉及他人知识产权的生产或贸易，使得我国外贸公司或生产企业不知不觉陷入了知识产权的纠纷之中。另外，也有一些外贸公司或生产企业擅自将客户曾经生产或加工过的商品在展览会或交易会中摆放出来，造成一种实质性"侵权"。

⑤ 金融外汇与银行结算。

随着世界经济的发展，金融外汇业务在国际商务活动中扮演着越来越重要的角色，外贸从业人员需要重视和了解我国的外汇管理制度及相关规定，了解国际收支与外汇汇率的关系和我国的以市场为基础的有管理的浮动汇率制度，掌握防范外汇风险的一般方法，以便在外贸业务中加以运用，减缓风险，增强外贸企业的经济效益。

在国际贸易中，货款的收付直接影响贸易双方的资金周转和融通，而货款的收付大多是通过外汇和银行进行结算的，银行结算涉及支付工具、付款时间、付款地点及支付方式等，所以不仅要了解银行的这些知识，还要从银行结算的运作过程出发，适时把握收取货款和货物发送的时机，提前做好防范风险的准备，从容应对发生的风险，并化解风险，将损失减少到最低程度。

(2) 工厂生产与管理知识。

为了能很好地完成订单项下的生产任务，保质、保量地把货物送交客户，顺利安全收回货款，外贸跟单员应该了解和熟悉有关工厂管理方面的知识，主要包括制订生产计划、原材料采购管理、仓库管理、生产管理、品质管理、客户管理等。

（3）外贸商品知识。

外贸跟单员的跟单工作内容之一是控制商品的质量，因此，外贸跟单员除了要有国际贸易知识外，还应该具备相应的商品知识。只有把握商品的特性，才能更好地推行生产工艺和生产技术，达到客户对质量的要求，完成跟单业务工作。具体而言，外贸跟单员在跟单过程中，应根据合同或信用证中的相关条款，仔细研究商品的特性与品质要求、商品包装及包装标志、商品计量单位、商品的检验标准和客户的特殊要求、进口国的民俗等，圆满完成外贸跟单任务。

2. 外贸跟单员的素质要求

（1）职业素质。

职业素质是劳动者对社会职业了解与适应能力的一种综合体现。通常，其主要表现在职业兴趣、职业能力、职业个性及职业情况等方面。一般来说，职业素质越高的人，获得成功的机会就越多。外贸跟单员应具备的职业素质主要表现为：

① 热爱社会主义祖国，自觉维护国家和企业的利益，关注国内外的政治经济形势，能正确处理好国家、集体和个人之间的利益关系，为对外经济贸易事业勤奋工作。

② 自觉遵守各项法律法规和外事纪律，严守国家和商业机密，廉洁自律。

③ 自觉遵守企业的各项规章制度，努力学习，忠于职守，勇于实践，积极开拓，锐意进取。

④ 谦虚谨慎，不卑不亢，讲究文明礼貌，注意服饰仪容。

（2）知识素质。

知识素质是指外贸跟单员做好本职工作所必须具备的基础知识与专业知识。基础知识是外贸跟单员知识结构的基础。掌握和运用这些知识，才能在外贸跟单实际工作中解决问题。专业知识是外贸跟单员知识结构的核心，也是区别于其他专业领域人才知识结构的主要标志。

① 外贸跟单员须具备的基础知识主要有：

● 了解我国对外贸易的方针、政策、法律和法规以及有关国别（地区）的贸易政策；

● 了解所经营商品销往国家或地区的政治、经济、文化、地理及风俗习惯、消费水平；

● 具备一定的文化基础知识，一般要求具有高中（包括中专、技校、职校）以上学历，具有一定的英语基础，会使用计算机常用软件；

● 具有一定的法律知识，了解合同法、票据法、经济法、外贸法等，以及与外贸跟单员相关的法律知识，做到知法、懂法和用法。

② 外贸跟单员须具备的专业知识主要有：

● 懂得商品学的基本理论，熟悉所经营的产品的性能、品质、规格、标准（生产标准和国外标准）、包装、用途、生产工艺和所有原材料等知识；

● 了解所经营商品在国际市场上的市场行情，以及该项商品主要生产国和进出口国家或地区的贸易差异，及时反馈信息给国内厂商，指导其生产；

● 熟练掌握国际贸易理论、国际贸易实务、国际金融、市场营销学及国际商务法律法规和有关国际惯例等专业知识；熟悉商检、报关、运输、保险等方面的有关业务流程。

（3）能力素质。

能力是指外贸跟单员胜任跟单工作的自身条件。它是一个综合概念，主要包括市场调研和预测能力、推销能力、语言表达能力、社交协调能力和综合业务能力等。

① 市场调研和预测能力。

能运用市场营销学的方法，借助各种渠道收集和捕捉市场信息，及时了解和掌握市场变化和需求动态；能运用收集整理的市场信息资料，分析市场行情动态和客户需求状况，撰写市场调研报告，提出营销建议。

② 推销能力。

推销能力具体指主动寻求市场机会，注意把握客户心理，努力培养和开发客户群体；能利用各种方式和方法进行企业和产品宣传，树立品牌意识，扩大企业和产品的知名度；服务热情、周到，在诚信、平等互利基础上与客户建立长期的、良好的、稳定的贸易关系。

③ 语言表达能力。

语言表达能力可分为口头语言表达能力和书面语言表达能力。口头语言表达能力，就是将自己的思想、观点、意见和建议，运用最生动有效的表达方式传递给听者，对听者产生最理想的影响效果的一种能力。外贸跟单工作经常会采用面谈、电话、讨论等形式传递信息，由于个人性格和部门的利益不同，能言善辩的口头表达能力是协调人员之间、部门之间关系的润滑剂。书面语言表达能力是将自己的思想、经验和总结运用文字表达方式，使其系统化、条理化和规范化的一种能力，良好的书面语言表达能力有利于上下级之间、部门之间的沟通和交流。

④ 社交协调能力。

外贸跟单员必须在企业内部的上下级与部门之间、与国内有关业务机构之间、与国外客户之间进行信息沟通和交流，这样才能使企业内部协调一致，及时掌握供应商的供应能力和运输机构的货运信息，满足客户的要求，建立起良好的双边和多边关系，达到良好的工作目的。

⑤ 综合业务能力。

外贸跟单员的工作内容主要有外贸业务跟单、物料采购跟单、生产过程跟单、货物运输跟单及客户联络跟进。这就要求外贸跟单员了解国际贸易业务、物料采购的操作程序和要求，熟悉产品的工艺与技术要求，掌握企业生产商品的品质、包装质量及进度，协调好出货的各个环节，并具有成本核算、汇率换算和争议处理的基本能力。

（4）管理素质。

管理出生产，管理出效益。良好的管理水平在很大程度上是衡量外贸跟单员是否称职的重要内容。外贸跟单员既是跟进订单的专职人员，也是业务员或经理或企业负责人的助手，因此，外贸跟单员应具备一定的管理素质和能力，即具备良好的合作精神，一定的组织、协调、决策能力，能够用新的外贸跟单管理理念来提高跟单管理水平。

二、外贸跟单的工作流程

外贸跟单的基本工作就是货物进出口的业务跟进和生产跟单。从产品资料的收集、新客户的寻找和老客户的跟踪到企业营销策略的运用、接单及外贸函电的回复、审单、产品生产跟进、货物出运的跟踪、报检和报关的跟进、保险的落实、制单结汇的办理等，每一个环节都离不开外贸跟单员的辛勤工作。简单地说，外贸跟单员要经常对国际商品市场进行调查研究，落实订单，签订合同，同时，按进出口贸易业务程序，按时、按质、按量交货履约，安全收汇。

1. 出口货物前期跟单

（1）寻找客户。

寻找客户是外贸跟单员在接单前的准备阶段，通过收集资料，选择交易对象，取得与客户的联系，这是外贸跟单的前提，没有客户，也就没有外贸跟单。寻找客户的途径有很多，常用的有：

① 第三方介绍、推荐。通过商务参赞、银行或贸易伙伴的介绍及推荐，与客户建立业务关系。

② 企业网站。出口企业一般都有自己的网站，企业通过自己的网站发布商务信息，内容包括出口企业的简介、主要产品及型号、产品图片、包装要求等，客户通过访问出口企业的网站，了解产品的基本情况，并通过该网站与出口企业取得联系。

③ 互联网搜索。出口企业通过互联网输入有关的产品名称、贸易国或地区等信息，利用互联网的搜索软件进行搜索，确定有关的贸易对象后，向对方发送出口企业和产品的资料，与对方建立业务关系。

④ 展览会和博览会。出口企业通过广州出口商品交易会或其他国内外的展览会和博览会，宣传本企业的产品并与客户建立业务关系。该途径对于比较专门的产品，效果比较明显。

⑤ 广告。出口企业根据营销需要，在一定的时期和一定的国家或地区，利用各种媒体进行广告宣传，客户在获知出口企业的信息后主动与出口企业建立业务关系。

（2）接待客户。

在客户到来之前，外贸跟单员必须做好前期的准备工作，包括准备资料，如报价单、样品或有关样品的资料、商品的资料、说明书、公司的宣传材料等，如有问题不能解决，应立即向主管领导请示。如客户有需要，外贸跟单员要代订宾馆，并于客户到来之前一天再与宾馆联系落实，不得有误。等客户到来时，外贸跟单员应到机场或车站接应，将客户接到公司。

（3）洽谈业务，拟订合同。

客户到达公司后，外贸跟单员和业务经理一起与客户进行业务洽谈，对客户挑选出来的产品，外贸跟单员应立即记录详细资料及产品编码、规格、包装明细、最近工厂价格，特别是对报价或客户特别要求的规格、形态、大小、尺寸、数量等更应该详细记录，必要时画上该产品草图。对客户感兴趣的产品，外贸跟单员应整理出报价单，经主管领导审核后交给客户。若客户对合同的各项条款均无异议，则谈判基本完成，双方拟订合同。

（4）通过函电与客户洽谈业务。

国外客户一般很少当面洽谈业务，大多数出口企业通过外贸跟单员与客户进行函电的往来，经过询盘、发盘、还盘、接受几个环节的洽谈，最终双方达成一致的意向，并签订合同。

2. 生产跟单

订立合同后，外贸跟单员就要按照合同的要求向生产部门制作并发放生产计划及生产通知单，协助工厂安排生产。在生产跟单过程中，要多到车间走走，向各工序的管理人员了解各款货物在生产过程中碰到的问题，必要时，要向客户反映问题，提出建议，或征求意见，确保货期和质量。

3. 外贸业务跟单

外贸跟单员对外贸业务的环节应逐项落实到位，下面以 CIF 条件出口成交，并按信用证支付方式付款为例说明。

（1）落实信用证。

在凭信用证付款的交易中，落实信用证即催证、审证和改证，尤其是审证工作在任何情况下，都是一项不可缺少、必须认真对待的重要工作。

① 催证。在实际业务中，由于种种原因买方不能按时开证的情况时有发生，因此，外贸跟单员应结合备货情况认真做好催证工作，及时提醒客户按约定时间办理开证手续，必要时，也可请驻外机构或有关银行协助代为催证，以利于出口合同的履行。

② 审证。在实际业务中，由于种种原因，如工作的疏忽、电文传递错误、贸易习惯不同、市场行情发生变化等，会出现买方有意利用开证的主动权加列一些实际上无法满足信用证付款条件的"软条款"。为了确保安全收汇和顺利履行合同，外贸跟单员需依据合同进行认真的核对和审查，完成审证任务。

③ 改证。在审证过程中，如发现信用证内容与合同规定不符，应区分问题的性质，分别同有关部门研究，妥善处理。一般地说，如发现有不能接受的条款，应及时提请开证申请人修改。对国外来证不符合规定的各种情况，还要进行具体分析，不一定要坚持全部办理改证手续，只要来证内容不违反政策原则和不影响安全顺利收汇，也可酌情灵活处理。

（2）办理货运。

按CIF条件成交时，外贸跟单员应及时办理租船订舱工作，联络船务公司或运输公司，制作装箱单，选择货柜，协助安排装运，并通知客户货已装船，传递资料给客户。

（3）报关。

无论是自行报关，还是由报关行来办理，外贸跟单员都必须填写出口货物报关单，必要时，还需提供出口合同副本、发票、装箱单或重量单、商品检验证书及其他有关证件，向海关申报出口。

（4）投保。

外贸跟单员在装船前，须按买卖合同规定和国际贸易惯例，及时向保险公司办理投保手续，填制保险单。出口商品的投保手续，一般都是逐笔办理的。

（5）制单结汇。

出口货物装运之后，外贸跟单员即应按信用证要求缮制单据并在信用证规定的交单有效期内，向有关银行办理议付手续。

知识链接

外贸公司与生产企业跟单流程的区别

1. 外贸公司跟单的工作流程

在我国的对外贸易发展过程中，外贸公司发挥了重要的作用，外贸公司具有较强的人才、专业优势，操作较规范，较好地掌握了我国及国外的贸易规则，形成了一套较为完善的抵御风险机制。但是由于外贸公司大多是传统意义上的流通企业，在接到订单后，需要寻找合适的生产企业来完成订单，其工作基本流程如图1-1所示。

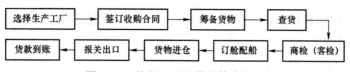

图 1-1 外贸公司跟单的基本流程

2. 生产企业跟单的工作流程

随着我国加入 WTO 和外贸法的实施，具有外贸经营权的生产企业越来越多，许多国际买家也热衷于直接从这些生产企业采购商品。"工厂跟单"实质上属于生产型企业的内部跟单，其工作基本流程如图 1-2 所示。

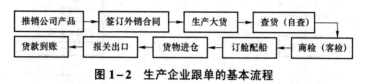

图 1-2 生产企业跟单的基本流程

三、外贸跟单员的工作特点

外贸跟单员的工作具有如下特点：

1. 涉及面广

外贸跟单员不仅要面向国外的客户，而且还要面对国内出口企业内部和外部的各个机关单位。任何一个部门出现问题，最终都会影响合同的顺利履行。外贸跟单员涉及的主要部门和单位可以通过图 1-3 表示。

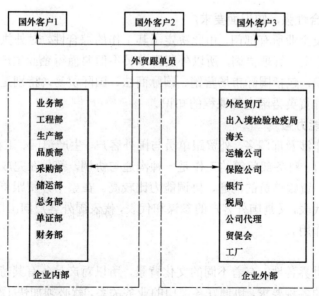

图 1-3 外贸跟单员涉及的主要部门和单位

2. 业务环节多

与一般的跟单员比较，外贸跟单员经历的业务环节比较多。他不但要经历一般跟单员的程序，还要涉及进出口许可证申领、用汇申请、出口外汇核销或进口付汇核销、进出口报关、出入境检验检疫、国际货物运输及保险、单证缮制、出口结汇或进口付汇、出口退税等环节。具体可通过图1-4表示。

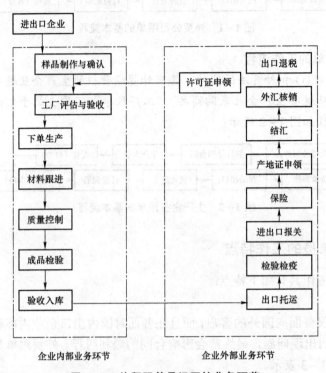

图1-4 外贸跟单员经历的业务环节

3. 专业性、综合性强，知识面要求广

外贸跟单员涉及企业所有部门，由此决定了其工作的综合性。对外执行的是营销人员的职责，对内执行的是生产管理协调，所以外贸跟单员不但要懂得企业生产管理的知识，还要懂得国际贸易的知识，包括国际市场营销、国际商法、国际贸易，特别是国际贸易实务、国际商务单证实务和外贸英语函电等课程的知识。

4. 沟通与协调能力强

外贸跟单员工作涉及部门多，外贸跟单员与国外客户、生产部门、工程部门、品质部门、储运部门、单证部门、财务部门等的工作是一种沟通与协调，都是在完成订单的前提下进行的沟通工作，因而外贸跟单员的沟通、协调能力比较高。在整个外贸跟单工作中，外贸跟单员既是出口企业的代表，又是国外客户的参谋和代表，代表国外客户向工厂反映产品的意见，起着桥梁和沟通的作用。

5. 节奏快

由于客户来自世界各地，有着不同的文化背景，所以对产品各有其特殊的需求。外贸跟单员为了满足客户的各种要求，协调好各部门的业务关系，就必须加快工作节奏，务实高效。

6. 责任心强

订单是企业的生命，客户是企业的上帝，只有保证订单项下的产品质量、包装和交货期，企业才能安全收回货款，并能获取持续的订单。这就要求外贸跟单员在跟单工作过程中，具备良好的敬业精神和认真负责的态度，并能处理好各类业务关系。

知识回顾

一、单项选择题

1. 出口生丝的重量按（　　）计量。
   A. 毛重　　　　B. 净重　　　　C. 公量　　　　D. 以毛作净

2. 外贸出口跟单按业务进程可分为前程跟单、中程跟单和全程跟单三大类。前程跟单是指"跟"到以下哪个环节为止？（　　）
   A. 装船清关　　　　　　　　　B. 货物入出口仓库
   C. 货款到账　　　　　　　　　D. 贸易合同履行完毕

3. 下列有关外贸企业管理的错误说法是（　　）。
   A. 计划职能是管理的首要职能
   B. 领导职能的内涵是运用权力，实施指挥
   C. 控制职能的内涵是制订标准、衡量工作、纠正出现的偏差等一系列的过程
   D. 组织职能的内涵是实现计划的保证，将各个要素、部门、环节，在时间和空间、在上下左右关系、在劳动分工协作上，合理组织起来，形成一个有机的整体

4. 外贸跟单按照业务进程划分，"跟"到出口货物装船清关为止的是（　　）。
   A. 前程跟单　　　B. 中程跟单　　　C. 全程跟单　　　D. 生产跟单

二、多项选择题

1. 以下英文用词中适用于"跟单员"的是（　　）。
   A. order supervisor　　　　　　B. quality controller
   C. order follower　　　　　　　D. purchase order

2. 根据业务环节划分，外贸跟单可以分为（　　）。
   A. 进口跟单　　　B. 出口跟单　　　C. 样品跟单　　　D. 包装跟单

3. 出口合同履行阶段，外贸跟单员的主要工作是（　　）。
   A. 测算企业生产能力　　　　　B. 物料采购
   C. 生产进度跟踪　　　　　　　D. 质量检验跟踪

三、判断题

1. 在外贸出口跟单中，按业务进程分为前程跟单、中程跟单和全程跟单。其中的中程跟单是"跟"到货款到账、合同履行完毕为止。（　　）

2. 贸易型企业跟单的目标以外贸合同为中心，而生产型企业跟单则以生产加工合同为中心。（　　）

技能训练

实训任务：在互联网上至少搜索 5 家以上不同行业外贸公司招聘外贸跟单员的招聘信息，做好信息收集与比较，分析不同行业外贸企业对外贸跟单员岗位的职业要求。

第二单元

出口跟单实务

接单、审单

知识目标

1. 知晓寻找潜在客户的途径
2. 知晓交易磋商的方式和程序
3. 知晓合同的形式、合同成立的时间和有效条件
4. 掌握审单内容

技能目标

1. 熟练询盘、发盘的技能和技巧
2. 熟练审核订单的技能

晓智，你好，欢迎加入忆思公司。虽然在订单下达前我们就需要配合外贸业务员做好准备工作，但主要任务还是围绕订单展开的。这是美国客户的一份订单，你先熟悉下订单内容。

好的，黄经理。非常感谢公司给予的机会，我会努力工作！

章晓智在订单达成前后，应掌握哪些技能？
1. 交易磋商
2. 外贸订单审核

知识储备

一、交易磋商

从前面跟单概述中我们可以了解到跟单工作始于订单，但人们可能通常理解成业务员取得订单后，跟单员的工作才开始，其实即使在分工非常明确的公司，取得订单即接单工作也不是和跟单员毫无关系，跟单员通常要在业务员取得订单的过程中做很多辅助工作，何况是在某些分工不甚明确的外贸公司和生产企业中，跟单员同时也身兼业务员。所以说，了解如何做好接单工作对跟单员也同样重要。

（一）建立业务关系

1. 寻找潜在客户的途径

（1）网络。

- 大型搜索引擎：百度、谷歌、雅虎等；
- 行业网：纺织贸促网、玩具行业网等；
- 目标国的黄页网站（Yellow Page）和工商目录（Directory）；
- B2B 网上的生产商：如阿里巴巴；
- 大使馆参赞处及商会网站。

（2）广告：杂志、报纸等媒体上登载的广告。

（3）交易会：广交会、高交会、中小企业博览会等。

（4）关系网：朋友、熟人介绍等。

2. 如何吸引客户

（1）以质量、款式吸引客户眼光。

（2）报价要有竞争力。

（3）提供优质服务。

（4）提供最新的产品目录，并使用引人注目的图片。

（5）推销产品要有技巧，最大限度展现产品的优势。

（6）撰写得体、简洁、完整、准确的商务信函。

（7）提高自身素质，增强个人品格魅力。

视频2：订立合同、订单

（二）交易磋商

1. 交易磋商的方式

交易磋商是指买卖双方为购销某种货物就各项交易条件采用下列方式进行的洽商，以求达成一致协议的具体过程。

知 识 链 接

交易条件指商品名称、数量、品质、包装、价格、装运、支付、保险、检验、不可抗力、索赔和仲裁等条款。

（1）口头磋商。

口头磋商主要指交易双方当面直接协商或通过电话协商。特点：信息传递迅速，利于交流，便于调整；但费用较高，对谈判人员素质要求较高。

（2）书面磋商。

书面磋商主要指通过信函、电子邮件、传真、电传、电报等通信方式磋商。特点：磋商有凭证，费用较低，在实际业务中应用较多。

2. 交易磋商的程序

交易磋商的一般程序有询盘、发盘、还盘及接受几个环节，其中发盘和接受是必不可少的环节。

（1）询盘。

询盘（Inquiry）是指交易的一方欲购买或出售某种商品，向另一方发出探询买卖该商品及有关交易条件的一种表示。

询盘既可由买方发出，也可由卖方发出。其内容多具探询和参考性质，没有必须购买或售出的义务，对双方均没有约束力，不是交易磋商的必经步骤，却是了解市场供求、寻找交易机会的有效手段。

Dear Ruth,

It was a great pleasure to meet you at the New York Home Textiles Show. I enjoyed the chat very much.

After studying your samples, I find interest in some of your T-Shirts. Would you make an offer for the following items for delivery in May. Please note that I'd like to have your lowest prices.

WOMEN T – SHIRTS

This quantity makes up a 20′ container.

Thank you and look forward to your reply.

Best wishes,
Bob Klein
ASHLEY W.

（2）发盘。

发盘（Offer）是买卖双方中的一方向对方提出各项交易条件，并愿意按这些条件达成交易、订立合同的一种肯定表示，也叫报盘、报价、发价。发盘人受该盘约束，并承担按发盘条件与对方订立合同的法律责任。

发盘的成立必须具备以下条件：向一个或一个以上特定的人发出、内容十分确定、表明发盘人受其约束、送达受盘人。否则无效。

发盘一般规定有效期，超过该有效期，发盘人不受该盘约束。

发盘可以撤回，但该撤回通知必须早于或与发盘同时到达受盘人。

发盘可以撤销，但该撤销通知必须在受盘人尚未表示接受之前。但下列两种情况不允许撤销：a. 发盘规定了有效期；b. 受盘人有理由相信该发盘是不可撤销的，并本着对该发盘的信赖采取了行动（如发货或打预付款）。

发盘在下列情况下终止：a. 已过有效期；b. 受盘人拒绝或还盘；c. 有效撤销；d. 发盘被接受前，发盘人失去相应行为能力或破产。

Dear sirs:

We are in receipt of your last letter and appreciate very much your interest in our products.

In order to start a concrete transaction, we are making you an offer as follows, subject to your reply here by tomorrow.

Commodity：WOMEN T–SHIRTS
Quantity：10,200PCS
Price：USD3.0/PCS CIF BOSTON

Ruth　Zhang
EASE TEXTILE IMPORT&EXPORT CO., LTD.

（3）还盘。

还盘（Counter-offer）指受盘人对发盘的内容不同意或不完全同意，进而向发盘人提出修改建议或新的限制性条件的行为。一经还盘，原发盘即失去效力，发盘人不再受其约束；一项还盘等于是受盘人向原发盘人提出的一项新的发盘。

Dear Ruth:

WOMEN T–SHIRTS

Thank you for your offer but I have two points to make:

No.1 Your prices are not good enough. I said in my last letter that I want your best price. The way I see it, your prices would remain good enough if you reduce each item by 12 cents.

No.2 I want the goods to be delivered in May the latest, not June.

Please consider the above.

Bob Klein
ASHLEY W.

（4）接受。

接受（Acceptance）是买方或卖方同意对方在发盘中提出的各项交易条件，并愿按这些条件与对方达成交易、订立合同的一种肯定表示。

接受的成立必须具备以下条件：a.接受必须由受盘人做出；b.接受必须表示出来；c.接受必须在有效期内做出；d.接受必须是无条件的；e.接受必须送达对方。

接受可以撤回，但该撤回通知必须早于或与接受同时送达发盘人。

接受一旦送达，即告生效，合同成立，受盘人无权单方面撤销或修改其内容。

Dear Ruth：

Your terms of payment are acceptable. Please send your sales contract/confirmation as soon as possible. I'm glad to have concluded the deal and please arrange production as soon as you can.

Best wishes，
Bob Klein
ASHLEY W.

3. 交易磋商过程中应注意的事项
（1）运用正确的磋商方式。
（2）在磋商过程中要以诚相待和相互沟通。
（3）灵活运用各种磋商技巧。
（4）充分了解对方的文化、生活背景。

视频3：认识纺织品

二、外贸订单审核

项目背景：

2019年2月2日，天津忆思纺织品进出口有限公司与北美"艾什莉威尔"（ASHLEY W）公司签订了一份女式T恤衫的出口订单，具体内容如下：

ASHLEY WLL CO. LTD

12F Skykee Mansion No.92 Square Avenue，Boston，U.S.
Phone：001－617－33290××　Fax：001－617－33290××
Contact：JACKEY LEE　E-mail：JACKEY@ASHLEYWLL.COM

SALES CONTRACT

Date：2nd FEB 2019　Signed at：Fax

BUYER：ASHLEY WLL TRADE CO.，LTD.（BOSTON，U.S.）
SELLER：EASE TEXTILE IMPORT&EXPORT CO.，LTD.（TIANJIN，CHINA）
Ship to：BOSTON，U.S
Start Ship：2019－05－21
Latest Ship：2019－05－29

No.	DESCRIPTION OF GOODS	QUANTITY	UNIT PRICE	AMOUNT
1	WOMEN T－SHIRTS Collection Code: SKS－11 SUMMER Fabric Content: 100% organic cotton Fabric Weight: 140（±5）g/m² Fabric name: Single Jersey Color: Golden red blue GOLDEN ROD （CERISE）RED BLUE （IRIS）	10,200Pcs GOLDEN：3,600Pcs RED：3,600Pcs BLUE：3,000 Pcs 3% MORE OR LESS IN QUANTITY& AMOUNT ARE ALLOWED	US$ 2.88/Pcs CFR BOSTON USA	US$29,376.00
	TOTAL	10,200Pcs		US$2,937,600

REMARKS

Our shrinkage allowances for both width and length is maximum 3%.

The color fastness of fabric must be 3 (WET) and 4 (DRY).

All our fabrics must be antipilling.

Garments must be free from AZO, PCP and heavy metal (Chromium (VI), nickel cadmium ect.).

PACKING

1 piece in poly bag flat on SKS – 11 SUMMER. 24 PCS master pack of solid color solid size, with G W. no more than 15 kg per carton, Packed in strong export carton and suitable for long distance ocean transportation.

TERMS OF PAYMENT

☐ The buyers shall pay 100% of the sales proceeds through sight draft/by T/T remittance to the sellers not later than_____.

× The buyers shall issue an irrevocable L/C at × sight through <u>BANK OF CHINA</u> in favor of the sellers prior to <u>FEB 10, 2019</u> indicating L/C shall be valid in China through negotiation within <u>15</u> days after the shipment effected, the L/C must mention the S/C no.

☐ Documents against payment

The buyers shall duly make the payment against documentary draft made out to the buyers at_____sight by the sellers.

☐ Documents against acceptance

The buyers shall duly accept the documentary draft made out to the buyers at_____ days by the sellers.

DOCUMENTS REQUIRED

☐ The sellers shall present the following documents required for negotiation/ collection to the banks.

× Full set of clean on board ocean Bills of Lading.

× Signed commercial invoice in <u>THREE</u> originals and <u>TWO</u> copies. A certificate evidencing that the garments are neither of requirements for concentration limits for certain hazardous substances nor do they contain hazardous materials on the health of human populations and environmental is requested separately.

× Packing list/weight memo in <u>THREE</u> copies.

× Inspection certificate of quantity and quality in <u>ONE</u> original issued by ITS (Tianjin Branch).

☐ Insurance policy in_____copies.

× Certificate of Origin in <u>ONE</u> original issued by China Chamber of Commerce.

CLAIMS

The claims, if any regarding to the quality of the goods, shall be lodged within 30 days after arrival of the goods at the destination, if any regarding to the quantities of the goods, shall be lodged within 7 days after arrival of the goods at the destination The sellers shall not take any responsibility if any claims concerning the shipping goods are up to the responsibility of insurance company/transportation company/post office.

FORCE MAJEURE

The sellers shall not hold any responsibility for partial or total non-performance of this order due to Force Majeure. But the sellers advise the buyers on time of such occurrence.

LAW APPLICATION

It will be governed by the law of the People's Republic of China under the circumstances that the order is signed or the goods while the disputes arising are in the People's Republic of China or the defendant is Chinese legal person, otherwise it is governed by Untied Nations Convention on Contract for the International Sale of goods.

The terms in the order based on Incoterms 2010 of the international chamber of commerce.

VERSIONS

This order is made out in both Chinese and English of which version is equally effective. Conflicts between these two languages arising there from, if any, shall be subject to Chinese version.

This contract is in TWO copies, effective since being singed/sealed by both parties.

Representative of the sellers　　　　　　　　Representative of the buyers
　Authorized signature　　　　　　　　　　　　Authorized signature

为了避免今后执行订单时出现争议，出口方在收到客户订单后，在表示接受该订单之前，一定要认真审查订单内容即审单。审单的主要项目有品名与规格、品质、数量、单价和金额、包装要求、交货期限与交货方式、付款方式等。具体如下：

（一）买卖双方的相关信息

外贸跟单员在审核订单中买卖双方的相关信息时，要重点关注名称、地址、联系方式是否正确，因为这是后面业务开展中的客户联系以及单据制作等一些业务需要。

订单中卖方是天津忆思纺织品进出口有限公司（EASE TEXTILE IMPORT&EXPORT CO., LTD.）。买方是美国"艾什莉威尔"公司（ASHLEY WLL TRADE CO., LTD.），地址为"12F Skykee Mansion No.92 Square Avenue, Boston, U.S."，联系方式为：电话001-617-33290××、传真001-617-33290××。

(二)审查商品名称与规格

跟单员在审查商品名称时,要注意客户所注品名是否与本公司商品名册中的品名相一致。国外客户发过来的订单一般情况下是英文的,有些时候只是一些产品代码,这时应对照相关资料册,查出产品的中文名称及规格。注意客户使用的品名是否是国际上通用的,若使用地方性的品名,要确保双方对其含义达成共识;注意某些新产品的定名和译名是否准确易懂,并符合国际上的习惯称呼。

订单中货物名称是"女士 T 恤衫",款式号是"SKS-11 SUMMER",三种颜色:金色、红色、蓝色。

(三)审查商品质量要求

审查订单中商品质量要求时,要明确品质表示方法对某类商品的适用性。凡能用科学的指标说明商品质量的商品,适用于"规格""等级""标准"买卖;而难以规格化和标准化的商品,如工艺品,则适用于凭样品买卖;某些性能复杂的机器、电器和仪表,则适用于凭说明书和图样买卖;具有地方风味特色的产品则可凭产地名称买卖。比如农产品就不适合凭样交货的品质表示方法,而凭规格和等级交货则比较适宜。

视频 4:审查合同、订单(一)

审查商品质量要求时,要仔细考察自身条件,不能达到的商品质量要求要及时向客户说明,不要为了急于拿单而敷衍了事,致使订单履行时己方由于商品质量不达标而违约遭买方索赔。

订单中品质具体要求是:面料为 100%有机棉,单面平纹针织,重量每平方米 140(±5)克;面料干色牢度 4 级、湿色牢度 3 级;允许缩水率不超过 3%;禁止使用偶氮染料(可分解芳香胺染料)、五氯苯酚、重金属染料;面料必须经过抗起球处理。

(四)审查商品数量

跟单员应审查订单中所规定的商品数量能否及时备齐,注意审查商品数量的计量单位、重量的表示方法及其约数有何规定。比如跟单员要熟知重量的计量单位公吨、长吨与短吨三者之间的换算关系;熟知重量表示方法如毛重、净重、公量和理论重量的内涵和计算方法。

在合同数量前加"约"字即 about,可使具体交货数量作适当机动,也就是我们通常说的溢短装,即可多交或少交一定百分比的数量。但国际上对"约"字的含义解释不一,有的解释为 2.5%,有的解释为 5%。《跟单信用证统一惯例》(国际商会第 600 号出版物)即《UCP600》则规定:信用证上如规定"约"字,应解释为允许不超过 10%的增减幅度。鉴于约数在国际上解释不一,为防止纠纷,使用时双方应先取得一致的理解,并有书面协议。

订单中订购数量为 10 200 件(金色 3 600 件,红色 3 600 件,蓝色 3 000 件),允许有 3%的溢短装。

(五)审查商品单价和金额

跟单员要注意检查单价表示的完整性。在国际贸易中完整的单价由四部分组成,即货币单位、单价金额、数量单位、价格术语。例如:男士衬衫的报价为 USD 60 per dozen CIF London,跟单员就要注意这里说的是每打衬衫的价格是 60 美元,而不是每件,而且这个价格是 CIF 术语下的价格,如果是 FOB 术语价格就不是 60 美元了,不同的价格术语下价格构成是不同的,它们包含着不同的责任和费用。所以跟单员要具备价格术语方面的知识、价格换算的知识和能力并确定对方的报价是否太低。

订单中单价为每件 2.88 美元 CFR 波士顿，总金额 29 376 美元。

━━━━━━━━━━━┫ 知 识 链 接 ┣━━━━━━━━━━━

1. 公吨、长吨与短吨三者之间的换算关系

$$1 \text{ 公吨（Metric Ton）} = 1\ 000 \text{ 千克}$$
$$1 \text{ 长吨（Long Ton）} = 1\ 016 \text{ 千克}$$
$$1 \text{ 短吨（Short Ton）} = 907 \text{ 千克}$$

2. 公量的计算公式

$$\text{公量} = \text{干量} + \text{标准含水量} = \text{干量} \times (1 + \text{标准回潮率})$$
$$= \text{实际重量} \times (1 + \text{标准回潮率}) / (1 + \text{实际回潮率})$$

3.《UCP600》对数量机动幅度规定

对于数量的机动幅度，在凭信用证付款方式进行买卖时，《UCP600》第三十条对信用证金额、数量与单价的伸缩度做了如下规定：

a."约"或"大约"用于信用证金额或信用证规定的数量或单价时，应解释为允许有关金额或数量或单价有不超过10%的增减幅度。

b. 在信用证未以包装单位件数或货物自身件数的方式规定货物数量时，货物数量允许有5%的增减幅度，只要总支取金额不超过信用证金额。

c. 如果信用证规定了货物数量，而该数量已全部发运，以及如果信用证规定了单价，而该单价又未降低，或当第三十条b款不适用时，则即使不允许部分装运，也允许支取的金额有5%的减幅。若信用证规定有特定的增减幅度或使用第三十条a款提到的用语限定数量，则该幅度不适用。

（六）审查包装要求

主要审查客户的包装要求本企业能否满足，客户提供的包装资料是否齐全，有无明显错误。客户提供的包装资料一般包括内包装、外包装、标签和说明书。

━━━━━━━━━━━┫ 知 识 链 接 ┣━━━━━━━━━━━

正唛/主唛（Shipping Mark or Main Mark）：联合国欧洲经济委员会简化国际贸易程序工作组，在国际标准化组织和国际货物装卸协调协会的支持下，制定了一项运输标志向各国推荐使用。该标准化运输标志包括：① 收货人或买方名称的英文缩写字母或简称；② 参考号，如运单号、订单号或发票号；③ 目的地；④ 件号。

侧唛（Side Mark）：包装箱的两侧面通常需显示一些常规标记：品名、货号、规格、数量、毛重、净重、装箱尺码等，这就是侧唛。

内包装主要有白盒包装、彩盒包装和吸塑包装；外包装主要是需要印刷运输标志即唛头，唛头又分正唛和侧唛；标签主要是看客户规定哪些地方需贴标签，印刷要求是什么。很多时候，客户对产品的了解不及工厂清楚，会弄错尺寸，因而要仔细审查，该修改的地方一定要及时提出。

订单有关货物的包装要求有包装材料和包装方式，其中，包装材料包括塑料和纸，包装方式包括塑料袋和纸箱。装箱方式为每箱独色独码。另外，有关包装、唛头和装运要求应与订单中的包装说明一致。

（七）审查交货期限和交货方式

客户下单时一般都有具体交货期限的要求，这时跟单员要审查订单中所规定的货物数量能否在此交货期限前筹集齐，并及时发货。无论客户是否规定交货期限，都应根据订单数量的多少、材料采购进仓的情况、目前生产部的生产计划安排，再结合客户的交货期限要求，报一个实际的工厂交货期限给客户。对于急单，能插单则插，不能插单的，要与客户沟通协商确定交货期限。

有时，交货期限应与交货方式综合考虑，交货期限紧张，可以选择较快捷的交货方式来满足买方急需货物的要求，但要明确运费负担的划分。

交货方式主要有空运、海运、陆运、邮寄等。若是量少又紧急的货物，宜用空运；若货多而不急，一般采用海运，因为海运的费用相对较低。若出货到香港，可以采用陆运。在接到订单时，要看运费由谁支付，若由客户支付，由客户决定采用何种交货方式；若由工厂承担运费，则尽量采用海运。若产品单价所含运费只是海运运费，而客户要求空运时，可以要求客户承担多出部分的费用。

订单中有关装运方面的信息有：装运时间为 2019.5.21—2019.5.29，采用海运方式，装运港天津，目的港美国波士顿。唛头要求与订单中的包装说明一致。

（八）审查付款方式

跟单员要熟知各种付款方式的利弊。在审查付款方式时，要看客户给出的付款方式是否为本企业所接受，一般来说，每个企业都有自定的付款方式，规定某些付款方式不可接受。如果接到企业不能接受的付款方式，应告知对方，请对方把付款方式改为企业可以接受的其他付款方式。

订单规定采用即期信用证结算。

（九）审查保险条款

在审查保险条款时要注意投保人与贸易术语的匹配关系，在 FOB 和 CFR 术语下应由买方负责投保，而在 CIF 术语下应由卖方来办理保险；要确保投保险别与商品本身特性和商品所采用运输方式的匹配性，以免漏保给货主带来损失或投保范围过大给投保人带来额外保费负担。另外，要注意一切险中已包含了一般附加险的保险责任范围，无须另外加保，但特殊附加险不在此列。

订单中规定按 CFR 术语成交，跟单员在审核时根据《2020 通则》的解释，应由买方负责办理。

视频5：审查合同、订单（二）

（十）审查商品检验条款

因商品的种类、特性及对检验检疫的要求不同，一般来说，该条款通常包括检验权、检验时间与地点、检验机构、检验技术标准、检验方法与检验证书等内容。审核重点包括对商品检验权的约定、商品检验的时间与地点是否合理，以及检验方法是否正确。

（十一）审核单据条款

国际贸易买卖合同中规定的有关单据，是买卖双方交接货物、结算货款、处理异议索赔和解决合同争议的主要凭证。单据种类有很多，主要包括运输单据、保险单据、发票、包装单据（装箱单、重量单、尺码单等）、检验证书、产地证书等。在单据条款中，应将单据的类别、名称、份数等有关要求具体表示出来，以便于合同履行。

订单中要求提交海运提单、商业发票（三份正本、两份副本）、装箱单（三份副本）、质量检验证书（一份正本）、原产地证书（一份正本）等单据。

（十二）审核异议索赔条款

异议索赔条款的索赔依据、索赔期限和解决措施是否明确，不可抗力事件的认定是否合理，以及不可抗力事件后的处理方法是否明确合理。

订单中有关货物质量的索赔，应在货物到达目的地后 30 天内提出；有关货物数量的索赔，应在货物到达目的地后 7 天内提出。

（十三）审核合同其他条款

在通常情况下，合同中应规定合同的生效、变更、解除和终止条款，必须经双方协商一致，并采用书面形式进行。合同中应该确定合同何时生效。

订单中明确贸易术语，依据国际商会的《2020 通则》解释，订单需中英文对照，一式两份，买卖双方签署后合同开始生效。

三、签单

签单也即合同的签订、订单的取得。合同的书面形式并不限于某种特定的格式，包括载明双方当事人名称，标的物的质量、数量、价格、交货和支付等交易条件的书面文件，如买卖双方为达成交易而交换的信件、电报或电传，都足以构成书面合同。

（一）合同的形式

合同的形式是指缔约当事人所达成的协议的表现形式。

在国际贸易中，订立合同的形式有三种：一是书面形式，二是口头形式，三是其他形式。根据我国法律规定和国际贸易一般的习惯做法，交易双方通过口头或往来函电磋商达成协议后，还必须签订一定格式正式的书面合同。

签订书面合同的意义主要包括下列三个方面：

1. 作为合同成立的证据

合同是否成立，必须要有证明，尤其是通过口头谈判达成交易的情况下，签订一定格式的书面合同就成为不可缺少的必经程序，因为空口无凭，我国只承认书面合同有效。

2. 作为合同生效的条件

交易双方在发盘或接受时，如声明并经另一方同意以签订一定格式正式书面合同为准，则正式签订书面合同时方为合同成立。

3. 作为合同履行的依据

在国际贸易中，合同的履行涉及企业内外许多部门和单位，环节多，过程也复杂。口头合同如不转变成书面文件，不仅不符合某些国家的法律要求，而且其履行的困难也不言而喻。即使通过信件、电报或电传达成的交易，如不将分散于多份信件、电报、电传中的双方协议一致的条件，集中归纳到一份书面合同上来，也将难以顺利履行合同，而且容易产生差错。所以，买卖双方不论通过口头还是书面磋商，在达成交易后将商定的交易条件，全面清楚地一一列明在一个书面文件上，对进一步明确双方的权利和义务，以及为合同的正确履行提供依据，都具有重要意义。

---- 知识链接 ----

在我国对外贸易的业务中，合同或确认书，通常都制作一式两份，由双方合法代表分别签字后各执一份，作为合同订立的证据和履行合同的依据。

合同的内容：我国对外贸易企业与外商签订的买卖合同，不论采取哪种形式，都是调整交易双方经济关系和规定彼此权利与义务的法律文件，其内容通常都包括约首、基本条款和约尾三部分。

约首部分一般包括合同的名称、合同编号、缔约双方名称和地址、电报挂号等项内容。

基本条款是合同的主体，它包括品名、品质、规格、数量（或重量）、包装价格、交货条件、运输、保险、支付、检验、索赔、不可抗力、仲裁等项内容。商订合同，主要是指磋商如何规定这些基本条款。

约尾部分，一般包括订约日期、订约地点和双方当事人签字等项内容。

为了提高履约率，我们规定合同内容时，应当考虑周全，力求使合同的条款明确、具体、严密。

（二）合同成立的时间

在国际贸易中，买卖合同（订单）于何时订立是一个十分重要的问题。

我国《合同法》规定，承诺生效时合同成立。当事人采用书面形式订立合同的，在双方当事人签字或者盖章时合同成立。当事人采用信件、数据电文等形式订立合同的，可以在合同成立之前要求签订确认书时合同成立。

《联合国国际货物销售合同公约》也规定，接受送达发盘人时生效，接受生效的时间，实际上就是合同成立的时间，合同一经订立，买卖双方即存在合同关系，彼此就应受合同的约束。

在实际业务中，有时双方当事人在洽谈交易时约定，合同成立的时间以签约时合同上所写明的日期为准，或以收到对方确认书合同的日期为准，在这两种情况下，双方的合同关系即在签订正式书面合同时成立。

此外，根据我国法律和行政法规规定，应当由国家批准的合同在获得批准时，方为合同成立。

（三）合同成立的有效条件

买卖双方就各项交易条件达成协议后，并不意味着此项合同一定有效。根据各国合同法规定，一项合同，除买卖双方就交易条件通过发盘和接受达成协议外，还需要具备下列有效条件，才是一项有法律约束力的合同。

1. 当事人必须具有签订合同的行为能力

签订买卖合同的当事人主要有自然人或法人。按各国法律的一般规定，自然人签订合同的行为能力，是指精神正常的成年人才能订立合同，未成年人或精神病人订立合同必须受到限制。关于法人签订合同的行为能力，各国法律一般认为，法人必须通过其代理人，在法人的经营范围内签订合同。也就是说，越权的合同不能发生法律效力。根据我国法律规定，除对未成年人、精神病人签订合同的能力加以限制外，对某些合同的签约主体还作了一定的限定，例如，规定只有取得对外贸易经营权的企业或其他经济组织，才能签订对外贸易合同；没有取得对外贸易经营权的企业或经济组织，如签订对外贸易合同，必须委托有对外贸易经营权的企业代理进行。

2. 合同必须有对价或约因

所谓对价（Consideration），即指当事人为了取得合同利益所付出的代价，这是英美法的概念。所谓约因（Cause），即指当事人签订合同所追求的直接目的，这是法国法的概念。按照英美法和法国法的规定，合同只有在有对价或约因时，才是法律上有效的合同，无对价或无约因的合同，是得不到法律保障的。

3. 合同的内容必须合法

许多国家对合同内容必须合法，往往从广义上解释，其中包括不得违反法律，不得违反公共秩序或公共政策以及不得违反善良风俗或道德三个方面。我国《涉外经济合同法》规定，违反中华人民共和国法律或社会公共利益的合同无效。但是，合同中违反我国的法律或社会公共利益的条款，如经当事人协商同意予以取消或改正后，则不影响合同的效力。

4. 合同必须符合法律规定的形式

世界上大多数国家，只对少数合同才要求必须按法律规定的特定形式订立。我国《合同法》规定，当事人订立合同，有书面形式、口头形式和其他形式。法律、行政法规规定采用书面形式的，应当采用书面形式；当事人约定采用书面形式的，应当采用书面形式。

5. 合同当事人的意思表示必须真实

各国法律都认为，合同当事人意思必须是真实的意思，才能成为一项有约束力的合同，否则这种合同无效或可以被撤销。我国《涉外经济合同法》也明确规定："采取欺诈或者胁迫手段订立的合同无效。"

知识回顾

一、单项选择题

1. "标的物"条款就是合同的（　　）。
   A. 品名条款　　　B. 品质条款　　　C. 数量条款　　　D. 包装条款

2. 卖方在 8 月 11 日向国外某买方发盘，并称：限买方 8 月 15 日复到卖方有效，8 月 13 日接到买方复电称："你 11 日电接受，以获得进口许可证为准。"该接受（　　）。
   A. 在卖方缄默的情况下，则视为有效接受
   B. 相当于还盘
   C. 属有效的接受
   D. 属无效的接受

3. 以下是青岛陆风进出口公司的对外出口报价，其中正确的是（   ）。
   A. FOB NEW YORK USD120 PER TON
   B. CIF SHANGHAI GBP90 PER CARTON
   C. CFR HANGZHOU JPY900 PER PIECE
   D. CIF FELIXSTOWE EUR 100 PER CARTON

4. 福建明发贸易公司以 CIF 汉堡与德商签订一份出口合同，规定在 2008 年 10 月底前出口 1 000 箱女式皮鞋，并允许有 5%的溢短装。出口装箱时，跟单员李明监装货物 1 000 箱，提单也记载 1 000 箱，货到目的港后，买方来函说：实际收到货物 968 箱，并已取得船公司签发的短量证明，要求明发公司赔偿。李明的正确做法是（   ）。
   A. 同意补发 32 箱货物   B. 要求客户自行向保险公司或承运人索赔
   C. 仅同意退还相应的货款   D. 赔偿 32 箱货物 50%的货款

5. 如果纺织面料规格表示为：$21^S \times 21^S/108 \times 58\ 59/60''$，则其中 "59/60''" 的技术含义是（   ）。
   A. 针织面料的门幅   B. 梭织面料的门幅
   C. 非织造面料的门幅   D. 不能确定

6. 石家庄集群贸易公司欲向日本某客户出口一批食品，该公司于 3 月 16 日发盘，4 月装船，采用信用证结算，并要求在 3 月 20 日前复到有效。3 月 18 日接对方来电称："你方 16 日电接受，希望在 5 月 1 日装船。"我方未提出异议，于是这笔交易（   ）。
   A. 已达成，属于有条件地接受   B. 无需石家庄公司的确认，即可达成
   C. 未达成，属于还盘   D. 已达成，属于无条件地接受

7. 以下有关订单（Order）说法不正确的是（   ）。
   A. 国外进口商事先未与我方进行过有关磋商而径自寄来的订单属于询盘或发盘
   B. 国外客户在与我方达成交易、订立合同后寄来的订单实际上就是购货合同
   C. 订单与合同都具有法律效力
   D. 遇有订单列有我方不能接受的添加、修改或其他不符合约定的情形，必须及时提出异议

8. 合同数量条款未明确规定货物重量的计量方式时，按照惯例应以（   ）计。
   A. 毛重   B. 净重   C. 理论重量   D. 公量

9. 在交易磋商阶段，不属于外贸跟单员工作范畴的是（   ）。
   A. 拟订接待计划，落实接待工作   B. 迎宾接送和安排宴请
   C. 主持商务谈判和签订合同   D. 整理记录和协助签约

10. 根据《联合国国际货物销售合同公约》，国际货物买卖合同纠纷申请仲裁或提起诉讼的期限，是自当事人知道或应当知道其权利受到侵害之日起（   ）年。
    A. 1   B. 2   C. 3   D. 4

11. 我国《计量法》规定采用（   ）。
    A. 公制   B. 美制   C. 英制   D. 国际单位制

12. 某国外客商看中江苏产的"广济"牌仿古吊扇，要求使用"黛娜"商标，不能显示产地，外商要求的包装实质是（   ）。
    A. 无牌中性包装   B. 定牌中性包装   C. 销售包装   D. 运输包装

13. 丙公司出口大宗商品，按 CFR 新加坡贸易术语成交，合同规定采用租船运输。如丙公司不想负担卸货费用，则应采用的贸易术语变形是（　　）。
　　A. CFR Liner Terms Singapore　　　B. CFR Landed Singapore
　　C. CFR Ex Ship's Hold Singapore　　D. CFR Ex Tackle Singapore

14. 在 CIP 条件下，由____办理保险，如果货物在运输过程中发生保险公司承保范围内的损失，____可根据保险单向保险公司索赔，与____无关。（　　）
　　A. 卖方　卖方　买方　　　　　　　B. 卖方　买方　卖方
　　C. 卖方　船方　买方　　　　　　　D. 卖方　船方　卖方

15. 仓至仓条款是指（　　）。
　　A. 承运人负责运输责任起讫的条款
　　B. 保险人负责保险责任起讫的条款
　　C. 出口商负责交货责任起讫的条款
　　D. 进口商负责收货责任起讫的条款

16. 船舶在航行中因故搁浅，船长为解除船货的共同危险，有意合理地将部分货物抛入海中，使船舶浮起，继续航行至目的港，搁浅和抛货造成的损失（　　）。
　　A. 前者属共同海损，后者属单独海损
　　B. 前者属单独海损，后者属共同海损
　　C. 都属共同海损
　　D. 都属单独海损

17. 当采用 CIP、CPT、FCA 贸易术语成交时，就卖方承担的费用而言，下列排列顺序正确的是（　　）。
　　A. CIP＞CPT＞FCA　　　　　　　B. CPT＞FCA＞CIP
　　C. FCA＞CIP＞CPT　　　　　　　D. CIP＞FCA＞PT

18. 在我国的海洋运输货物保险条款中，将保险险别划分为（　　）。
　　A. 基本险　　B. 平安险　　C. 一切险　　D. 附加险

19. 商品运输包装上的"Handle with Care"属于（　　）。
　　A. 警告性标志　　B. 指示性标志　　C. 唛头　　D. 危险性标志

20. 外贸跟单员小陈在 T 恤跟单中，对于客户要求"SOLID COLOR & SOLID SIZE"的装箱方法，其正确的理解和操作方法是（　　）。
　　A. 按颜色和尺码单独分别装入外箱中，即"独色独码"装箱
　　B. 取不同颜色和尺码的 T 恤衫，按一定的比例装入外箱中，即"混色混码"装箱
　　C. 取相同颜色和不同尺码的 T 恤衫，按一定的比例装入外箱中，即"单色混码"装箱
　　D. 取不同颜色和相同尺码的 T 恤衫，按一定的比例装入外箱中，即"混色独码"装箱

二、多项选择题
1. 合同成立的要件包括（　　）。
　　A. 当事人有行为能力　　　　　　　B. 合同必须是书面的
　　C. 合同有对价约因　　　　　　　　D. 合同内容合法

2. 以下具有法律效力的合同形式有（　　）。
　　A. Sales Contract　　　　　　　B. Sales Confirmation
　　C. Sales Memorandum　　　　　D. Letter of Intent
3. 在国际贸易中，常常需要对国外进口商进行资信调查。目前，主要是通过（　　）进行资信调查。
　　A. 中国出口信用保险公司　　　　B. 有关商业银行
　　C. 我国驻外使（领）馆　　　　　D. 进口商官方网站

三、判断题

1. 询盘、发盘和接受是洽商交易不可缺少的步骤。　　　　　　　　　　（　　）
2. 如果在散装货的交易合同中，没有规定溢短装数量，则与使用"约"字的含义一样，允许交货数量有5%的机动幅度。　　　　　　　　　　　　　　　　　　（　　）
3. 在我国签订的合同，发生争议时，必须由中国仲裁机构进行仲裁。　（　　）
4. 从法律意义上来说，"定金"和"订金"具有不同的内涵，因此在签订合同时要谨慎使用。　　　　　　　　　　　　　　　　　　　　　　　　　　　　　　（　　）
5. 按照《联合国国际货物销售合同公约》的规定，订立国际货物销售合同的形式有三种：书面、口头和行为。　　　　　　　　　　　　　　　　　　　　（　　）
6. 在大米出口贸易洽谈中，外商要求在合同中注明："中国籼米：水分14%，杂质1%，不完善率7%"。我方认为该条款合理，可以接受。　　　　　　　（　　）
7. "190T、210T和230T"等规格指标也是描述化纤面料经纬密度的指标。（　　）

技能训练

浙江金苑有限公司（Zhejiang Jinyuan Co., Ltd.）于2006年9月18日与英国ROSE Co., Ltd. 签订的一份订购合同如下。（2006年全国外贸跟单员考证真题）

PURCHASE CONTRACT

P/O No.：R060121
DATE：18 SEP., 2006

THE SELLER：Zhejiang Jinyuan Co., Ltd.
ADDRESS：No.18 Tianshan Road, Hangzhou, China
THE BUYER：ROSE Co., Ltd.
ADDRESS：No.5 Raul Street, London, UK

We hereby confirm having given you an order for the following goods on terms and conditions as stated below：

DESCRIPTION OF GOODS：
Ladies coat, style No.：118899
Shell：woven twill 100% cotton $22^S \times 18^S/130 \times 64$ stone washed
Lining：100% polyester 230 T
Padding：100% polyester, body 120 g/m^2, sleeve 100 g/m^2

SIZE/COLOR ASSORTMENT:

Unit: piece

Size	S	M	L	XL	XXL	Total
Black	640	600	500	360	300	2,400
Red	640	600	500	360	300	2,400
Total	1,280	1,200	1,000	720	600	4,800

Size Specification	S	M	L	XL	XXL	Tolerance
1/2 Chest	60 cm	62 cm	65 cm	68 cm	71 cm	1 cm
1/2 Waist	57 cm	59 cm	62 cm	65 cm	68 cm	1 cm
1/2 Hip	62 cm	64 cm	67 cm	70 cm	73 cm	1 cm
1/2 Bottom	64 cm	66 cm	69 cm	72 cm	75 cm	1 cm
Shoulder	85 cm	85 cm	85 cm	88 cm	88 cm	1 cm
Armholes straight	25 cm	25.5 cm	26 cm	26.5 cm	27 cm	0.5 cm
Sleeve length	62 cm	62 cm	62 cm	62 cm	62 cm	1 cm

PACKING:

10 pieces of coats are packed in one export standard carton, solid color and size in the same carton.

Maximum size of export cartons:

Length	Width	Height
56 cm	38 cm	variable

Maximum gross weight of a carton: 15 kg

MARKS:

Shipping mark includes ROSE, P/C No., style No., port of destination and carton No. Side mark must show the shell color, the size of carton and pieces per carton.

SAMPLES:

These items will have to be dispatched by DHL, prepaid. Please advise dispatch details to us immediately.

Type of sample	Quantity	Eta london
Lab dips and accessory material samples	2 sets respectively for approval	Directly! After the contract date
Approval samples	3 pcs size M and 2 pcs size S	2 weeks after the contract date
Pre-production samples	3 pcs size M	Waiting for our instruction
Production samples	2 pcs size M	Before delivery

The pre-production samples could be made after the fabric has been tested and passed by SGS, Shanghai Branch, then will be sent to customer's quality assurance department. "Go" for production can only be given after approval.

DELIVERY:

2 same lots of Ladies coat (the same colors and sizes):

Port of destination	Quantity	Earliest delivery date	Latest delivery date
London	2,400 pcs	30 Sep. 2006	15 Oct. 2006
Rotterdam	2,400 pcs	20 Oct. 2006	10 Nov. 2006
Total	4,800 pcs	—	—

PORT OF LOADING,Shanghai

PORT OF DESTINATION:London/Rotterdam

UNIT PRICE:USD20.00 per piece CIF London/Rotterdam

QUANTITY:4,800 pcs

AMOUNT:USD96,000.00

More or less 5% of the quantity and the amount are allowed.

TERMS OF PAYMENT:

30% T/T in advance,70% L/C at 30 days after B/L date opened through a bank acceptable to the seller valid for deferred payment in China until 20 Nov.2006.

INSURANCE:

To be covered by seller for 110% of CIF value against ALL risks and War Risks as per CIC of PICC dated 01/01/1981.

PURCHASE CONDITIONS:

All garments' manufactures must meet the minimum manufacturing standards,comply with the SA 8000. AZO – colors embroidery and nickel press button are prohibited.

The material composition of each article has to be advised on the sew-in label in following languages:Spain and English. If the labeling of the goods is not correct,we will debit the supplier 3% of the purchase prices.

Place of performance and court of jurisdiction:London,UK

SIGNATURE: **SIGNATURE**:

（SELLER）   （BUYER）

实训任务：根据上述背景资料，审核出口订单的主要条款。

模块三

样品跟单

知识目标

1. 知晓样品种类
2. 知晓样品费用种类
3. 知晓样品寄送方法
4. 掌握样品检验的方法
5. 掌握样品跟踪的方法

技能目标

1. 熟练样品费用的核算方法
2. 熟练样品跟踪的操作流程

晓智,在我们外贸行业里认为"只要有了样品就有客户,有了客户就有订单的可能",所以样品在外贸跟单中显得尤为重要。你要在外贸订单的基础上分析样品的要求并做好跟单工作。

好的,经理!我会根据外贸订单要求,制作合格的样品并做好相关检验、寄送等工作。

章晓智在样品跟单中,需掌握哪些知识和技能?
1. 分析订单样品要求
2. 测算样品费用
3. 制作样品
4. 样品检验
5. 样品管理

知识储备

无论外贸流通企业还是外贸生产企业都愿投入大量的人力物力来筹集、研发并制作能够吸引客户的样品，通过建立品种多样的样品展示室（厅）或携带各种样品参加展览会等途径，来展示本企业业务范围，拓展国际市场，实现企业的可持续发展。跟单员在样品准备工作中，一定要高度重视并精心准备样品，不能因为样品存在小瑕疵，而丢了订单和客户。

样品跟单的主要工作过程如图 3–1 所示。

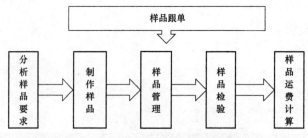

图 3–1 样品跟单的主要工作过程

一、样品种类

样品的种类很多，一般常用的有初样、宣传推广样、参考样、测试样、修改样、确认样、成交样、产前样、生产样、出货样等。

视频 6：样品种类

1. 初样（Initial/Proto Sample）

初样是指根据客户设计图而制作的样品。

2. 宣传推广样（Salesmanship Sample）

宣传推广样是指企业用于境内外参展、对外展示的实物。一般是从一批商品中抽取出来的，或是由生产、使用部门设计加工出来能代表今后交货质量的实物，通过样品的实物形态向公众反映出商品品质全貌。

3. 参考样（Reference Sample）

参考样是指卖方向买方提供仅作为双方谈判参考用的样品。参考样与成交样品的性质不同，不作为正式的检验依据。样品寄给买方只做品质、样式、结构、工艺等方面的参考，为产品的某一方面达成共识创造条件。

4. 测试样（Test Sample）

测试样是交由买方客户通过某种测试检验卖方产品品质的样品。如果样品测试结果不能达到客户的要求，客户可能不会下单订货。

5. 修改样（Modified Sample）

修改样是指买方对样品的某个方面提出修改，修改后卖方又重新寄回买方确认的样品。

6. 确认样（Approval Sample）

确认样是指买卖双方认可、最后经买方确认的样品。在完成确认样后，必须由技术检验部门评估，只有经技术检验部门评估合格的样品才可发送给客户。

7. 成交样（Deal Sample）

成交样是指卖方交付的标的物与买方保留的样品具有同一质量标准的样品。

凭成交样买卖的商品不多，一般限于不能完全使用科学方法和文字数据来表示品质的一些商品才采用。例如皮鞋、服装、土特产品、少数轻工产品以及工艺美术品等。凭成交样买卖属于特殊买卖的一种，其与一般买卖的区别在于，凭成交样买卖在订立合同时就存在样品，并且当事人在合同中明确约定"标的物的质量必须与样品的质量保持一致"或"按样品买卖"等字样。如果当事人未在合同中明确规定，即使出卖人已向买方提示了样品，都不为凭成交样买卖。在采取凭成交样买卖时，由于某种商品的特点，事实上是难以做到"货"与"样"完全一致的，外贸企业在成交时应争取以我方提供的样品为依据，在合同中订明"品质与样品大致相同"的条款，以争取主动。为了判断卖方交付的标的物是否与订立合同时的样品保持同一质量，《合同法》第 168 条规定，凭成交样买卖的当事人应当封存样品，并且可以对样品质量予以说明。

8. 产前样（Pre-production Sample）

产前样是指生产之前需寄客户确认的样品。一般是客户为了确认大货生产前的颜色、工艺等是否正确，向卖方提出的基本要求之一。

9. 生产样（Production Sample）

生产样是大货生产中的样品，在随机抽取的前提下，反映大货生产时品质等情况。客人根据生产样，可能会作出一些新的改进指示。

10. 出货样（Pre-shipment Sample）

出货样是产品已经做好准备出货之前的样品，有些客户就根据这个样品来决定这批货的品质。

11. 船样（Shipping Sample）

船样是代表出口货物品质水平的样品，又称"船头版"或"大货版"。如大货是以海运方式运输出口的，则要求船样以空运方式直接寄给客户。在计算出口数量时，一般要将船样的数量一并计算在内。由于船样是先于大货到达客户手中的，有时它是客户检验大货品质、签发《检验报告》的依据，所以跟单员提供合格的船样较为重要。

此外，纺织服装中还有款式样（Pattern Sample）、广告样（Salesman Sample）、齐色齐码样（Size/Color Set Sample）、水洗样（Washed Sample）、色样（Lap Dip）、绣（印）花样（Embroidery/Printed Sample）、辅料样（Accessory Material Sample）等。

二、分析样品的要求

从样品的来源来说，有些样品是企业自行开发的，有的样品是境外客商提供的，一般来说，极大部分都是客商提供的，因此跟单员需要对境外客商提供的样品进行分析，这是复制样品的关键，也是制作样品的依据。通常，样品要求涉及材料要求、数量要求、时间要求、寄样要求、测试要求等，跟单员可以分解为以下步骤进行操作（图 3-2）。

视频 7：分析样品要求

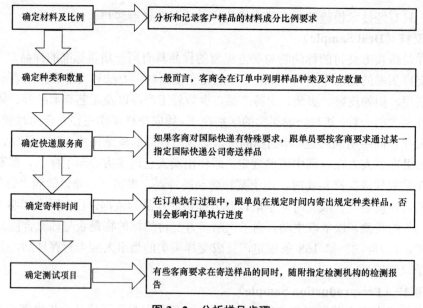

图 3-2 分析样品步骤

（一）分析样品材料及比例

样品制作会涉及原材料名称和比例，跟单员应该按照不同情况，分别对待操作。

步骤一：分析原材料种类及成分比例

当客户提供实样时，跟单员在收到样品后，首先要认真测量样品尺寸，分析样品的原材料名称及比例、辅料组成、数（重）量组成和包装材料及要求，并围绕这些信息核算出制作成本。一旦需要破坏实样才能获得原材料种类及成分比例，则要提前征得客商同意，并与制作人员核对和落实技术要点，发现有难以理解或需要改进的地方，要及时与客商沟通，获得客商书面认可后，才可以下达书面打样任务书，在该任务书中一一详细注明样品的原料种类及配比、尺寸、颜色搭配、辅料组成、完成时间、客商编号/本公司编号、样品数量和包装方法等。

步骤二：对照客户提供图纸及要求

当客户提供图纸或打样要求时，跟单员首先要认真分析理解图纸所要求的主要原材料（成分）、辅料组成和数（重）量组成及包装要求，同时读懂各项要求，理解各项信息，并与技术人员一一落实。如果遇到疑问，也要立即与客户沟通，获得客户的进一步解释直至完全理解；如果遇到修改或者只能用替代材料制作样品的，需要将修改方案和材料使用情况通报给客户，取得客户的理解和支持后，方可进入打样阶段。

（二）确定样品种类和数量

生产样品时，跟单员首先要确认样品种类，其次是对应的数量。就样品种类而言，由于样品种类繁多，不同样品在不同时期提供，如"确认样"需要在订单执行前就完成，否则就无法投料生产；"船样"则应该在装船前向客户提供。就样品的数量而言，则要结合样品种类来确定，如"色样""辅料样""测试样"等样品数量要求是不同的，如：一般而言，确认样或产前样需要至少 3 个/款，色样也需要 3 个/色，即同一种颜色色样至少要有 A、B、C 3 种最小尺寸为 10 cm×10 cm 的色版,以便客户从中选择最接近的颜色,辅料样需要 3 份/种辅料,船样需要至少 3 个/款。

同样,样品的数量还随客户类型不同而不同。对于中间商,会需要更多样品,以便向其客户推销,获取更多订单;对于最终销售商,当对新产品面市后的市场反应没有把握时,也会需要较多样品在商场试销。表 3-1 归纳了不同样品种类和数量,以便在跟单时参考之用。

表 3-1　部分样品送样种类和数量

序号	样品名称	数量
1	宣传推广样	较多,依客户要求
2	参考样	至少 3 个/款
3	确认样	至少 3 个/款
4	测试样	至少 3 个/款
5	产前样	至少 3 个/款
6	生产样(大货样)	至少 3 个/款
7	色样	3 个色/款
8	船样	至少 3 个/款
9	绣(印)花样	至少 3 个/款
10	辅料样	至少 3 个/每种辅料
11	水洗样	至少 3 个/款

另外,在制作确认样时,除了按客户要求的数量外,还要将本企业留样数量计算在内。留样至少需保留一件以上,作为日后生产大货订单的实物依据,同时要在留样上做好相应的编号和记录。

需要指出的是,由于制作确认样的过程与订单的生产过程有相似性,会发现其隐含的问题,因此,要特别注意制作过程的难易性和时间性,生产工艺达不到的样品,千万不能做,否则会在日后的打样生产中留下"隐患"。

(三) 确定快递服务商

一般而言,客商的寄样要求,主要包括样品品种及数量、快递样品服务商和寄样时间要求等,其中有关样品品种、数量等的内容已经在前面介绍过了,本部分主要介绍选择快递服务商方面的操作事宜。

目前,常见的国际快递服务商主要有 DHL、FEDEX、UPS、OCS、TNT、EMS,这些国际快递服务商所提供的服务细节不尽相同,跟单员可以咨询有经验的外贸业务前辈或者直接咨询快递服务商,汇总各个国际快递服务商的特点和服务水平情况,为寄送样品做好准备。

与海运或航空运输一样,快递费可采用"预付"或"到付"支付,也可由第三方在第三地支付。在实际操作中,如果采用"到付"或"第三方"支付,需要支付方或寄件方的担保,承诺一旦收件人或第三方拒付,则仍由寄件方支付。当然,寄件人能够提供有效的"到付账号"(一种快递服务商易于识别的数字编号)时,快递服务商也会提供服务,例如 DHL "到付账号"为 96 开头的数字编号。

知识链接

邮政与特快专道

1. 邮政

（1）航空包裹：采用全航空的运输方式，航程大约在两周，其费用较高。

（2）空运水陆路（SAL）包裹：采用航空、水路、陆路联合运输方式，耗时较长，其费用较航空包裹低一些。

（3）水陆路包裹：采用水路、陆路联合运输方式，耗时最长，其费用较低，可适用于大宗的低值产品寄送。一般商品（非危险品）可正常寄；如系普通化工品，仅需要出具一般的品质证书（证明其无毒、无害、无爆破性等），便于海关查验核实。如系危险化工品或者疑似危险化工品（如钛白粉），需要出具特殊的证明，以及特殊托运。需要注意：最小邮寄重量是2公斤，20公斤为一个限重单位。超出部分，需要另行打包计费。

2. 特快专道

特快专递按区域分有国际特快专递和国内特快专递。国际特快专递的费用最高，但运输时间较快。一般而言，运输时间视运输距离、目的地服务区域情况、寄送的内容而定，对于那些寄往近洋国家/地区的中心城市（大城市）的文件类物品只需 3~5 天即可到达（节假日除外）。

一般而言，国际特快专递公司对特定物品的寄送有相关要求，可以通过其官方网站或电话查询。

DHL：www.cn.dhl.com

Fedex：www.fedex.com.cn

TNT：www.tnt.com

UPS：www.ups.com

OCS：http://www.ocssino.com

EMS：http://211.156.193.130/

寄送样品时，必须详细填写收件人名称、地址、邮编、联系电话、物品名称和寄件人名称、地址、邮编、联系电话和付费账号等。

（四）确定送（寄）样时间

在样品跟单过程中，跟单员要依据不同样品性质来确定完成时间和寄样时间（表 3-2）。例如，以服装样品跟单为例，在确认样、款式样、色样、辅料样、绣（印）花样、水洗样、大货样、船样、齐色齐码样、生产样、测试样等诸多样品中，确认样、款式样、测试样的制作必须在大货生产前完成，并及时送交海外客商，否则没有得到客商确认或通过检测机构检测前，大货生产就无法开启；同样，色样、辅料样、绣（印）花样、水洗样的制作也必须在大货生产前完成，并及时送交海外客商；而大货样、船样、齐色齐码样、生产样都必须从大货生产线上获取，并在大货未上船前寄往海外客商，以便得到客商签发的"检验证书"。

表3-2 样品完成时间和寄样时间

项目进程（时间顺序）		样品种类	备注
下单前		参考样、推销样、广告样、测试样	获得订单
打样确认	初期	初样、款式样	客商未确认前，无法采购或投产
	中期	色样、辅料样、绣（印）花样、水洗样	
	后期	确认样	
大货生产	前期	产前样	客商未确认前，无法出运
	中后期	大货样、销售样、齐色齐码样	
大货运输阶段		船样	

（五）确定样品测试项目

在外贸订单中，买方会要求卖方的样品必须经过指定机构的检测，并随送检测报告。这样做旨在保护消费者利益，另外也考察供应商所提供的商品能否符合法律或当地市场要求，以免消费者在使用该商品的过程中受到伤害。

途径一：依不同商品确定测试项目

不同商品有着不同的安全使用要求，衡量是否到达要求只有通过各项指标检测后综合判断才能证明。例如：对于家电订单，一般是检测泄漏电流、升温测试、耐压、稳定性、潮湿及某些化学元素/成分等项目；对于化学品订单，一般要求成分及含量、纯度、熔点、沸点 Ph 值、毒性等测试项目；对于家具产品订单，一般要求进行甲醛、重金属、阻燃性、稳定性、耐久性等测试项目；对于玩具产品订单，一般要求甲醛、增塑剂、偶氮含量、可溶性重金属（铅、镉、铬、砷、钡、汞、硒、锑等）含量、阻燃性、安全性能、噪声、色牢度、有害化学成分（邻苯二甲酸酯等）、包装物料等有毒元素测试项目；对于农产品订单，一般要求进行农药残留量、卫生指标、重金属含量等测试项目；对于鞋类（含皮革）订单，一般要求进行甲醛、五氯苯酚、四氯苯酚及其盐、酯类、过敏性染料、有机挥发溶剂、包装纸盒的原材料（含塑料袋原材料）等测试项目。

视频8：样品检验

此外，对于服装、纺织品一类的商品，测试项目也是不同的（表3-3）。如服装订单，一般要求检测服装的外观特性，如格条对色、破洞、漏针、跳线等缝纫质量及各部位尺寸，而面料订单却要求检测面料规格、克重、成分、色牢度、缩水率等使用性项目，有些客商还根据面料的特性检测阻燃性、透气性、防水性、防绒性、防紫外线、撕裂强度、保暖性等功能性项目。对于上述检测项目，供应商只能配合，并在大货交货前完成测试。

表3-3 服装或面料的测试项目

服装或面料的测试项目	
性能名称	测试项目
外观性能	主辅料和格条对色、疵点（如破洞、漏针、跳线等）

续表

性能名称	测试项目
使用性能	面料规格、克重、成分、匹长、幅宽、厚度、起毛起球、缩水率、色牢度（日晒、水洗、干/湿摩擦、沾色）、撕裂强度、耐磨强度
功能性能	阻燃性、透气性、防水性、防绒性、防紫外线、保暖性等

需要指出的是，在以上一些产品的测试项目中，有些是属于我国国家强制检测的项目，有些是进口国或地区指定机构检测的项目，跟单员只有熟知某类产品的检测项目，并严格按检测标准进行跟踪，才能使客商满意。

———————— 知 识 链 接 ————————

织纱线 ABC

1. 分类

按纱线结构分，有单纱、单丝、变形纱、高/低弹丝、膨体纱（即开司米）、花式股纱。在股纱中，股线还可按一定方式进行合股并合加，得到复物股线，如双线、三股线和多股纱线；按纱线原料成分分，有全棉纱、涤棉纱、全涤纱、麻纱等；按纱线粗细分，有粗纱支、中纱支、细纱支、特细纱支等；按纺纱系统分，有精纺纱、粗纺纱、废纺纱等；按纱线用途分，有机织用纱（经纱和纬纱）、针织用纱、其他用纱等。

2. 简易鉴别方法

可通过感官法、燃烧法、显微镜法、溶解法、药品着色法以及红外光谱法等方法鉴别不同种类的纺织纤维，在实际鉴别时，常用感官法和燃烧法，并附以其他方法进一步综合分析、相互印证来确定是何种纤维组成，而各种纤维的含量需要采用定量分析。纤维燃烧后现象归纳如表3-4所示。

表3-4 纤维燃烧后现象归纳

纤维种类	近焰现象	在焰中现象	离焰后现象	燃烧时气味	灰烬或剩余物颜色
棉	近焰即燃	燃烧	续燃，有余灰	烧纸味	灰烬极少，柔软黑灰
毛	熔离火焰	熔并燃	难续燃，自熄	烧毛味	易碎，脆蓬松黑
丝	熔离火焰	嘶嘶声	难续燃，自熄	烧毛味	易碎，脆蓬松黑
涤纶	近焰熔缩	滴落	起泡，续燃	弱香味	硬圆，黑淡褐色
腈纶	熔融，近焰灼烧	熔并燃	速燃，飞溅	弱香味	硬圆，不规则或珠状

3. 主要技术指标

纱线质量的指标主要有细度和均匀度、强度和伸度（伸长率）、捻度和捻向等。

纱线有粗细之分，可以用定重制和定长制来表示。

定重制是指规定重量的纱线所具有的长度，而定长制是指规定长度的纱线所具有的重量。无论是定重制还是定长制，都与纱线的重量有关，而纱线重量又与纱线的含水量或含水率（%）有关，一般而言，含水率（%）=商品中的水份重量/商品重量。

纱支数是纱线粗细的指标，常用于衡量短纤维纺制纱线的粗细程度。它有公制支数（公制）和英制支数（英制）之分。

公制支数（Nm）：1 克纱（丝）所具有的长度米数。公式：$Nm = L/G$

英制支数（Ne）：1 磅（453.6 克）纱线所具有的 840 码长度的个数。

公式：$Ne = L/(G \times 840)$

纱支高低用数字表示，数字越大，纱的长度越长，也越细，反之纱就越粗。另外，纱支由两组数字表示，第一组数字表示单纱的支数，第二组数字表示合股的根数，如 16s/1 表示十六支单纱；32s/2 表示三十二支双股纱。

此外，生丝或化学纤维用旦尼尔（Denier，简称"旦"）表示，简写为"D"，如 300D 涤纶长丝，含义是指 9 000 m 长的涤纶丝质量为 300 克；而 100D 涤纶长丝，是指 9 000 m 长的涤纶丝质量为 100 克。旦尼尔数值有两组数字，第一组数字表示旦数（粗细），第二组数字表示长丝的单丝根数。如 150D/96F，含义为长丝细为 150 旦，由 96 根单丝组成。对于同样旦数的长丝，根数越多表示组成长丝的单丝越细，反之根数越少单丝越粗。

途径二：确定测试机构

为了确保样品内在质量符合设计和市场要求，有些客户还会要求出口商将样品寄往某一指定测试机构进行测试，测试合格后加贴某种特殊的标志。实质上这是一种对产品的认证，如针对美国和加拿大市场的 UL 认证，针对欧洲市场的 CE 认证、ROHS 认证，针对沙特市场的 SASO，针对纺织服装的生态纺织品认证（OEKO—Tex Standard 100）等，这些认证必须是在对产品进行一系列严格测试合格后，才给予加贴认证标签的。

目前，在我国开设分支机构的国际检验机构主要有天祥集团公司（ITS）、通标标准技术服务有限公司（SGS）、上海胜邦质量检测有限公司（STR）、莱茵检测认证服务（中国）有限公司（TUV）和必维国际检验集团（BV）等。这些国际检测机构不仅能够为样品（或产品）做某个项目进行单项测试，也可以对样品（或产品）做整体性能测试。当客户指定测试机构时，跟单员应该按客商要求，事先联系该测试机构，了解检测工作程序和相关费用，否则检测结果客商是不予认可的。一般而言，联系检测机构时，最好找国内相近城市的分支机构，减少在途时间，提高送样检测时间利用率，另外其检测结果也会得到客商的认可；当客商没有指定测试机构时，跟单员可以根据测试费用和服务质量等几方面因素，综合考虑选择一家机构进行检测。需要跟单员注意的是，国际检测机构是按项目数和耗用时间向委托人收取不菲的检测费用。检测项目越多，耗用时间越长，检测费用越高；如果委托人要求在短期内进行检测并出具检测证书（报告），国际检测机构需要收取"加急费"（表 3-5）。如上海胜邦质量检测有限公司的送检申请表"服务类型"栏规定，凡以"加快件""特快件""特急件"名义送检的测试项目，在"普通件"基础上分别加收"40%""70%""100%"的附加费。

表 3-5　测试机构的服务类型与收费

Type of Service（If Applicable）/ 服务类型（如果可行）		*Min Charge Per Report RMB/ 报告最低收费为人民币 200 元	
Regular/普通件 5 working days/ 5 个工作日	Express 加快件 （40% Surcharge/ 40%附加费） （3 working days/ 3 个工作日）	Shuttle/特快件 （70% Surcharge/ 70% 附加费） （2 working days/ 2 个工作日）	Immediate/特急件 （100% Surcharge/ 100% 附加费） （1 working day/ 1 个工作日）
Upon Telephone Confirmation by Laboratory Manager/需经实验室经理电话确认			

途径三：依客户要求选择测试时间

如前所述，样品类型众多，随着提供给客商时间的不同，外贸企业的跟单员需要在提供样品前，完成样品的成分和性能等方面面的测试，以便向海外客商提供合格的样品，顺利完成样品跟单的第一步。

综上所述，作为跟单员，要针对不同商品，主动与客商沟通，提前获知其对样品检测项目和检测机构的要求，为检测留出充裕时间，尽量省去不必要的"加急费"。

------- 知 识 链 接 -------

几家主要的国际检测机构简介

Intertek、Testing Services

简称 ITS，总部设在英国伦敦。1988 年进入中国大陆市场，主要为各行各业的客户提供测试、检验、认证及各类产品的其他相关服务，检测产品范围涵盖纺织、鞋、玩具、电子电器、医药品、石油、食品、化学品、轻工产品和化妆品等，并为产品、货物和体系提供包括测试、检验、认证在内的一系列服务。目前已在上海、深圳、绍兴、厦门、青岛、香港和台湾地区、广州、北京、天津、无锡、杭州、宁波等地设立了分支机构。

官方网站：http://www.intertek.com.cn/default.aspx

Societe Generale de Surveillance S.A.

简称 SGS，全名为"瑞士通用公证行"。其总部设在瑞士日内瓦，是世界最大、资格最老的民间第三方从事产品质量控制和技术鉴定的跨国公司。目前已在上海、深圳、广州、北京、天津、大连、秦皇岛、防城港、南京、青岛、常州、苏州、唐山、钦州、杭州、宁波、安吉、武汉、重庆、福州、泉州、厦门、中山等地设立了分支机构，检测范围覆盖农产品、矿产品、石化产品、工业品、消费品、汽车产品、生命科学产品等多个行业的供应链上下游产品。具体有金属及非金属材料检测分析、可靠性检测、玩具认证、有害物质检测、食品接触材料测试、纺织品/皮革的化学成分检测等。

官方网站：http://www.cn.sgs.com/zh/

Specialized Technology Resources，Inc.

简称 STR，是一所成立于 1944 年的国际性和独立性商检机构，总部设在美国。全球有 9 间独立的实验室，分别位于美国、中国香港、中国台湾、中国上海和深圳、意大利、土耳其、英国和瑞士，为全球市场提供专业产品性能评估、生产原料的质量保证、实验室测试、商检及 ISO 顾问等服务。就服务地域而言，范围已经覆盖 40 多个国家，就其覆盖的测试项目而言，主要涉及成衣及纺织品、玩具、厨具及烹饪用品、家具、鞋类及百货类商品以及包括 UL 产品认证和 RoHS 测试等。

官方网站：http://www.strcn.com/

Bureau Veritas

简称 BV，全名为"必维国际检验集团"，成立于 1828 年，是全球知名的国际检验、认证集团，其服务领域集中在质量、健康、安全和环境管理以及社会责任评估领域，总部在法国。其从事船舶检验、进出口商品检验、工业产品检验、集装箱检验、工程监理、体系认证、产品认证及航空航天检验等。

官方网站：http://www.bureauveritas.cn/

——摘编自上述检测机构官网网站

三、样品制作

（一）测算样品费用

如前所述，样品在获得订单或订单执行过程中起到非常重要的作用，但是样品费用也同样受到外贸从业者关注，如何核算样品费用呢？

1. 核实样品费用种类

从企业管理角度来看，样品费用除了关系到企业的管理成本外，还直接决定了是否有订单。因此，跟单员要关注样品的成本构成，回避打样后无订单和无法形成生产力的风险制作样品。其中费用主要涉及生产阶段的模具费、原材料费、加工费等。

（1）模具费。

模具费俗称"开模费"，主要由材料费、设计费、加工费、利润、税费、试模费、包装费和运输费组成。按经验法，各部分费用占总费用比例大致为：材料费 30%，加工费与利润 20%，设计费 10%，试模费 5%，包装和运输费 5%，税费 20%，其他费用 10%。

模具费的高低是随样品结构的复杂程度而变化的，样品结构程度越复杂，模具也就越复杂，模具费用就越高。另外，模具费还与模具使用材质有关，使用高质量模具材质只会导致模具费用增加，如五金产品、汽车配件的模具要求使用优质钢材，不仅结构复杂，而且材质要求高，因此，模具费用通常较高。应当指出的是，模具费是生产厂商开发新产品的主要成本，鉴于模具属于科技含量较高的专用产品，跟单员应当将模具的质量、精度、寿命放在首位。

（2）原材料费。

原材料费是指按照客户的要求试制新产品所消耗的基本材料的费用。为了直观反映新产品是否符合市场或客商的要求，必须使用设计图或客户原样所要求的真实材料，这势必需要采购新的原材料。

一般而言，由于采购原材料量比较少，往往不容易控制其价格成本。

（3）加工费。

加工费是指试制新产品时所消耗的能源（如水电消耗）、人工工资成本和机器设备折旧及使用费用等。一般而言，较少的生产量往往会使加工费用和管理成本增加，这是直接导致生产成本居高不下的主要原因。

2. 确定样品费用承担者

在外贸业务中，通过寄送本公司的样品宣传资料（如公司的 Catalog）和向客户提供实样获取订单，前者费用比较低，后者的费用比较高。另外，还可以依据客户设计资料，为特定的客户专门制作样品，其费用更高。由于样品具有广告的效应，外贸企业在寄送样品获得订单的同时，也为此支付了不菲的费用。因此，针对样品费用管理，一些外贸企业制订了制度，明确规定样品费用承担方法。又由于在对外贸易中涉及大量的样品，样品费用的承担形式有一定的处理技巧。一般来说，样品费用可以由国外客户、生产厂家、外贸出口企业（如外贸公司，下同）独自承担，也可以通过商谈由多家共同分担。常见的处理方式有：

（1）国外客户支付模具费用，外贸出口企业承担原材料费，生产厂家承担加工费。

这种方式是待收到国外客户的模具费用后，将客户提供的样品和工艺要求、完成时间等资料信息交生产工厂或生产车间，由其在规定的时间内完成样品制作，原材料费由外贸出口企业承担，加工费由生产工厂承担。

（2）模具费、加工费、原材料费均由生产厂家承担。

这种方式是外贸出口企业在收到国外客户提供的样品后，选定某一生产厂家制作样品并承担一切相关的费用。此时生产厂家为了维护自身的利益，一般会提出由外贸出口企业先全额垫付样品制作费，待达到一定生产约定量（起订量）后，生产厂家退还所有的样品制作费。

（3）国外客户支付模具费，生产厂家承担原材料费和加工费。

这种方式是外贸出口企业待收到国外客户的模具费用后，将国外客户的样品和工艺要求一并交生产厂家，生产厂家承担原材料费和加工费，并在规定的时间内完成样品制作。

（4）外贸出口企业承担原材料费、模具费和加工费。

这种方式的特点是国外客户和生产厂家均不承担所有费用，而是由外贸出口企业承担。外贸出口企业为了维护自身的利益，往往要求生产厂家妥善保管样品。

此外，样品费用的承担还与起订量有关。在实务操作中，外贸公司或生产厂家会要求国外客户先支付全额或部分样品费用，待日后实际订单数量达到起订量后，再将先前支付的样品费退还给国外客户，这种方法一方面鼓励客户多下订单，同时防止有些客户（主要为中间商）只有打样却没有订单的情况发生，另一方面也能够控制我方样品费的"无谓"支出。需要指出的是，样品的制作不仅涉及制作费用，而且还涉及"知识产权"和所有权。因此，一般应该由买卖双方事先进行约定。

3. 样品费用收取

前已述及，样品费用是外贸企业运营成本之一，在是否收取样品费用的问题上要视客户情况而定。一般而言，样品费用是判断客户是否有真实需求的依据。只要费用合理，有真实需求的客户，是不会介意样品费用的，并会在很短时间内支付。在样品跟单中，跟单员不必担心向客户收取样品费用会引起客户的不满而导致采购意向降低。

收取样品费用的途径有以下几种：

途径一：银行电汇

鉴于涉及普通商品的样品费用数值较小，银行电汇方式是收取样品费用的最常用方法。在客户汇款前，跟单员要制作一份形式发票，连同本公司银行资料（如公司全称及账号、开户银行名称及 SWIFT 号、银行地址等）通知客户，以便客户及时汇款。

除了利用银行电汇和支票外，还有其他一些方法，如西联汇款（Western Union）、银星国际速汇。前者是西联国际汇款公司通过遍及全球近 200 个国家或地区的代理网点进行汇款，内地的光大银行、农业银行、中国邮政储蓄银行等银行都是西联汇款业务的中国代理行。后者是中国建设银行与银星国际速汇公司合作推出的一项汇款业务，实现了内地与银星国际速汇公司遍布全球的代理机构之间实时跨境汇款。上述业务内容包括了汇入汇款解付和汇出汇款。需要说明的是，不管西联汇款还是银星国际速汇，目前仅限于国内个人与国外个人间的汇款往来。

由于通过银行电汇来支付样品费用的银行都将扣除手续费，手续费高低与银行和转汇行的次数有关（汇款人全额支付汇款手续费除外），而通过西联汇款、银星国际速汇的，汇款手续费均由汇款人支付，收款方不必支付手续费。

途径二：使用支票

这也是通过银行收取样品费用的方法。例如，客户会邮寄一张支票给公司，此时跟单员要和公司财务人员核对金额，并一同前往银行填写相应委托书，办理光票托收手续，再等待若干天后才能收到样品费用。需要指出的是，通过光票托收来收取样品费用会产生一定额度的银行费用，况且银行支付是有前提条件的，如出票人账户有足额存款、支票是在有效期内、正确书写和签章等。

途径三：直接外币现钞

在各类交易会或外贸洽谈中，有些客户求购心切，直接将外币现钞支付给外贸企业员工。从金额数值上而言，只要汇率得当，外贸企业并没有吃亏；从外汇管理角度而言，这样的操作模式不仅违反企业财务制度，也违反我国外汇管理规定，涉嫌扰乱金融秩序，容易为假币流通开通渠道，因此，跟单员要避免接受以外币现钞方式收取样品费用。

（二）样品制作过程

该阶段俗称"打样"。跟单员在整个订单跟踪过程中，要依据不同阶段提供不同的样品，例如，以服装生产为例，在大货生产前，跟单员需要制作色样、辅料样、绣（印）花样、水洗样、款式样、确认样等样品；在订单执行过程中，跟单员制作大货样、船样、齐色齐码样、生产样等。以纺织品打样跟单为例，跟单员可以按以下步骤（图3-3）进行样品制作。

视频9：制作样品

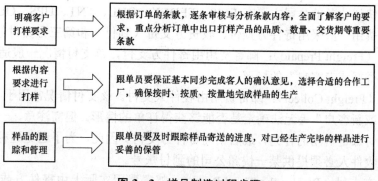

图3-3 样品制造过程步骤

四、计算样品运费

邮寄样品时所产生的费用也是构成样品费用的主要方面,不同的寄送方法会产生不同的邮寄费用,即使寄送方式相同,采用不同递送公司,运送费用也是不同的。以下是样品运费计算方法,熟悉并理解计算过程,跟单员就能进一步做好跟单工作。

步骤一:熟悉样品运费的计算

在对外贸易中,样品一般是通过快递公司直接寄送给客户的,跟单员必须了解快递公司的运费构成和计算方法。以下是某个时期某快递公司寄往世界各地的快件运费价格表(表3–6)。

视频10:样品运费测算

表3–6 某快递公司运价表

资费区	国家或地区	文件(首重0.5千克)	包裹(首重0.5千克)	续重每0.5千克	
				文件	包裹
一区	中国香港或澳门	90	150	20	35
二区	日、韩、中国台湾	120	210	45	55
三区	欧洲	210	320	60	70
四区	南太平洋	180	260	55	65
五区	中南美	250	445	80	100

从上面的价格表中,我们可以看出特快专递的运费,是根据不同的地区,按文件或包裹来计算的。其计算方法是:首先确定国家(地区),然后确定分类(是文件还是包裹),从而找出对应的价格;再以0.5千克作为基准重量,此基准重量也称首重,超过0.5千克部分,按每500克(或每增加0.5千克)作为一个续重(也称为超重部分)。那么,总的快件邮寄费就可按公式来表示:总快件邮费=首重+续重价格×续重个数。

[例题1]某跟单员以快件方式邮寄重量为2 050克测距器样品和1 760克 catalog 分别到意大利和新西兰,他选择了一家快件公司,请按该快件公司的运费表计算出各需支付多少人民币邮寄费?

步骤二:熟悉支付方式

从事国际快递业务的公司主要有EMS、FEDEX、DHL、TNT、UPS、OCS等。这些快递公司的邮寄费用一般采用寄件方预付、收货方支付(到付)和第三方支付的方法。

(1)预付(Freight Prepaid):邮寄费用由寄件方支付,该支付情况一般适用于"寄送费用低、客户信誉好或老客户"的情形。

(2)到付(Freight Collect):邮寄费用由收件人支付。该支付情况常用于"寄送费用高、客户信誉一般或新客户"等无法确定是否能够获得订单的情形。但需注意,一旦收件人收到样品时采用拒付邮寄费用的行为,最后仍需寄件方支付。因此,为了避免这种情况发生,跟单员最好要求收件人必须提供某一快递公司的到付账号。

(3)第三方支付(Pay by the Third Party):邮寄费用实际上由寄件方或收件人以外的

第三方支付。在实际操作中，当第三方付款时，跟单员需在运单的"PAYMENT OF CHARGES"栏填写第三方付款公司名、账号及国家名，并承担由于账号失效或关闭所产生的所有连带责任，包括支付运费。需要指出的是，发件人虽然选择到付付款方式或第三方付款方式，收件人或第三方拒付运费的风险自始至终均由发件人承担，跟单员要特别注意这一问题，一旦获得到付账号或第三方账号后，要立即联系快递公司，确认账号是否有效。

步骤三：运用适当方法降低快递邮寄费用

从表 3-6 的快件运价表中不难看出，国际快件中的寄送对象不管是"文件"还是"包裹"，都是连同包装材料一起计重的，其重量之和一旦超过 500 克、1 000 克或 1 500 克等就要按"首重+续重"原则来计算运费，而对于重量在 501~1 000 克间的样品，就要按"每 500 克为一个续重"规则计算运费了，控制重量、降低邮寄费用成为跟单员的一项技能，以下方法可供参考：

方法一：减少"续重"个数

为了节省快递邮寄费用，对于那些刚刚超过 500 克、1 000 克、1 500 克、2 000 克……重量的包裹或文件，可以采用减少样品数量或减少包装材料的途径，降低快递邮寄费用，例如，在不能减少样品重量和确保样品不会受损的情况下，可以采用适当削减包装材料或换用轻质坚固/防震包装材料的方法，使总重量控制在 500 克、1 000 克、1 500 克、2 000 克之内，以免产生不必要的"续重"，从而降低样品邮寄费用。有许多方法可以减少"续重"个数，如使用塑料气泡袋来裹覆小件电子配件（如移动硬盘、U 盘、线路板等），既能有效保护样品，还能减少续重个数，进而降低邮寄费用。

方法二：控制包装尺寸

由于国际快递是采用航空运输的，对于那些体积大的样品，国际快递企业不是按实际重量计算快递费用，而是按体积重量计算快递费用的。也就是说，国际快递企业工作人员在丈量了样品外包装的最长、最宽和最高尺寸（四舍五入到整厘米数）后进行乘积，再按 6 000 立方厘米为 1 千克方法折算成体积重量[即体积重量的计算公式为：体积重量=（长×宽×高）÷6 000]。因此，跟单员对样品进行包装时，要根据样品的尺寸、重量和运输特性选用大小合适的包装箱及包装填充物，要尽量避免不足包装造成的样品破损和过度包装造成的包材浪费，同时要尽量减少包装尺寸，以便节省快件费用。

另外，为了更好地控制包装尺寸，跟单员可以根据样品大小来设计包装大小。一般而言，设计包装尺寸时，可能会产生两种情况：包装内未装满样品和装了太多样品。前者是包装内有大量空隙，极容易产生塌陷现象，跟单员可以采用减少包装尺寸或者在样品四周填充满塑料泡沫等方法防止塌陷现象产生（这种方法会引起快递费用增加）；后者是包装内有太多样品，容易使包装纸箱过满而出现胀裂。

上述分析说明跟单员要使样品及时、完好无损地寄送给客户，需要有仔细踏实的工作态度，这种工作态度不仅体现在样品制作环节，而且还要体现在寄送样品环节。正是跟单员这种平时形成的细心的工作态度和格外认真的工作作风，才能为获得订单打下初步基础。

五、样品管理

（一）样品跟踪

其一：跟踪快递

视频11：样品管理

跟单员可以通过多种途径来跟踪快递（邮件）的实时信息，虽然不同的国际特快专递公司有着不同的方法，但大同小异，这些途径主要有网络、手机短信、电子邮件、电话等。

其二：跟踪客户意见

每一次寄样后，都要及时倾听客户的意见，了解市场需要何种类型的商品以及客户的目标价格等，可以通过以下方法获得这些信息。

方法一：定时与客户联系

无论短期内有无订单，尽量与拿样客户建立起一种稳定的联系，适时通知新样品（产品）开发的最新情况。此外，把握沟通的时机很重要，要注意沟通节奏的把握，不要引起客户的反感。

方法二：专人与客户联系

国际贸易有一种明显特点，就是喜欢与特定的人联系，一方面是双方都了解贸易的整个过程，容易沟通和理解，另一方面也是经过长期的联系产生了"情感"。因此，要珍惜这种难得的"情感"，与客户建立稳定持久的联系。

方法三：建立稳定的联系渠道

跟单员在跟踪样品中，要保持畅通的联系渠道。除了传统的传真外，还有电子邮件、手机、电话等现代联系渠道。养成定时查询邮件的习惯，最好是将电子邮件与手机短信捆绑且邮箱收到邮件就会收到短信通知，以便及时知晓邮件并回复。

（二）样品分类归档

样品管理是企业管理的重要组成部分，可以从建立样品管理库入手，将样品进行分类管理。样品管理库内容包括样品基本资料、样品图纸、样品材料、样品试验、样品工时与估价、样品进出库、样品需求分析等。具体操作时，需求者通过填写"样品管理表"这一种简化形式，将样品的送样国别、客户、样品名称和材料规格、样品的版本及生产批次、编号、样品数量、金额，客户对样品评估内容，寄送时间等一一列明，此外，将样品进行形式上的归类，如按样品生产时间归类，按客户归类，按订单号、信用证号或合同号归类等，这种方法比较简单易操作。

1. 按样品生产时间归类

将样品按生产时间顺序进行分别归类，相同生产日期的样品冠以后缀字母A、B、C、D、E排序，以示区别，这种归类比较简单可行，缺点是记忆样品生产时间是一件不容易的事情，所以需要辅以其他方法。

2. 按客户归类

按客户对样品进行分类整理，如以地理位置、行业、成交额进行归类，跟单员可以结合外贸企业实际情况和自身习惯，选择其中一种进行归类。

（1）按地理位置归类。

跟单员按地理位置对客户进行分类，即按洲际对样品进行归类，一般可以划分为：欧盟客户、东亚客户、北美客户、中南美洲客户、东盟客户、澳新客户、非洲客户等，当然如果某一国的客户特别多亦可单独区分，如日本客户、韩国客户、美国客户、俄罗斯客户、德国客户、法国客户等。

（2）按客户所在行业归类。

与产品一样，样品也可以按最终用户的所在行业作为分类的依据。同样一种样品，不同行业客户所订购产品的目的不尽相同，有的是为了贸易，有的是用于生产等，如某一规格的钢材，有的客户用作生产机器，有的用于造船，有的用于建筑。

（3）按客户性质归类。

贸易或非贸易是客户的主要性质，贸易类客户在获得样品后往往用其作为推销之用，而非贸易类客户获得样品后，可能是直接销售，也可能是最终用户，上述二类客户对于样品规格、型号、品质、功能、价格等方面会有不同的要求，基于不同利益诉求，跟单员据此来进行客户分类，结合企业经营管理，有针对性地设计营销方案。

（4）按客户成交金额分类。

按客户成交金额分类是以某一时期（通常为一年）客户与企业成交的金额高低来进行分类，以便进行重点管理。按照帕累托原则（2080原则）把客户分为A、B、C三类客户，其中A类客户的成交额占企业总额的70%左右，但客户数目却只占10%左右，这是企业的重点客户，应加强跟踪管理，并给予价格的优惠，应优先保证其订单的交期；C类客户则与A类客户正好相反，客户数目占70%，但成交额却只占10%左右，对这类客户可以每季或每年进行跟踪，甚至可以放弃；B类客户则属于A类和C类之间，它的成交额占20%左右，客户数目也占20%，对这类客户，跟单员也应进行必要的跟踪，其方法介于A类和C类之间。当然以客户成交金额分类的标准可按企业的不同情况灵活掌握，同时，对A、B、C三类客户的分类管理也应考虑其发展性，如A类客户可能会演变成B类客户，甚至C类客户，而C类客户也有可能上升为A类、B类客户，有时出于战略考虑，把C类客户当成A类客户来管理也是必要的，如某一地区只有一个客户，而这个客户是C类客户，为了拓展这一地区的业务，加强该客户的管理也是必要的。

3. 按订单号、信用证号、合同号归类

这种方法的特点是结合外贸企业文档管理，按订单号、信用证号、合同号、发票号对样品进行分类管理，由于信用证号比较冗长且没有规律性，不便查找，所以按发票号或合同号对样品归类具有可操作性。样品管理是企业管理的一个重要部分，由于一票外贸业务周期性较长，井井有条地管理样品是非常重要的，不仅可为今后查找或追溯带来极大方便，也体现了外贸企业从业者的自我管理意识和水平。

知识回顾

一、单项选择题

1. 款式样的英文是（   ）。

  A. Approval Sample   B. Pattern Sample
  C. Lab Dip   D. Production Sample

2. 如果某样品的重量为 3 050 克，以下说法正确的是（　　）。
  A. 首重 500 克，续重个数为 5   B. 首重 500 克，续重个数为 4
  C. 首重 500 克，续重个数为 3   D. 首重 500 克，续重个数为 6

3. 对于国外客户的来样或来图生产加工的订单，外贸跟单员要首先关注（　　）。
  A. 该订单项下的商品，是否属于"法定商检"范围
  B. 该订单项下的商品，在进口国进口时的进口关税税率
  C. 该订单项下的商品，在进口国进口时是否需要进口许可证
  D. 该订单项下的商品，是否涉及知识产权

4. 对于结构复杂的大型机械设备通常使用（　　）的品质表示方式。
  A. 凭规格交易   B. 凭样品交易
  C. 凭标准交易   D. 凭说明书和图样交易

5. "Approval Sample" 是指（　　）。
  A. 参考样   B. 生产样   C. 确认样   D. 成交样

二、多项选择题

1. 下面关于确认样在发给客户前评估的表述正确的是（　　）。
  A. 所选的材料是否与客户要求完全一致
  B. 样品的颜色和包装是否与客户的要求完全一致
  C. 样品的数量是否与客户的要求完全一致
  D. 留样至少保留两件，以便做日后生产大货订单的实物依据

2. 各国或地区对生态纺织品非常重视，生态纺织品必须符合以下（　　）的条件。
  A. 生产生态性   B. 消费生态性
  C. 监督全程生态化   D. 鉴别过程生态性

3. 样品制作费通常可采用（　　）方式处理。
  A. 由外贸公司、生产企业或国外客户独自承担
  B. 由外贸公司、生产企业或国外客户三方分担
  C. 国外客户承担模具费，外贸公司承担材料费和加工费
  D. 国外客户承担模具费，生产厂家承担材料费和加工费

三、判断题

1. 纱线粗细是纺织面料中最重要的指标之一，也是进行织物设计的重要依据之一。（　　）

2. 船样是代表出口货物品质水平的样品，也称为"船头版"或"大货版"。（　　）

3. $40^S + 40D$（Spandex）$\times 40^S + 40D$（Spandex）$/133 \times 72$，这种面料具有"双弹"功能，俗称"双弹"布。（　　）

4. 在实际操作中，对于重量接近 1 010 克或 1 510 克的样品或文件，可以采用适当削减包装材料的方法，将总重量控制在 1 000 克或 1 500 克以内，以达到节省快件邮费的目的。（　　）

技能训练

浙江金苑有限公司（Zhejiang Jinyuan Co., Ltd.）于 2006 年 9 月 18 日与英国 ROSE Co., Ltd. 签订了一份订购合同。（合同内容详见模块二的技能训练）

实训任务

1. 根据采购单，外贸跟单员分析客户对样品的要求，包括：样品种类、寄送时间要求、数量要求等。

2. 在 Pre-production Samples 制作之前，需要到哪个机构办理什么手续？

3. 浙江金苑有限公司收到英国 ROSE Co., Ltd.寄来的参考洗水唛样品，内容如下：

Shell：80% cotton 20% polyester

Lining：100% polyester

First time wash separately, with similar colors and inside out

（1）请指出洗水唛的错误之处，并说明原因。

（2）若按此洗水唛出货，会产生什么后果？为什么？

4. 如果外贸跟单员需要确认所寄样品的快递情况，可以通过什么途径查询？

选择生产企业

知识目标

1. 知晓获取生产企业信息的基本途径
2. 掌握选择生产企业的基本方法
3. 知晓核实企业法人登记注册的主要事项
4. 知晓生产企业财务审计报告的解读要点
5. 知晓衡量企业生产经营能力的指标
6. 掌握核实生产企业经营条件的方法
7. 掌握测算企业实际生产能力的方法

技能目标

1. 熟练核实生产企业经营条件的方法
2. 熟练测算企业实际生产能力的方法

经理，根据您的要求我已经把订单分析好了，日程安排好了，接下来我要做什么？

这只是万里长征第一步，现在需要把生产企业的名录整理好，根据订单的要求选择一家合适的生产企业。

章晓智在选择生产企业时，应掌握哪些资料和方法？
1. 选择生产企业的方法
2. 生产企业注册登记信息
3. 生产企业的产能核算
4. 实地验厂

知识储备

一、寻找合适的生产企业

视频12：认识生产企业

国内的外贸公司除少数外一般都没有自己的生产实体，这就需要外贸公司为自己所接的订单去寻找合适的生产企业，保证外贸订单能按时按质按量地完成。因此，确定好外贸订单信息和供应商的选择标准，外贸跟单员就开始通过多种途径寻找合适的生产企业，主要有以下几方面的途径：

（1）利用商务网站对有关商品生产企业进行搜索，获取相关产品和企业的信息。

（2）参加国内外产品展销会或政府组织的各类商品订货会，直接了解产品和企业的有关信息。

（3）查阅国内外采购指南、各类出版物品的厂商名录和电信黄页等，寻找相关产品和企业的信息。

（4）通过国内外各种商联会或同业协会，掌握相关产品和企业的信息。

通过以上途径，外贸跟单员章晓智初步找到了3家符合要求的生产企业。具体信息见表4-1、表4-2、表4-3。

表 4-1　浙江中大华盛纺织品有限公司

公司名称	浙江中大华盛纺织品有限公司
所属地区	杭州市
主营业务	纯棉、棉涤、涤纶
工人人数	300 人
机械设备	150 台
生产能力	<7 天/生产单位
管理水平	ISO 9001 质量体系认证
价格	较高

表 4-2　绍兴市天润织造有限公司

公司名称	绍兴市天润织造有限公司
所属地区	绍兴市
主营业务	棉涤、涤纶
工人人数	130 人
机械设备	35 台

续表

生产能力	<7天/生产单位
管理水平	无
价格	较低

表4-3 浙江中大明日纺织品有限公司

公司名称	浙江中大明日纺织品有限公司
所属地区	杭州市
主营业务	纯棉、棉涤、涤纶
工人人数	500人
机械设备	200台
生产能力	<7天/生产单位
管理水平	国家质量体系认证
价格	较高

二、选择生产企业的基本方法

选择合格的生产企业有着不同的方法，或者说要想知道一个企业是否合格可以从很多方面来判断。我国中医在诊断病情中有"望""闻""问""切"的过程，这种科学的诊断方法对跟单员判断合格的生产企业具有同样的效用，也非常可取。

（1）"望"即看。通过"望"掌握企业的基本信息。例如，核查生产企业法人注册登记情况。任何组织或个人都能到当地工商注册管理部门查询企业法人注册登记情况，工商部门对企业注册登记表上的几十项内容是放开的，比如企业法人和法定代表人的姓名、企业性质、经营范围和方式、注册资本、成立时间、营业期限、经营场所等内容，这样可获得较为全面、真实的情况。但若要查询企业注册及变更的全部文件档案，则需办理相关批准手续。在实际工作中，许多企业或经营人员忽视利用这一手段，往往只请有关企业自行提供营业执照复印件等，而有些资信不良的生产企业提供的营业执照复印件有虚假现象，如果不亲自核实企业法人注册登记情况，将为今后业务发展埋下隐患。

通过实地考察生产企业的规模、机器设备、工厂的管理、厂房的面积及安全状况等，判断其是否达到出口商品的生产能力，是否符合国外客户的评估要求。这是因为生产企业规模的大小会影响企业能否按时交货，机器设备与工厂管理的好坏将直接影响产品的质量，所以跟单员在"望"厂时，一定要注意生产企业各方面的情况。

（2）"闻"即听。跟单员可以通过当地的广播、新闻、报纸、互联网等媒体来了解生产企业的实力，例如，生产企业的经营管理状况、生产企业在行业中所处的地位、企业形象、产品受欢迎度、员工素质和企业文化等方面的信息，"望"和"闻"相比较相综合，从而产生对生产企业较全面和正确的认识。

（3）"问"即询问。询问的对象可以是生产企业的业务员、管理人员和生产工人，也可以是企业管理的高层或其他相关部门。询问的内容可以从宏观的企业发展目标、企业投资策略、投资规模、研发进程等到微观的有关产能、品质和交货期等问题。

（4）"切"即判断。在"望""闻""问"的基础上，对生产企业的经营状况、生产能力等方面的合意性做一个最后的判断，尤为重要。"望""闻""问""切"四种方法是相辅相成的，并没有严格的先后顺序，在实际工作中，要学会综合运用。

三、核实企业法人登记注册情况

（一）核实企业法人名称

企业法人名称应当由以下部分依次组成：企业所在行政区划名称、字号（或商号）、行业或经营特点、组织形式。例如：上海（地区名）+某某（企业名）+商务咨询（行业名）+有限公司（公司类型）。从名称上判断企业的要点是：

1. 鉴别名称中的企业行政区划

如南京某某贸易公司，表明该公司在南京市注册，但如果该企业地址不在南京而在无锡，跟单员就要引起注意，需向工商部门了解真伪，以防上当。

2. 鉴别名称中的企业所处的行业或经营类型

如南宁某某机械制造总公司、杭州某某服装进出口公司，通过法人名称，可判别出该企业是生产型的还是贸易型的。同时，还可判断出该企业主营的业务大类。

3. 鉴别名称中的企业组织形式

工商管理部门根据注册企业提交的文件和章程所反映的财产所有权、资金来源和分配形式，核准企业的经济性质，如股份合作公司、有限责任公司、股份有限公司、私营企业、外资企业、中外合资经营企业等。与不同类型的企业合作，双方所承担的法律责任和义务是不同的，比如股份有限公司以其全部资产对其债务承担责任，而私营独资企业的投资者则要对企业债务承担无限责任。并且，企业类型和企业规模有一定的对应关系。一般而言，集团公司的规模大于实业公司，而实业公司的规模大于有限公司。要注意分公司不是独立法人企业，需上一级法人企业授权其经营。

（二）核实企业注册地址

企业注册地址是工商部门按企业所在市、县、乡（镇）及街道门牌号码的详细地址来确定注册登记的。按照《中华人民共和国公司登记管理条例》规定，住所是企业主要办事机构所在地，经工商部门注册登记的公司住所只能有一个。

若出现企业注册地址与实际经营办公地址不一致的情况，跟单员需认真查明原因，如企业近期另迁新址，尚来不及进行工商变更；某些老企业在当时注册时就存在住所、办公场所、生产场所分处多地的情况；企业违法经营，有意搬离注册地等。跟单员应认真了解被调查企业的历史发展过程，认真核实企业的经营场所，因为合作双方若出现经营纠纷，并诉诸法律，就涉及法院法律文书的送达事宜，若法律文书无法送达，则起诉人将无法进行法律诉讼，并且在实际业务中，有些信誉不好的商户，可能通过这一方式来逃避债务。

(三) 核实企业法定代表人

企业法人的法定代表人是经工商管理部门注册登记的代表企业行使职权的主要负责人，是代表企业法人根据章程行使职权的签字人。法定代表人的签字很重要，需承担相应的法律责任，必须真实。凡要求由法定代表人签字的，应是该法定代表人的亲笔签字，他人名章将视为无效。

跟单员在工作中对于合同、订单等重要经营性文件的法定代表人签字需做以下工作：

（1）企业重要的经营性文件需由法定代表人或其授权委托人签字并加盖公章。

（2）法定代表人变更时，需注意变更时前后任法定代表人及其授权委托人的签字权限。

（3）对业务中首次出现的合作企业法定代表人等有效印鉴，须做好复印、留底和备查工作。

（4）认真对合同、订单等重要经营性文件的对方法定代表人或其授权委托人的签字笔迹的真实性进行审查。对于同一次提交的文件、证件上的同一签字人签字不一致、同一份文件中不同人的签字笔迹一样等情况，需认真核对印鉴留底，查明原因。

（5）可直接与签字人联系确认签名的真伪。

(四) 核实企业经营范围

经营范围是指政府批准企业从事经营的行业、商品类别或服务项目，反映企业法人业务活动的内容和生产经营方向，是企业法人业务活动范围的法律界限。经营范围分为许可经营项目和一般经营项目。许可经营项目是指企业在申请登记前依据法律、行政法规、国务院决定应当报经有关部门批准的项目。一般经营项目是指不需批准，企业可以自主申请的项目。申请一般经营项目，申请人应当参照《国民经济行业分类》及有关规定自主选择一种或者多种经营的类别，依法直接向企业登记机关申请登记。

根据法律规定，如果法人擅自改变、超出自己的经营范围，则为非法的经营活动，其行为无效。跟单员应注意考察与合作企业开展的业务是否超越了核定的经营范围，以避免可能由此带来的风险和损失。

(五) 核实企业注册资本、注册资金

企业的注册资本是指企业在工商登记机关登记注册的资本额，也叫法定资本。注册资金是国家授予企业法人经营管理的财产或者企业法人自有财产的数额体现。注册资本与注册资金的概念有很大差异。注册资金所反映的是企业经营管理权；注册资本则反映的是公司法人财产权，所有的股东投入的资本一律不得抽回，由公司行使财产权。注册资金是企业实有资产的总和，注册资本是出资人实缴的出资额的总和。注册资金随实有资金的增减而增减，即当企业实有资金比注册资金增加或减少 20% 以上时，要进行变更登记；而注册资本非经法定程序，不得随意增减。

跟单员要尽可能严格核查企业虚报注册资本、虚假出资和抽逃注册资本的行为。虚报注册资本，是指申请公司登记的个人或者单位，使用虚假证明文件或者采取其他欺诈手段，虚报注册资本，欺骗公司登记主管部门，取得公司登记的行为。虚假出资，是指公司发起人、股东违反《公司法》的规定未交付货币、实物或者未转移财产权，欺骗缴足出资的公司的其他股东、债权人和社会公众的行为。抽逃注册资本，是指公司的发起人、股东在公司成立后，抽逃其出资的行为。这类企业类似于"皮包公司"，其注册资本不足或根本不存在，一旦出

现经营危机，不具备应有的偿付能力，随时都可能损害其债务人、消费者、职工等相关利益人；并且由于这些企业没有被清算或破产的后顾之忧，更容易违法乱纪、铤而走险，给外贸经营造成很大的隐患。

另外，跟单员还要注意根据合作企业的注册资本及注册资金的多少来决定是否与之开展或开展多少金额的贸易，以规避风险。

（六）核实企业成立时间及经营期限

企业成立时间，是指企业在工商管理部门的注册登记得到批准的日期。通常企业注册成立后经营的时间越长，所积累的经验就越多，内部管理体制也相应地越成熟和完善。对于成立时间较短的生产企业，跟单员要认真评估其生产经营条件和能力。

经营期限是指联营企业、外商投资企业等在章程、协议或者合同中所确定的经营期限，该期限自工商管理部门核准登记之日起计算。跟单员要把握好与合作企业开展合作必须在该企业的经营期限内；经营范围属许可经营项目的，需注明有关批准部门的经营期限，跟单员要核实与对方的业务是否在经营期限内；中外合资企业、中外合作企业的经营期限一般较短，也需要跟单员核实。

（七）核实企业联系方式

企业联系方式包括长途区号、电话号码、分机号、手机、传真号码、邮政编码、电子信箱和网站地址等。跟单员在核实企业联系方式时要注意以下几点：

1. 在互联网上查找企业披露的所有信息

如果这些信息集中且清晰，则表明该企业较正规，经营平稳。如果该企业的信息散乱，跟单员就需要格外注意对该企业的审核。

2. 用好互联网搜索查询功能

直接输入企业名称或区号加电话号码或区号加传真号码或企业地址等分别搜索网页相关内容，逐条仔细查看并对比所搜集的信息，寻找疑点。如果发现某个地址两个公司在用，或两家公司共用某个电话号码或传真号码等情况，跟单员即需提高警觉，进一步查明原因，以防上当。

（八）核实企业营业执照

工商管理部门核发的企业法人营业执照是企业取得法人资格和合法经营权的凭证；工商管理部门核发的营业执照是经营单位取得合法经营权的凭证，经营单位凭据营业执照可以刻制公章，开立银行账户，开展核准的经营范围以内的生产经营活动；工商管理部门核发的《外商投资企业办事机构注册证》是外商投资企业设立的办事机构从事业务活动的合法凭证，办事机构凭其可以刻制公章，开立银行账户，从事业务活动。每年工商管理部门要对营业执照进行年检年审，加贴年检标签，如果跟单员在查看营业执照时发现没有工商部门的年检标签，应当查明原因。

四、解读生产企业财务审计报告

根据我国现行法规，财务会计报表编完以后，必须由注册会计师依法进行审计。审计报告是注册会计师根据独立审计准则的要求，在实施了必要的审计程序后，用于对被审计单位年度会计报表发表审计意见的书面文件,是审计工作的最终成果。通过解读生产企业的年度财务报表和财务审计报告,可以对该企业的经营风险和经营情况做详细的了解和判断。

根据注册会计师的审计结论及所发表的审计意见,将审计报告划分为无保留意见审计报告、保留意见审计报告、否定意见审计报告和拒绝表示意见审计报告四种。

(1) 无保留意见审计报告。表明公司报表的可靠性很高。

(2) 保留意见审计报告。注册会计师经过审计之后,承认已审计单位会计报表,从整体上来看是公允的,但在个别的重要会计事项上持保留意见。

(3) 否定意见审计报告。说明公司的报表无法被接受,其报表已经失去了价值。

(4) 拒绝表示意见审计报告。注册会计师在审计过程中,由于受到种种限制,不能实施必要的审计程序,无法对会计报表整体反映发表审计意见。说明公司经营中出现重大问题,报表基本不能用。

五、生产企业生产经营能力指标

了解和掌握生产企业的生产经营能力,对于选择合格的供应商,保证出口产品按时、保质、保量交货,降低经营风险具有积极作用。通过对以下工业企业生产经营能力指标的分析,可以帮助跟单员了解该企业总体的生产经营状况。

衡量工业企业生产经营能力的指标主要有:

1. 工业总产值

工业总产值是以货币形式表现的工业企业在报告期内生产的工业最终产品或提供的工业性劳务活动的总价值。工业总产值以工业企业整体作为基本核算单位,不允许同一产品价值在企业内部重复计算,并按企业工业生产活动的最终成果计算,不管该成果是否在报告期内实现销售。它是反映一定时间内工业生产总规模和总水平的重要指标。工业总产值包括本年生产成品价值,对外加工费收入,自制半成品、在制品期末期初差额价值三部分。

计算工业总产值采用现行价格,即用报告期内的产品实际销售价格,该价格前后若有变动,应分别按不同价格计算总产值,如生产完成时还不能确定按哪一种价格销售,可按报告期实际平均销售价格(出厂价格)计算,工业总产值中有些项目,如自制设备、提供给本企业基本建设和生产福利部门的产品和工业性作业等没有出厂价格,可按实际成本价或加工费收入计算。

2. 工业销售产值

工业销售产值是以货币表现的工业企业在报告期内销售的本企业生产的工业产品总量,包括已销售的成品、半成品价值,对外提供的工业性作业价值和对本企业基建部门、生产福利部门等提供的产品和工业性作业及自制设备的价值,按现行价格计算。工业销售产值的计算范围、计算价格和计算方法与工业总产值一致,但两者计算的基础不同:工业销售产值计算的基础是产品销售总量,工业总产值计算的基础是产品生产总量。

3. 产品销售收入

产品销售收入是指企业销售产品和提供劳务等主要经营业务取得的收入总额,包括企业销售的产成品、自制半成品以及提供的工业性劳务所获得的收入。本指标与工业销售产值的区别在于工业销售产值既包括对外销售产品和提供劳务的收入,也包括向本企业内非物质生产部门提供的产品和工业性劳务收入，而产品销售收入中则不包括向本企业内非物质生产部门提供的工业性劳务收入。

4. 出口交货值

出口交货值指工业企业生产的交给外贸部门或自营（委托）出口（包括销往中国香港、澳门、台湾地区），用外汇价格结算的在国内批量销售或在边境批量出口的产品价值，还包括外商来样、来料加工、来件装配和补偿贸易等生产的产品价值。

5. 工业增加值

工业增加值指工业企业在报告期内以货币表现的工业生产活动的最终成果。其是企业全部生产活动的总成果扣除了在生产过程中消耗或转换了的物质产品和劳务价值后的余额，是企业生产过程中新增加的价值。

6. 库存量

库存量指工业企业在某一时点上，尚存在企业产成品仓库中而暂未售出的产品的实物数量。

（1）产品库存量应包括的内容：

① 本企业生产的，报告期内经检验合格入库的产品。

② 库存产品虽有销售对象，但尚未发货的。

③ 非工业企业和境外订货者来料加工产品尚未拨出的。

④ 盘点中的账外产品。

⑤ 产品入库后发现有质量问题，但未办理退库手续的产品。

（2）产品库存量不应包括的内容：

① 属于提货制销售的产品，已办理货款结算和开出提货单，但用户尚未提走的产品。

② 代外单位保管的产品。

③ 已结束生产过程但尚未办理入库手续的产品。

六、核实企业生产经营条件

可通过对照以下条目或填写以下表格（表4-4）来核实企业的生产经营条件。

（一）核实企业生产设备状况

表4-4 主要设备情况汇报表

设备分类	设备名称	规格型号	台数	主要技术参数	生产加工能力	备注

（二）核实企业质量管理情况

（1）有无质量检验部门。

（2）质检仪器设备情况，可仿照表4-4核实。

（3）质检标准的采用。

(4) 有无质检总监,能否对产品质量独立行使职权。
(5) 有无独立行使职权的质量控制人员,质检员占工人总数的比例。
(6) 有无计量证书及实验室环境记录。
(7) 有无 ISO 证书或通过其他质量认证。
(8) 有无产品产前测试报告及成品批验测试报告。
(9) 质检程序文件是否完善。

(三) 核实企业从业人员状况(表4-5)

表4-5 企业从业人员情况统计表　　　　　　年　月　日

生产线		车间1	车间2	车间3	车间4	车间5	总计
非熟练工人							
半熟练工人							
技术工人							
行政人员							
管理人员							
外籍专家	长期						
	临时						
总计							

(四) 核实经营场地和设施(表4-6)

表4-6 企业经营场地和设施情况表　　　　　　年　月　日

		生产厂房面积	辅助用房面积	办公用房面积	总面积/m²	
厂房占地及辅助、办公用房	车间1					
	车间2					
	车间3					
产品储存仓库	冷库	阴凉库	常温库	特殊产品仓库		
质检室						
其他	分装室面积		配货场所面积			
	运输车辆和设备	运输用车辆		符合特性要求的设备		
		车型	数量	名称	数量	

（五）核实交通及水电气热供应

1. 交通运输条件

该生产企业与航空港、铁路、公路、水运等的距离远近以及运输成本情况。

2. 电力供应条件

电力供应能否保证企业正常的用电需求，不能保证时，有无解决方案，有无自备发电机。

3. 水气热供应情况

是否能保证供水，供水量是否会因季节不同而变化，供水是否符合标准；供气、供热是否充足；水气热的供应是否需要追加投资。

（六）了解环保及安全生产情况

（1）生产及排污过程是否符合环保要求，环保设施是否符合要求。

（2）厂区周围的环境是否良好，附近有无污染性企业。

（3）有无消防安全制度，消防设施是否齐备有效，疏散通道是否畅通。

（4）生产车间有无安全通道，设计是否科学等。

七、企业生产能力测算

视频13：测算企业生产能力

企业生产能力指的是参与企业生产经营活动的固定资产在一定时期内、一定的生产技术组织条件下的最大生产量，它具有一定的稳定性。跟单员应学会计算和分析企业的生产能力，以推定企业能否按时保质保量交货。实际运用中的生产能力有多种不同的表达方式，这里主要介绍理想产能、计划产能和有效产能三种。

理想产能是在所有的机器设备运转完好，每周工作7天、每天工作三班、每班工作8小时，期间没有任何停机时间，产品合格率为100%的情况下生产出的产品数量。

计划产能假设机器设备运转完好，产品格率为100%，根据企业每周实际工作天数、排定的班次及每班次员工工作时间来确定产量。它是对理想产能的修正，但仍不等同于企业的有效产能。

有效产能是以计划产能为基础，减去因停机和产品不合格率而造成的标准工时损失。产品不合格的损失包括可避免的和不可避免的报废品的直接工时。

假如宁波的一家服装厂，其生产能力为：现有设备每工时平均生产80件女式衬衫。员工数可排一天两个班次，一周常规的工作时间为5天，每天每个班次工作8小时，工作时间目标为90%，产品合格率为95%，该厂一周的理想产能、计划产能和有效产能分别计算如下：

理想产能=80件/工时×7天/周×3班次×8小时/班次=13 440件/周

计划产能=80件/工时×5天/周×2班次×8小时/班次=6 400件/周

有效产能=80件/工时×5天/周×2班次×8小时/班次×90%×95%=5 472件/周

假如跟单员跟踪该服装厂，发现其实际生产能力不能满足交货期的要求，跟单员可以要求该厂采取以下措施：

（1）延长工作时间，把一班制改成二班制或三班制，或延长员工每班的工作时间。

（2）增加机器设备台数，延长开机时间。

（3）增加临时用工。

（4）部分产品的生产或某些生产环节外包。
（5）调整生产计划，把其他可以通融的订单向后推。
（6）部分生产任务交给其他车间或取得其他车间的必要支持。
（7）产能长期不足时，应考虑增加用工和购进机器设备。

八、选择生产企业时应注意的问题

跟单员在选择生产企业时，除了运用好"望""闻""问""切"四种基本方法外，还需注意下列问题。

1. 关注生产企业的信誉

当前的生产企业规模不一，良莠不齐。找规模大的企业做外贸订单，质量虽有保证，但往往工期较紧张，交货时有延期；与规模小的生产企业合作，其态度积极热情，接单顺利，但限于技术能力和管理水平，产品质量和信誉很难保证。为此，跟单员在挑选生产企业时，一定要关注其信誉，并予以登记备案（表4-7）。

表4-7 生产企业信誉登记表

生产企业名称	经营范围	负责人	联系方式	信誉级别	登记日期	备注

2. 核实生产企业的法人公章和合同专用章

跟单员在核实双方有关经营类文件时，需认真审查对方所使用的印章是否合法有效。这项工作责任重大，马虎不得。目前社会范围内在印章的管理上尚存许多漏洞，许多不法分子利用伪造印章从事非法经营，有的业务人员离开公司后或背着公司伪造（原）公司的公章在外开展业务，这就需要跟单员认真把关，做好防范工作。跟单员可从以下方面着手进行防范：

（1）核实生产企业公章名称与营业执照中企业名称是否一致。

（2）合同、订单上所盖印章是否符合用印有效性规定。例如双方合同应该使用公司法人公章或公司合同专用章，但实际上合同却使用了部门专用章，这显然需要查明原因并给予及时纠正。

（3）双方经济合同用印是否合理完整。如文中个别地方出错，手工进行修改，是否对修改处加盖了校对章；多面合同是否加盖了骑缝章；合同附件是否加盖了附件章等。

（4）跟单员对业务中首次出现的合作企业印章印鉴样，须做好复印、留底和备查工作。如果重要文件中印章不一致，可能会给本企业带来不可挽回的损失，跟单员需特别注意。在以后的业务中，每次业务往来都需核对印鉴，以防范风险。

3. 采用试样的方法了解生产企业的实际工艺水平

通过试样，可以直接了解到生产企业的实际工艺水平，便于与国外客户的订单要求或买方样品作对比，作为对生产企业的"达标"测试，同时也便于在备选生产企业中"择优"。

九、验厂

验厂又叫工厂审核，俗称查厂，简单地理解就是检查工厂。一般分为人权验厂、品质验厂、反恐验厂等。很多客户希望供应商在质量、社会责任（人权）、反恐等方面的管理体系达到一定的要求，因此在下订单之前会自己或者委托第三方公证行检查工厂状况，在确认工厂没有大的、严重的问题存在后，才能够将工厂纳为合格供应商名单，才会下订单并长期合作。

视频14：选厂与验厂

那么客户为什么要验厂？

验质量，其实和验货是一样的道理，只有一套切实有效、可行的质量管理体系在工厂运行，才能保证工厂生产出来的产品是合格的、能按时出货的，同时也要综合考虑工厂的生产能力和设备、员工生产效率等。即告诉客户，我们有能力按质、按量来完成订单。

为什么要验社会责任？

如果海尔这样的知名企业，生产产品用的是童工，让人无止境地加班，工作环境非常恶劣，身体健康没有保障，您会有什么想法？您还会觉得这是值得骄傲的民族企业、国际知名品牌吗？所以大客户也是一样的道理，尤其是在他们本国，人们无法接受沃尔玛这样的世界500强之首的企业，如果它的供应商都是血汗工厂，它的利润都是建立在对工人的压迫和剥削上的。所以，为了自己的商业形象、企业声誉，沃尔玛需要严格挑选自己的供应商，当然这是它们的初衷。为了更公正地进行挑选，沃尔玛以及许多客户都委托有资质的第三方机构进行评估，这样第三方出具的报告也更具说服力和专业性，为了自身的社会形象，为了自身的一份社会责任，以及大环境、大趋势的要求。

1. 人权验厂

人权验厂官方称为社会责任审核（Social Compliance Audit）、社会责任稽核、社会责任工厂评估等。其又分为企业社会责任标准认证和客户方标准审核。这种"验厂"主要通过两种方式推行。

（1）企业社会责任标准认证。企业社会责任标准认证是指企业社会责任体系制定方授权一些中立的第三方机构对申请通过某种标准的企业是否能达到所规定的标准进行审查的活动，是采购商要求中国企业通过某些国际、地区或行业的"社会责任"标准认证，获得资格证书，以此作为采购或下达订单的依据。这类标准主要有 SA 8000、ICTI（玩具行业）、EICC（电子行业）、美国的 WRAP（服装鞋帽行业）、欧洲大陆地区的 BSCI（所有行业）、法国的 ICS（零售行业）、英国的 ETI 即 SEDEX/SMETA（所有行业）等。

（2）客户方标准审核。客户方标准审核是指跨国公司在采购产品或下达生产订单之前，对中国企业按照跨国公司制定的社会责任标准也就是通常所说的企业行为守则对企业社会责任，主要是劳工标准的执行情况进行直接审查。一般来说大中型跨国公司都有自己的企业行为守则，如沃尔玛、家乐福、迪斯尼、耐克等欧美国家的服装、制鞋、日用品、零售业等集团公司。这种方式称为第二方认证。

两种认证的内容都是以国际劳工标准为依据，要求供货商在劳工标准和工人生活条件等方面承担规定义务。比较而言，第二方认证出现时间较早，覆盖范围和影响面大，而第三方认证的标准和审查更加全面。

2. 品质验厂

品质验厂又称质量验厂或生产能力评估,是指以某采购商的品质标准对工厂进行审核。其标准往往不是"通用标准",这一点区别于体系认证。这种验厂相对社会责任验厂和反恐验厂,出现的频率并不高,且审核难度也小于社会责任验厂。

3. 反恐验厂

反恐验厂是从美国"9·11"事件之后才出现的,一般有两种即 C-TPAT 和 GSV。

(1)海关—商贸反恐联盟(Customs-Trade Partnership Against Terrorism,简称 C-TPAT),旨在与相关业界合作建立供应链安全管理系统,以确保供应链从起点到终点的运输安全、安全信息及货况的流通,从而阻止恐怖分子的渗入。

(2)全球安全验证(Global Security Verification,简称 GSV),是一项国际领先的商业服务体系,为全球供应链安全策略的开发和实施提供支持,涉及工厂的保安、仓库、包装、装货和出货等环节。GSV 体系的使命是与全球的供应商和进口商合作,促进全球安全认证体系的开发,帮助所有成员加强安全保障和风险控制、提升供应链效率、降低成本。

十、SA 8000 社会责任管理体系

(一)SA 8000 的含义及产生背景

视频 15:SA 8000

社会责任管理体系(Social Accountability 8000,简称 SA 8000),也称为社会责任国际标准,是一种以保护劳动环境和条件、劳工权利等为主要内容的新兴的管理标准体系。SA 8000 标准是一个通用标准,不仅适用于发展中国家,也适用于发达国家;不仅适用于各类工商企业,也适用于公共机构;同时还可代替公司或行业制定的相关社会责任守则。

随着发展中国家具有国际竞争力的廉价劳动密集型产品大量进入发达国家市场,对发达国家的国内市场造成冲击,纺织品服装、玩具、鞋类等相关行业工人失业或工资水平下降,其工会等相关利益团体要求实行贸易保护主义的呼声日起,美国等发达国家为了保护国内市场、减轻政治压力,对发展中国家的劳工条件及劳工环境的批评指责声日益高涨。

1997 年,美国经济优先认可委员会(CEPAA)成立,积极关注劳工条件。尽管其后更名为国际社会责任(SAI),其实际运作条件和 CEPAA 相同。该机构设计了社会责任 8000(SA 8000)标准和认证体系,同时加进了一些国际人权专家认为对社会审核非常重要的因素。克林顿政府对 SAI 表示了极大的支持,并要求与美国签订合同的供应公司尽可能达到 SA 8000 的要求。

(二)SA 8000 的主要内容

SA 8000 主要包含以下九个方面的内容:

1. 童工

在中国,童工是指未满 16 周岁的劳动者。标准要求公司不得雇佣或支持雇佣童工的行为。

2. 强迫性劳动

标准要求公司不可要求员工在受雇之时交纳押金或存放身份证,以及包括监狱劳动,契约劳动,抵债劳动,奴役劳动,以惩罚为手段的、被强迫的或非自愿的劳动。

3. 健康与安全

标准要求公司为工人提供一个健康与安全的工作环境，降低工作中的危害隐患。如任命高层管理代表负责健康与安全；健康与安全培训；健康与安全检查；评估和预防制度；厕所、饮水及食物存放设施；工人宿舍条件。

4. 结社自由和集体谈判权

标准要求公司尊重员工自由成立和参加工会以及谈判的权利。法律限制时，应提供类似方法；不歧视工会代表。

5. 歧视

标准要求公司在雇佣、薪酬、培训、升迁、解雇等事务上不得从事或支持基于种族、社会阶级、国籍、宗教、残疾工会会员资格或政治关系的歧视行为。不干涉信仰和风俗习惯；不容许性侵犯。

6. 惩罚性措施

标准要求公司不可从事或支持肉体上的惩罚、精神或肉体胁迫以及言语凌辱。

7. 工作时间

标准要求公司应遵守适用法律及行业标准有关工作时间的规定。至多每周工作 48 小时；至少每周休息一天；每周加班不超过 12 小时，特殊情况除外；额外支付加班工资。

8. 工作报酬

标准要求公司给予工人的报酬至少能够达到法律或行业规定的最低工资标准（不包括任何加班费和其他补贴），而且能满足工人的基本要求。依法支付工资和提供福利，不罚款；不采用虚假学徒计划。

9. 管理体系

公司高层应根据本标准制定符合社会责任和劳工标准的公司政策，并对此定期审核；委派资深的管理代表专职负责；建立适当的程序对供应商、分包商和分供商进行监控；处理考虑和采取纠正行动；对外沟通；核实渠道；记录等。

（三）实施 SA 8000 的好处

（1）可以大大降低监督成本，同时可以改善供应链管理；良好的供应链管理可以大大降低采购成本，避免采购风险，建立良好的信任关系。

（2）大大提高公众和消费者对产品生产过程中劳工标准的信心；提高公司声誉和改善公司形象；提高公司市场竞争力，吸引更多的优秀人才；提高雇员的忠诚度和归属感，提高生产力，维持忠诚客户。

（3）大大降低管理不同劳工标准和社会要求的成本。

（四）SA 8000 对我国出口贸易的影响

SA 8000 尽管有诸多合理之处，但在我国目前经济发展水平不高的状况下，实行 SA 8000 的确将对我国贸易发展带来较大的负面影响。

1. 对企业的影响

企业为了在公众中树立良好的形象，保持在对劳工标准非常关注的消费者中的销路，将不得不采取措施，改善劳工条件，争取 SA 8000 认证。这必然要耗费很多时间和精力以及更多的管理费用和成本（SA 8000 认证一般需要 1 年的时间，证书有效期为 3 年，每 6 个月复查一次)。尽管从成本角度看竞争力将降低,但从获取认证可以突破国外壁垒角度看,对企业以后的发展是有帮助的。

2. 对贸易的影响

SA 8000 规定的标准对我国多数出口相关企业来说很难达到,很多发达国家的企业一般也不易完全达到。如果一国要求其进口产品的生产企业达到 SA 8000 的要求,否则不准进口,则将对贸易产生很大的影响。

3. 对投资的影响

中国近年来吸引外资的步伐较快,除了潜在的经济发展速度和市场之外,廉价的劳动力也是外商投资的动力之一。如果将劳工标准提高到 SA 8000 规定的水平,对外资的吸引力将降低,跨国公司也会担心其分包商不能达标而不愿来中国投资,这对中国吸引外资将产生消极作用。

4. 对国民经济发展的影响

我国是一个劳动力资源丰富的大国,劳动密集型产业的发展对我国国民经济的增长和解决就业问题具有重要意义。若企业全面达到 SA 8000 的标准,则劳动力优势可能会丧失甚至变成劣势。过多剩余劳动力得不到安置必将对我国国民经济的稳定和发展造成不良的影响。

从中短期来看,SA 8000 的确对我国出口贸易有较大负面影响,但从长远来看,它决非是一根"大棒"。不少专家认为,国内企业一旦获取了 SA 8000 认证,就等于得到了通行证,买到了"门票"。一旦全球正式将劳工标准与贸易挂钩后,企业就不会因此受阻而畅游在世界经济的大潮中。故此,我国企业切不可坐以待毙,应积极向该标准看齐。

(五)社会责任运动

社会责任运动是指跨国公司为了保护公司品牌和信誉,推行社会责任守则,监督供应商及其合约工厂的劳工问题,协助所有商业伙伴提高劳工标准,向消费者和公众展示其社会责任的活动,也就是我们公司经常遇到的客户验厂。

随着 SA 8000 社会责任标准越来越多地出现在跨国公司订单的附加条件中,我国的出口企业以及为出口企业提供原材料和加工服务的各类企业都应了解 SA 8000 标准,对其可能产生的影响应及早引起重视。

跟单员在对生产企业进行了本模块所述各项条件的考评后,一般需要填写一张汇总表即验厂报告。外贸跟单员章晓智在对浙江中大明日织品有限公司考评后填写的验厂报告如下:

1st TIME SUPPLIER VISIT REPORT
供应商初次访问报告

Manufacturer 生产商 ___√___ **Trading Company** 贸易商 _____

Basic Information 基本信息

Name of Company 公司名称:

_____浙江中大明日织品有限公司_____

Address of Company 公司地址:

_____杭州滨工区花木 987 号_____

Key Contacts 主要联系人

Name 姓名：___谢新华___ Phone 电话：___88983234___ Title 职务：___业务经理___

E-mall 电邮：___leelink@hotn___ Fax 传真：___8933224___

Emergency (after hours) 紧急情况联系电话（下班后）：

Item Category 产品种类：

Component 包结材料：_____ Printed Material 印刷品：_____

Cloths 成衣：___✓___ Others 其他：_____

Ownership 所有权

State-owned 全民：_____ Joint-venture 合资：___✓___

Foreign-owned 独资：_____ Single Proprietorship 个体：_____

Partnership 合股：_____

Port 港口：

Ocean Shipment：海运：___上海___ Air Shipment 空运：___上海___

Financial（Audited Annual Financial Statement Attached）财务状况（附经审计的年度财务报表）：

Annual Sales Volume 年销售额：1 000 万以上

Inventory Value Last Year End：去年底库存金额：

P&L last Year End 去年底利润额：

Annual Production Value 年产值：1 000 万以上

Annual Productivity 年产能：100 万件

Personnel 人员：

Number of Employees 员工人数：___800 人（Organization Chart Attached 附组织结构图）

Facilities 设备：

Plant 工厂面积：3 000___（M2）Temperature Controlled 有无温控：_____

Warehouse space 仓库面积：_____（M2）Temperature Controlled 有无温控：_____

Others 其他：___有装雨棚___

Quality 质量：

ISO certified 是否通过 ISO 认证？

Yes（是）___✓___ No（否）_____

If yes，certifying body 若是，认证机构：

___ISO 2000___

If yes，certifying body 若否，是否有质量政策？

Yes（是）___✓___ No（否）_____

Are there main SOPs 是否有主要的标准操作流程？

Yes（是）___✓___ No（否）_____

Any events related to quality which should be reported 是否有与质量有关的事宜通报？

Yes（是）_____ No（否）___✓___

If yes，explain briefly 若是，请简要说明：

Any products outsourced to sub-contractor 有否外包工厂？
Yes（是）＿＿＿＿＿ No（否）＿＿＿＿＿
If yes, please remark product produced/carried/represented 若是，注明已生产/运载/代理的产品：
＿＿＿＿＿＿＿＿＿＿＿＿＿＿＿＿＿＿＿＿＿＿＿＿＿＿＿＿＿＿＿

Social responsibility 社会责任：
1. Certified as SA 8000 是否通过 SA 8000 评审？Yes＿√＿＿ No＿＿＿＿＿
If yes, attach copy of certificate. No other action required.
如是，附 SA 8000 证书。无须填本栏后续项。
2. Is there a policy for the following? 是否有政策关于以下内容：
Prohibit child labor 不雇用童工？ Yes＿√＿／No＿＿＿
Prohibit prison labor 不雇用监禁人员？ Yes＿√＿／No＿＿＿
Prohibit forced labor 没强迫劳动？ Yes＿√＿／No＿＿＿
Require fair or competitive pay 提供公平有竞争性的报酬？ Yes＿√＿／No＿＿＿
Prohibit discrimination 没有歧视？ Yes＿√＿／No＿＿＿
Require a safe workplace 提供安全的工作环境？ Yes＿√＿／No＿＿＿
Comments/Recommendations 评价推荐意见：
＿＿质量可靠，符合要求＿＿＿＿＿＿＿＿＿＿＿＿

Date/Signature 日期/签署
章晓智
2019-3-14

知识回顾

一、单项选择题

1. 欧美客户下达生产订单前，通常会按国际上通行的某一标准进行"验厂"，这种衡量企业道德行为和社会责任的标准是（　　）。
    A. ISO 9000　　　　　　　　B. ISO 14000
    C. SA 8000　　　　　　　　D. Oeko-Tex Standard 100
2. SA 8000 是美国规范企业道德行为和社会责任的一种民间标准，但对我国某些出口加工企业具有一定的影响和约束性，以下不属于其主要内容的有（　　）。
    A. 劳工权利　　B. 劳动环境　　C. 劳动条件　　D. 休息自由
3. 在实际业务中，外贸跟单员要核实企业法人登记注册情况应到（　　）进行查询。
    A. 工商管理部门　　　　　　B. 外经贸管理部门
    C. 税务管理部门　　　　　　D. 外汇管理部门
4. 以下不属于企业产品库存的是（　　）。
    A. 入库后发现有质量问题，但未办理退库手续的产品
    B. 本企业生产的、报告期内经检验合格入库的产品
    C. 尚未发出的非生产企业和境外订货者来料加工的产品

D. 已办理货款结算和开出提货单，但用户尚未提走的提货制销售的产品

二、多项选择题

1. 以下哪些情况下企业不应该采取外包（协）作业（　　）。
   A. 有可能泄露本企业的生产技术或机密的
   B. 成品无法进行检验的
   C. 外包（协）的品质达不到本企业的要求
   D. 外包（协）的成本大于本企业生产成本

2. 跟单员在分析生产企业产能时，要考虑的产能包括（　　）。
   A. 理想产能　　　B. 计划产能　　　C. 设备产能　　　D. 有效产能

3. 福州鞋帽进出口（集团）有限公司与德商签订了5 000双旅游鞋的合同，跟单员小王在生产工厂（广东漳州星光鞋业有限公司）跟单过程中，发现有可能逾期交货，因此，他可以（　　），从而赶上原定的交货时间。
   A. 建议寻找原因，并给责任者适当的处罚
   B. 建议联系其他合适的生产工厂
   C. 建议适当延长生产时间
   D. 建议适当增加设备和人员

三、判断题

1. 经营企业可以将部分主要工序外发加工。（　　）
2. 跟单员到生产企业实地考察是了解生产企业经营能力及经营条件的基本方法之一。（　　）
3. 当原（辅）材料比较昂贵时，不宜进行外包（协）作业，否则发包方会面临较大的风险。（　　）
4. 外贸跟单中的生产跟单主要围绕合同或采购单中的质量、交期和数量等核心内容，确保按时、保质、保量完成任务。（　　）
5. 在生产管理方式中，有精益生产方式、准时生产方式等，其中精益生产方式可以用"JIS"表示。（　　）
6. 通常，在生产企业中与跟单工作有关的部门设置主要有质量检验部、业务销售部、仓储运输部、技术开发部和生产部等。（　　）
7. 核实供应商的生产经营条件也应包括了解其从业人员的职称、职业资格证书持证状况、环保、消防等细节。（　　）
8. 跟单员测算企业的实际产能应以其理想产能为准，而不是计划产能或有效产能。（　　）
9. 分公司具有独立法人地位，子公司则不属于独立法人，其经营活动须经上一级企业法人授权。（　　）

案例分析

1. 杭州某外贸公司接到国外客商一份订单。跟单员小王通过网络找到一家供应商，该公司注册地为江苏南京，但通过电话联系后得知其目前的经营地址为江苏无锡，为此小王进

行实地考察。由于小王刚工作不久，缺乏工作经验，你觉得小王在核实供应商登记注册情况时应注意哪些事项？

2. 小张是杭州某纺织品进出口有限公司的跟单员，该公司接到国外客户下的 6 万米纯棉布订单，要求订单签订后半个月内交货。小张选择了杭州下沙经济开发区的一家工厂，该工厂的产能情况如下：剑杆织机 20 台，每台配置车工 1 人，总人数为 20 人，一般每周工作 5 天，每天一个班次，每班次 8 小时，每工时能生产纯棉布 20 米。据此，小王对该工厂的产能进行了下列计算：正常产能为 20×5×1×8×20＝16 000 米/周，60 000/16 000＝3.75 周，加班后最大产能为 20×7×24×20＝67 200 米/周，60 000/67 200＝0.9 周＝7 天。根据计算结果，如果加班加点，6 万米的棉布订单是可以在 7 天内完成的，因此，小张选择了该工厂作为供应商。你觉得小张的选择是否合理？为什么？

技能训练

浙江金苑有限公司（Zhejiang Jinyuan Co., Ltd.）于 2006 年 9 月 18 日与英国 ROSE Co., Ltd. 签订了一份订购合同。（合同内容详见模块二的技能训练）

视频 16：签订加工合同

实训任务：

1. 本订购合同中客户要求生产企业在劳工方面遵循什么标准？请写出该标准的汉、英文全称和主要内容。

2. 假设浙江金苑有限公司选择蓝天服装厂作为这份订购合同的生产厂家，请按序号在以下划线上进行填充，以使订货合同的各项条款完整。

订货合同

需方：浙江金苑有限公司　　　　　　　合同编号：2006S002
供方：蓝天服装厂　　　　　　　　　　签约地点：杭州
签约时间：2006 年 9 月 19 日

一、品名、规格、颜色、数量、单价、金额。

品名	规格	颜色	数量	单价	金额
（1）	面料：（2）	（4）	2 400 件	￥100.00	￥240 000.00
	里子：（3）		2 400 件	￥100.00	￥240 000.00
合计			（5）		

二、交货期限和交货方式：＿＿＿（6）＿＿＿，供方直接送上海码头需方指定仓库。

三、质量要求：品质、颜色均按经双方确认的品质样执行，凡与品质样不一致的，一切质量问题均由供方承担。

四、数量要求：数量控制在±＿（7）＿%之内。

五、付款方式：先付 30%定金，其余提货时付 40%，余下 30%凭增值税发票在一个月内结清。

六、包装要求:另附。

七、解决合同纠纷方式:本合同履行中若发生争议,双方应及时协商解决,协商未果可按《合同法》解决。

八、其他

供方:蓝天服装厂	需方:浙江金苑有限公司
委托代表人:赵余	委托代表人:范金苑
地址:杭州市天保路1号	地址:杭州市天山路18号
电话:0571－866666××	电话:0571－888888××
开户行:中国银行浙江省分行	开户行:中国银行浙江省分行
账号:	账号:
税号:	税号:

注:1. 本合同经供需双方盖章签字后生效。

2. 本合同一式两份,须供需双方各执一份。

3. 本合同有效期:2007年3月19日止。

模块五

原材料（零部件、辅料）采购跟单

知识目标

1. 原材料采购跟单的含义及要求
2. 原材料采购跟单的一般流程
3. 原材料采购跟单的管理方法

技能目标

1. 掌握制作（拟订）和审核相关的原材料采购单据的技能
2. 能够按照供应要求进行原材料的跟单规划

经理，根据订单要求样品已经寄出，并选好了合适的生产企业，接下来我应该做什么？

接下来你要根据订单的要求开始采购原辅料，具体操作请跟生产部、采购部、品管部以及仓管部等协调沟通。

章晓智在采购原辅料时，应掌握哪些资料和方法？
1. 原辅料采购的要求
2. 原辅料采购工作要点
3. 原辅料采购跟单的方法
4. 监控生产过程

> 知识储备

一、原材料采购跟单的含义和要求

原材料、零部件、辅料采购跟单的目的在于满足对外合同执行中对原材料的要求,即在规定的期限,获得必需的原材料,避免企业停工待料。

(一)原材料采购跟单的含义

采购是指从合适的货源那里,获得合适数量和合适质量的物资,并以合适的价格递送到合适的收货地点。采购通常主要指组织或企业的一种有选择的购买行为,其购买的对象主要是生产资料。它包含两层基本意思:一层为"采",即选择,从许多对象中选择若干个之意;另一层为"购",即购买,通过商品交易的手段把所选对象从对方手中转移到自己手中的一种活动。

具体包含以下一些基本的含义:
(1)所有采购都是从资源市场获取资源的过程。
(2)采购既是一个商流过程,也是一个物流过程。
(3)采购是一种经济过程。

(二)原材料采购跟单的"5R"要求

原材料采购跟单的基本要求:合适的交货时间、合适的交货质量、合适的交货地点、合适的交货数量及合适的交货价格。

◇ 合适的交货时间

合适的交货时间是指企业所采购的原材料在规定的时间获得有效的供应。它是进行原材料采购跟单的中心任务。企业已安排好的生产计划若因原材料未能如期到达,会引起企业内部生产混乱,即会产生"停工待料",产品不能按计划出货,引起客户强烈不满。若原材料提前太多时间购回放在仓库里"等"着生产,会造成库存过多,大量积压采购资金,增加企业经营成本。

所谓"规定的时间"是指在预定的时间以最低的成本达成生产活动。对预先计划的原材料进货时间而言,迟于该时间固然不好,早于该时间也是不可行的。

1. 延迟交货成为增加企业成本的原因

交货的延迟,会阻碍生产活动的顺利进行,为生产现场及有关部门带来有形、无形的不良影响,成为增加企业成本的原因,具体如下:
(1)由于原材料进货的延误,出现生产空等或延误而导致生产效率下降。
(2)为追上生产进度,需要加班或增加员工,致使人工费用增加。
(3)采用替代品或低品质的原材料,造成产品质量不符合要求,引起纠纷。
(4)交货延误的频率越高,跟催工作费用就越高。
(5)影响企业员工的工作士气。

2. 提早交货增加经营成本

(1)不急于要用到的货品提早交货,会增加采购方仓储费、短途搬运费等费用。
(2)供应商提前交货,采购方提前付款,会增加采购方库存货物的资金占用时间,导致资金使用效率下降。

(3) 允许供应商提早交货,会导致供应商发生其他交货的延迟。因为供应商为提高自身资金使用效率,会优先生产高价格的货品以提早交货,势必造成其他低价格产品的延迟交货。

◆ 合适的交货质量

跟单中不能仅看重交货时间,合适的交货质量也是应该着重跟进的。所谓合适的交货质量,是指供应商所交的原材料可以满足企业使用要求。过低的质量是不容许的,但过高的质量会导致成本提高,削弱产品的竞争力,这同样不可取。

原材料质量达不到企业使用要求的后果是显而易见的:

(1) 导致企业内部相关人员花费大量的时间与精力去处理,会增加大量的管理费用。

(2) 导致企业在重检、挑选上花费额外的时间与精力,造成检验费用增加。

(3) 导致生产线返工增多,降低生产效率。

(4) 导致生产计划推迟进行,有可能引起不能按承诺的时间向客户交货,会降低客户对企业的信任度。

(5) 引起客户退货,导致企业蒙受严重损失,如从市场上召回产品、报废库存品等,严重的还会丢失客户。

◆ 合适的交货地点

为了减少企业的运输与装卸作业,在进行原材料跟单时应要求供应商在合适的地点交货,这些合适的地点可以是港口、物流中心、企业的仓库,甚至是企业的生产线。只要离企业最近、方便企业装卸运输的地点都是合适的交货地点。

因此,应重点选择那些离企业近、交通方便的供应商。因交货地点不当,会增加原材料的运输、装卸和保管成本。

◆ 合适的交货数量

交货数量越多,价格越便宜,跟单工作也相对越轻松。但交货数量并不是越多越好,企业资金占用、资金周转、仓库储存运输等成本都将直接影响企业采购成本。根据资金、资金周转率、储存运输成本、原材料采购计划等综合计算出最经济的交货量。

合适的交货数量是指每次交来的原材料企业刚好够用,不产生库存。其效益如下:

(1) 采购所需用的数量,不会或很少产生仓库库存,可以节省仓储费用,避免装卸费用增加。

(2) 采购所需用的数量,不会发生因产品设计变更或采用替代材料时,出现库存待料,既节省材料款,又不会使仓储费用持续发生。

◆ 合适的交货价格

所谓合适的交货价格是指在市场经济条件下,对企业及供应商双方均属合适的价格,并且要与市场竞争、交货质量、交货时间及付款条件相称。

一个合适的价格往往要经过以下几个环节的努力才能获得:

1. 多渠道获得报价

不仅要求现有供应商报价,还应该要求一些新的供应商报价。企业与某些现有供应商的合作可能时间较长,但它们的报价未必是最优惠的。获得多渠道的报价,会对原材料市价有大体的了解和掌握。一般多渠道报价的供应商不应少于五家,在询价时应当进行压价和还价,以了解和掌握最低的市场价位。

询价表见表5-1。

表5-1 询价表

致_____公司　　　　　　　　　　　　　　　　　　编号：_____

　　　　　　　　　　　　　　　　　　　　　　　　　　　　　日期：_____

请将下列各物料的报价于_____年____月____日前传真或函寄至本公司采购部为荷。

序号	货物名称	规格	单位	数量	单价	总价	交货时间	交货地点	日期
1									
2									
3									
4									
5									
6									
7									
8									
9									
10									
备注	1. 以上各物料应为全新货品，否则请注明； 2. 附件：□品质要求文件_____张；□图纸_____张；□调查表_____张。 3. 请惠附企业简介、产品特性指标说明和价格构成表等。									

2. 比价

应对各供应商提供的最低报价信息进行比较。由于各供应商的报价单中所包含的条件往往不同，故必须将不同供应商报价单中的条件转化为相对一致后，才能进行正确的比较，只有这样才能得到真实可信的比较结果。对于大批量、大金额的采购，比价环节要做得更细，防止因考虑不周全而出现采购成本提高的情况。

3. 议价

经过比价环节后，筛选出价格最合适的两至三个报价进入议价环节。要注意的是合适价格，而不一定是最低的价格。随着进一步的深入，不仅可以将详细的采购要求传达给供应商，还可进一步"杀价"，因为供应商的报价往往含有"水分"。但如果原材料为卖方市场，即使是面对面与供应商议价，最后所取得的实际价格可能要比预期的高。

4. 定价

经过上述三个环节后，双方均可接受的价格，就是日后的正式采购价。一般对每个产品的采购，需保留三个以上供应商的报价，有时这些供应商的价格可能相同，也可能不同。但让这些供应商知道还有多个供应商可选择，他只是一个竞争者，他们就会努力改善合作关系，这样企业才可能获取最好的报价和服务。

二、原材料采购跟单的一般流程

采购跟单的一般流程见图5-1。

视频17：原材料
采购跟单流程

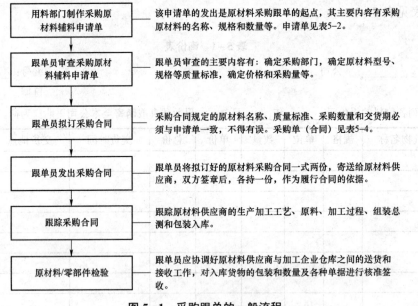

图 5-1 采购跟单的一般流程

➢ 制作"采购原材料辅料申请单"

跟单员在接到采购指令或需用部门的"采购原材料辅料申请单"(表 5-2)之后,应立即制作成采购单(合同),传真或发电子邮件给供应商采购原材料等。

➢ 审查"采购原材料辅料申请单"

"采购原材料辅料申请单"的发出是原材料采购跟单的起点,它通常由需用部门、业务员制作。"采购原材料辅料申请单"的内容通常有采购原材料的名称、规格、采购数量、需用日期、地点等。

跟单员在审查"采购原材料辅料申请单"时应注意以下内容:

1. 合适的采购人

采购所需的内容,只有需用部门、业务员最为清楚,由部门、业务员提出采购,最能准确表达各项原材料采购的内容与要求。若由其他部门提出,难免会发生缺失。

2. 以书面方式提出

原材料的采购,有时涉及内容较复杂,若仅以口头方式提出采购要求及条件,容易发生沟通上的错误,在以后验收时若出现与实际采购的差异时,责任划分不清。因此,以"采购原材料辅料申请单"记载所需原材料的商品名称、规格、商品代号、数量、需用日期等内容,可使采购的内容与要求趋于明确。

3. 确定原材料要求的内容

即明确原材料的要求,包括原材料的成分、尺寸、形状、精密度、耗损率、合格率、色泽、操作方式、维护等以及售后服务的速度、次数、地点等。

4. 以型号规格表明采购的标准

这包括厂牌或商标、形状或尺度、化学成分或物理特性、生产方式或制作方法、市场等级、标准规格、样品、图纸、性能、效果、用途等。

表5-2 采购原材料辅料申请单　　　　　　　编号：_____

采购部门		采购日期	年　月　日	需用日期	年　月　日
制造单号		采购编号		承办人	
序号	商品名称	型号规格	数量	单价	入库时间	总价	使用时间
预算金额		元	总价合计		

一、采购原因简述：_____
二、供货厂家的名称、地址或电话：_____
三、以前曾有类似的采购？　□否　　□是（请写采购编号_____）
四、是否需要指定品牌：□否　　□是　理由如下：_____
五、需维护服务？　□否　　□是
六、交货地点：
七、质量要求：
八、验收时间须超过7天以上？　□否　　□是
九、资金准备：□有　　□无　　□不足，缺少_____元
十、审核批准签字

申请部门领导签字		复核人签字	
财务部负责人签字		批准人签字	

> 拟订并发出采购合同

（一）熟悉采购的原材料

跟单员首先熟悉"采购原材料辅料申请单"，其形式和种类因企业不同而不同，有时跟单员可能从未进行过采购原材料的工作，对采购环境不一定熟悉，必须花时间了解原材料采购技术。采购商品的难度也各异，有些可能需要到境外去采购。直接从境外采购可能获得较好的质量和较低的价格，但大大增加了采购原材料环节的操作难度，因为境外采购手续复杂，交货期长，监控操作困难，这些因素应值得注意。

（二）价格确认

由于市场采购环境的不断变化，跟单员应对采购原材料的最终价格负责，不能认为价格的确定是其他人交代的，是其他人的责任。跟单员有权利向其他供应商了解并寻找最佳供应商，以维护企业最大利益。

（三）确认质量标准

原材料质量直接影响生产产品的质量，必须认真检查采购原材料的质量，使原材料符合

对外合同的要求。跟单员日常与供应商（供应商登记卡见表5-3）的接触有时大大多于其他人，由于供应商实力的变化，前一采购单的质量标准是否需要调整，跟单员应发挥应有的作用，提出合理的建议。

表5-3 供应商登记卡

编号：_____

公司基本情况	名　称					
	地　址					
	营业执照号			注册资本		
	联 系 人			部门、职务		
	电　话			传　真		
	E-mail			信 用 度		
产品情况	产品名称	规　格	价　格	质　量	可 供 量	市场份额
运输方式		运输时间			运输费用	
备　注						

（四）确认原材料采购量

原材料的采购量应与对外合同、订单总量相匹配，或者稍小于对外合同订单总量。对需用部门或业务员的原材料采购量进行复核，如发现错误，跟单员应及时提出并进行弥补工作。

（五）制定采购单

企业的原材料采购单，常用于长期合作的供应商。因双方经长期往来合作，已形成采购与供应的固定交易模式。对于向新发展的供应商采购，一般双方在初次合作时，需要做一个总采购合同，明确一系列交易行为，在初次合作成功后，一般多转用采购单这种简单、快捷的形式（表5-4）。采购单主要内容有：原材料名称、确认的价格及付款条件、确认的质量标准、确认的采购量、确认的交货地点等，另附有必要的图纸、技术规范、标准等。

表5-4 采购单（合同）

编号：_____

日期：_____

供应商：_____

请供应以下产品：

型号	品名、规格	单位	数量	单价	金额	备注
合计		万 千 佰 拾 元 角 分				

1. 交货日期：□   年   月   日以前一次交清。
   □分批交货，交货时间_____数量要求：_____
2. 交货地点：_____
3. 包装条件：_____
4. 付款方式：_____
5. 不合格产品处理：_____
6. 如因交货误期、规格不符、质量不符合要求造成本公司的损失，卖方负责赔偿。
7. 如卖方未能按期交货，必须赔偿本公司因此蒙受的一切损失。
8. 其他：_____
9. 开户行：_____；账号：_____
   地　址：_____；联系电话：_____；传真：_____
   联系人：_____

采购单位：（盖章）　　　　　　　　　　　　　供应商：（盖章）
日期：　　　　　　　　　　　　　　　　　　 日期：

（六）发出采购单

采购单是原材料采购跟单的重要依据之一，是双方交货、验收、付款的依据。采购单（合同）的内容特别侧重交易条件、交货日期、运输方式、单价、付款方式等。另外在采购单的背面，多有附加条款的规定，亦构成采购单的一部分，其主要内容包括：

（1）交货方式。新品交货附带备有零件、交货时间与地点等规定。
（2）验收方式。检验设备、检验费用、不合格品的退换等规定，多交或少交数量的处理。
（3）处罚条款。延迟交货或品质不符的扣款、赔偿处理或取消合约的规定。
（4）履约保证。按合约总价百分之几，退还或没收的规定。
（5）品质保证。保修或保修期限，无偿或有偿换修等规定。
（6）仲裁或诉讼。对买卖双方的纷争约定仲裁的地点或诉讼法院的地点。
（7）其他。例如卖方保证买方不受专利权分割的诉讼等。

➢ 跟踪采购单

采购单跟踪是跟单员花费精力最多的环节，对于那些长期合作的、信誉良好的供应商，可以不进行采购单跟踪。但对一些重要或紧急的原材料的采购单，跟单员则应全力跟踪。

视频18：跟踪采购单

（一）跟踪原材料供应商的生产加工工艺

原材料生产加工工艺是进行加工生产的第一步，对任何外协件（需要供应商加工的原材料）的采购单，跟单员都应对供应商的加工工艺进行跟踪，如果发现供应商没有相关加工工艺和能力，或者加工工艺和能力不足，应及时提醒供应商改进，并提醒供应商如果不能保质、保量、准时交货，则要按照采购单条款进行赔偿，甚至取消今后的采购。

（二）跟踪原材料

备齐原材料是供应商执行工艺流程的第一步，有经验的跟单员会经常发现，供应商有时会说谎，因此跟单员必须实地考察了解实际情况，遇到与供应商所述不符的情况时，跟单员必须提醒供应商及时准备原材料，不能存在马虎心理，特别是对一些信誉较差的供应商要提高警惕。

（三）跟踪加工过程

不同原材料的生产加工过程是有区别的，为了保证货期、质量，跟单员需要对加工过程进行监控。对有些原材料采购，其加工过程的质检小组要有跟单员参加。对于一次性大开支的项目采购、设备采购、建筑材料采购等，跟单员要特别重视。

（四）跟踪组装总测

跟单员有时需向产品零部件生产厂家采购成批零部件，有的零部件需要组装，因此必须进行组装总测。如：出口企业接到台式喷墨打印机订单，该企业直接向五家企业下达零部件采购计划，分别采购电动机、电缆、塑料底盘、外壳、齿轮、集成电路、印刷电路板等，并指定另一家企业进行总装交货。在这种情况下，跟单员需要对电子组件组装成的打印机驱动电路板等采购进行组装总测。对这些零部件组装总测是完成整机产品生产的重要环节。这一环节的完成，需要跟单员有较好的电子技术专业背景和行业工作经验，否则，即使跟踪也达不到效果。

（五）跟踪包装入库

此环节是整个跟踪环节结束点，跟单员要与供应商联系，了解原材料、零部件最终完成的包装入库信息。对重要的原材料、零部件跟单员应去供应商的仓库查看。

➢ 原材料/零部件检验

（一）确定检验日期

一些原材料、大型零部件如钢材、铜、PVC、机械部件、成套设备部件、大型电子装置部件，往往需要到供应商现场检验；有些原材料如电子元器件、轻小型物品，供应商可把原材料、零部件送采购方检验。跟单员应与供应商商定检验日期及地点，以保证较高的检验效率。

（二）通知检验人员

对有质量检验专业人员的企业，质量检验专业人员应配合跟单员前往检验地点进行原材料、零部件的检验。没有质量检验专业人员的企业，跟单员除掌握产品的检验方法外，还要通知供应商、质量管理人员一同参与。安排检验要注意原材料、零部件的轻重缓急，对紧急原材料、零部件要优先检验。

（三）进行原材料检验

对一般原材料，采用正常的检验程序；对重要原材料，或供应商在此原材料供应上存在质量不稳定问题的，则要严加检验；对不重要的原材料，或者供应商在此原材料供应上质量稳定性一直保持较好的，则可放宽检验。原材料检验的结果分为两种情况：合格材料、不合格材料。不合格材料的缺陷种类有：致命缺陷、严重缺陷、轻微缺陷。检验的结果应以数据检测以及相关记录描述为准。

（四）处理质量检验问题

对于有严重缺陷的原材料，跟单员应要求供应商换货；对于有轻微缺陷的原材料，跟单员应与质量管理人员、设计工艺人员协商，同时考虑生产的紧急情况，确定是否可以代用；对于偶然性的质量问题，跟单员要正式书面通知供应商处理，对于多次存在的质量问题，跟单员应提交企业质量管理部门正式向供应商发出"质量改正通知书"，要求供应商限期改正质量问题；对于出现重大质量问题的，则由采购方企业组织专题会议，参加人员应有设计人员、工艺人员、质量管理人员、跟单员等。讨论质量问题的对策，确定是因为设计方案的问题还是供应商的问题，前者要修改设计方案，后者要对供应商进行处理，包括扣款、质量整改、降级使用、取消供应商资格等。

> 原材料/零部件入库

（一）协调送货

送货时间需要跟单员与供应商沟通协调确定，如果供应商在没有得到采购方许可的情况下送货，则会导致跟单操作过程的混乱，导致仓储费用增加等；如果跟单员在没有和供应商协调确定的情况下，通知供应商立即送货，则可能导致"原材料不能按期到达"的后果。

视频19：原材料检验与进仓

（二）协调接收

企业仓库每天要进出大量的原材料、零部件、产品、半成品等，其过程有卸货、验收、入库信息操作、搬运、库房空间调配等。对于大数量、大体积的原材料，可能会因为库房没有接收计划（主要是存储空间不够）而临时被拒绝接收。在供应商送货前，跟单员一定要协调好仓库部门的接收工作，否则会出现供应商送货人员及运输车辆需要等待较长时间的情况，甚至会出现原材料被拉回供应商所在地的情况。

（三）通知进货

跟单员在经过以上两项工作后，即可通知供应商送货，供应商在得到送货通知后，应立即组织专职人员进行处理，将原材料送至指定仓库。不过在特殊情况下，跟单员如得到公司通知此项原材料所属产品已经停产，并且没有任何产品能够使用此原材料，那么跟单员应立即通知供应商停止送货活动,由公司与供应商谈相应的赔偿事宜。

(四) 原材料(零部件)入库

原材料的库房接收过程包括:

(1) 检查即将送达的货物清单信息是否完整(包括原材料的采购单、型号、数量等)。
(2) 接收原材料,对应采购单进行核查。
(3) 检查送货单据及装箱单据。
(4) 检查包装与外观,注意原材料检验合格后才能卸货。
(5) 卸货。
(6) 清点原材料。
(7) 搬运入库。
(8) 填写"原材料入库单据",注意原材料检验合格后才能填写原材料入库单。
(9) 将原材料入库信息录入存储信息系统中。

(五) 处理原材料(零部件)接收问题

由于供应商或者跟单员方面的原因,原材料(零部件)接收环节可能会出现以下问题:

(1) 原材料(零部件)型号与采购单中要求不一致。
(2) 未按照采购单中指定的原材料数量送货。
(3) 交货日期不对。
(4) 原材料的包装质量不符合要求等。

此类问题跟单员、仓库人员需与有关领导一同协调解决,处理方法要现实。

三、原材料(零部件)采购跟催的管理方法

采购单发放给供应商后,跟单员并不是可以高枕无忧地等供应商把所采购原材料按质、按量送达指定仓库。跟单员及采购员在预定的交货期数天前需提醒供应商,一方面给供应商适当的压力;另一方面可及时掌握供应商能否按期交货或能否交够所需数量等情况的第一手资料,从而尽快采取相应措施来处理。

催单的目的是使供应商在必要的时候送达所采购的原材料(零部件),使企业的经营成本降低。

➢ 原材料(零部件)采购跟催的方法

催单的管理方法主要有按采购单跟催、定期跟催、预定进度时程监控和生产企业实地查证等。

(一) 按采购单跟催

按采购单预定的进料日期提前一定时间进行跟催。通常采用以下方法:

1. 联单法

将采购单按日期顺序排列好,提前一定时间进行跟催。

2. 统计法

将采购单统计成报表,提前一定时间进行跟催。

3. 跟催箱

制作一个31格的跟催箱,将采购单依照日期顺序放入跟催箱,每天跟催相应的采购单。

4. 电子提醒法

利用计算机或商务手机的专用软件功能按采购单的交货期进行事先设定，它们会自动提醒跟催。

（二）定期跟催

于每周固定时间，将要跟催的采购单整理好，打印成报表定期统一跟催。

按采购单和定期跟催适用于一般原材料采购的催单，通常仅关注检验报表和实际进度。

（三）预定进度时程监控

此方法适用于重要原材料采购单监督。跟单员可在采购单或合约中明确规定供应商编制的预定时程表，包括企划作业、设计作业、订购作业、工厂能量扩充、工具准备、组件制造、分装配作业、总装配作业、完工实验及装箱交运等全过程。此外，要求供应商必须编制实际进度表，将二者并列对照，如有延误，须说明原因及改进措施。

（四）生产企业实地查证

对于重要原材料的采购，除要求供应商按期递送进度表外，跟单员还须实地前往供应商工厂访问查证。此项查证，应在合约或订单内明确约定，必要时派专人驻厂监督。

➢ 原材料采购跟单中经常出现的问题

原材料采购跟单要求跟单员依据采购单所载明的原料、品名、规格、数量和交货期等进行跟进，满足加工企业在生产活动中对原材料的需求。在实际业务中，停工待料或原材料瑕疵的现象时有发生，经常出现的问题主要有两个方面。

（一）原材料供应商的责任

原材料供应商产生交货延迟或原材料瑕疵等现象，其主要原因有下列三方面：

1. 生产技术与生产能力不强

供应商超过工艺技术水准与产能接单，或对新下单的产品不熟，或机器设备的不完备，都将导致生产延迟和不良产品的产生。

2. 生产管理水准不高

劳务管理不当，自有作业量的掌握不充分，产量变动较大，都会导致生产延迟；如因生产所需的材料零配件供应延迟或作业管理不当，会引起停工待料；如因疏于品质管理或再转包管理能力的不足，将会产生瑕疵产品。

3. 从业人员的职业素质不完善

从业人员的工作责任心不强、工作意愿低和管理者的信心缺乏，都会使得工作效率不高，产品质量低下。

（二）采购方的责任

1. 选定的原材料供应商有误

因采购方对原材料供应商的产能和技术水准的调查不足，或下单到过远地区的企业，会致使不能向加工企业按时按质地提供货源。

2. 对原材料供应商的技术指导不够

采购方缺乏对原材料供应商所要求的品质进行分析，技术指导疏忽，进度的监督不及时，会导致不良产品的产生。

3. 管理措施不合理

例如,由于采购方频频改换原材料供应商,与其信息交换不畅、沟通受阻,会导致各种指示未能有效地执行。

4. 从业人员的职业素质偏低

例如,采购人员的经验不足,未考虑到材料、零配件的供给日就决定交货期,或确保交货期的意识低,以致未能及时向加工企业提供货源。

知识回顾

一、单项选择题

1. 泵类出口商品的主体是(　　)。
   A. 工业泵　　　　B. 农业泵　　　　C. 液压泵　　　　D. 真空泵

2. 纺织面料主要有三大类:针织、梭织和非织造。由于其特性不同,往往用不同的技术指标表示。以下正确地被用于针织类面料的品质技术指标是(　　)。
   A. $21^S \times 21^S/108 \times 58$
   B. $21^S \times 21^S/108 \times 58\ 59/60''$
   C. 12 OZ
   D. 280 克/平方米

3. 自 2007 年 7 月 1 日起,对于出口欧盟的家用电器、IT 和通信设备、医疗设备和电子工具等十类商品,根据欧盟《关于在电器电子设备中限制使用某些有害物质指令》的相关规定,在该十类商品中不得含有的重金属为(　　)。
   A. 铁、铅、镉、六价铬等
   B. 汞、铅、镉、六价铬等
   C. 铝、锡、镉、六价铬等
   D. 汞、锌、镉、六价铬等

4. 普通玻璃的主要成分是(　　)。
   A. Na_2O　　　　B. CaO　　　　C. H_2SiO_3　　　　D. SiO_2

5. 下列关于采购单说法错误的是(　　)。
   A. 采购单是出口合同的补充协议
   B. 采购单是采购合同
   C. 采购单是交货与验收依据
   D. 采购单是付款依据

6. 原材料采购中,供应商提早交货会增加企业的(　　)。
   A. 生产成本　　　B. 经营成本　　　C. 固定成本　　　D. 社会成本

二、多项选择题

1. 日本川崎株式会社与南通崇德服装有限公司(简称"南通公司")签订了女式工装 2 000 件的合同,合同规定由日方无偿提供纽扣等服装辅料。随后,日方通过某快递公司寄送了所有服装辅料,并通知南通公司做好进口清关准备工作。据此,南通公司可以委托(　　)办理进口报关事宜。
   A. 进口口岸的报关行
   B. 日本川崎株式会社
   C. 南通三友服装辅料有限公司
   D. 快递公司

2. 外贸跟单员做好物料采购工作的关键在于把握好(　　)。
   A. 适当的贸易术语
   B. 适当的交货时间与地点
   C. 适当的交货品质与数量
   D. 适当的交货价格

3. 外贸跟单员对原材料采购跟单过程的基本要求是（　　）。
   A. 恰当的交货数量　　　　　　B. 恰当的交货时间
   C. 恰当的交货地点　　　　　　D. 恰当的交货质量

三、判断题

1. 在原材料辅料跟单时，跟单员的中心任务是重点跟踪合理的交货期、合适的价格、合乎合同要求的质量和数量。　　　　　　　　　　　　　　　　　　　　　　（　　）

2. 目前，海关对从事加工贸易的企业和加工产品实行分类管理，将企业分为 AA、A、B、C、D 五类，将加工产品分为允许类、限制类和禁止类。　　　　　　　（　　）

技能训练

浙江金苑有限公司（Zhejiang Jinyuan Co., Ltd.）于 2006 年 9 月 18 日与英国 ROSE Co., Ltd. 签订一份订购合同。（合同内容详见模块二的技能训练）

实训任务：

1. 在合同条款"Shell: woven twill 100% cotton $22^S \times 18^S/130 \times 64$ stone washed"中，$22^S \times 18^S/130 \times 64$ 代表什么含义？

2. 对"button"有什么特殊要求？

3. 按采购单跟催有几种方法？

4. 浙江金苑有限公司根据订单（No.: R060121）对全棉女士风衣的面料的要求进行采购，选择有资质的供应商，并与其签订采购合同。

补充资料：

采购合同编号：SX0731

供应商：绍兴纺织厂

货名规格：100%棉，梭织斜纹，$22^S \times 18^S/130 \times 64$

单价：17 元

数量：21 600 米

交货日期：2006 年 9 月 25 日

交货地点：杭州车站

包装条件：卷筒包装

付款方式：交货后 1 个月凭增值税发票付款

不合格产品处理：另议

开户行：中国银行绍兴分行

地址：绍兴市景山路 43 号　　电话：0575－56789432　　传真：0575－56789412

账号：GSNT34568709

浙江金苑有限公司
Zhejiang Jinyuan Co., Ltd.

浙江省杭州市天山路 18 号

采 购 合 同

编号：_____

日期：_____

供应商：_____

请供应以下产品：

型号	品名、规格	单位	数量	单价	金额	备注
合计	万	千	佰	拾	元	角	分

1. 交货日期：□　　　年　　月　　　　日以前一次交清。
   □分批交货，交货时间_____数量要求：_____
2. 交货地点：_____
3. 包装条件：_____
4. 付款方式：_____
5. 不合格产品处理：_____
6. 如因交货误期、规格不符、质量不符合要求造成本公司的损失，卖方负责赔偿责任。
7. 如卖方未能按期交货，必须赔偿本公司因此蒙受的一切损失。
8. 其他：_____
9. 开户行：_____；账号：_____
   地　址：_____；联系电话：_____；传真：_____
   联系人：_____

采购单位：（盖章）　　　　　　　　　　　供应商：（盖章）

日期：　　　　　　　　　　　　　　　　　日期：

模块六

生产进度跟单

知识目标

1. 知晓生产进度跟单的基本要求
2. 知晓生产通知单的制订
3. 知晓生产计划的制订
3. 知晓生产进度的控制流程
4. 掌握生产异常处理的对策

技能目标

能协助加工企业相关人员将订单转化成生产通知单、生产计划,并能进行生产进度的控制

> 黄主任,我看了一下你给我的报表,我发现你们的生产进度比原先计划慢了很多。

> 最近订单太多,我们的生产任务太紧了,接下来会调整生产计划,争取在规定交货期内完成。

知识储备

章晓智在进行生产进度跟单时,工作业务流程是:
1. 下达生产通知
2. 制订生产计划
3. 跟进生产进度
4. 处理生产异常

当完成原材料采购后,需要开展具体的生产过程。为了掌握加工企业的生产进度,保证按约履行交货义务,跟单员要进行有效的生产进度跟单,深入加工企业,了解工厂的产能动态,掌握生产进度。

一、生产进度跟单的要求

生产进度跟单的基本要求是使生产企业能按订单及时交货。及时交货就必须使生产进度与订单交货期相吻合,尽量做到不提前交货,也不延迟交货。做到及时交货需要注意以下事项:

(1) 加强与生产管理人员的联系,明确生产、交货的权责。
(2) 减少或消除临时、随意的变更,规范设计、技术变更要求。
(3) 掌握生产进度,督促生产企业按进度生产。
(4) 加强对产品质量、不合格产品、外协产品的管理。
(5) 妥善处理生产异常事务等。

但由于实际情况比较复杂,可能会导致不能及时交货。究其原因,主要有下列几种:

(1) 企业内部管理不当。如订单优先次序混乱,会导致有些订单延误生产,有些订单提前交货。
(2) 计划安排不合理或漏排。原材料供应计划不周全、不及时,停工待料,在产品生产加工各工序转移过程中不顺畅,会导致下道工序料件供应延误。
(3) 产品设计与工艺变化过多。图纸不全或一直在变动,会使车间生产无所适从,导致生产延误。
(4) 产品质量控制不好。不合格产品增多,成品合格率下降,影响成品交货数量。
(5) 生产设备跟不上。设备维护保养欠缺,设备故障多,影响生产效率提高。
(6) 产能不足。在有外包的情况下,协调不够或外包商选择不当,会导致不能及时交货。

二、生产进度跟单的流程

生产进度跟单的流程图(图6-1)如下。

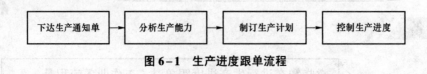

图6-1 生产进度跟单流程

(一) 下达生产通知单

跟单员接到订单后,应将其转化为企业下达生产任务的生产通知单。在转化时必须明确客户所定产品的名称、规格型号、数量、包装、出货时间等要求。跟单员需要与加工企业或本企业的相关人员一同对订单内容逐项进行分解,一一落实到生产通知单里的各项内容,以确保双方对各项内容能取得一致的认识,避免出现任务不明确的现象。一般而言,各个企业因自己的情况及所生产加工产品的性质不同,其生产通知单的具体内容有所不同。具体内容见表6-1。

视频20:下达生产通知单

表6-1 生产通知单

No.

生产部门										
订单编号			订货客户				通知日期			
产品名称			交货方式				生产日期			
规格型号			交货期限				完工日期			
生产数量			特定规定事项							
使用材料										
序号	料号		品名	规格	单位	单位用量	标准用量		容许	备注
生产方法										
附件										
厂长			审核				制表			

(二)分析生产能力

跟单员下达了生产通知单后,应该分析企业的生产能力,看看企业能否及时保质交货,是否需要外包。企业生产能力的计算具体见模块三。当企业的生产能力不足时,就需要考虑生产的外包。

视频21:外包

外包的运作一般包括以下几个环节(图6-2):

图6-2 外包运作流程

(1)外包的评估:根据加工企业的生产能力分析和核算,做出是否需要外包的评估报告。

(2)外包商的选择:一个合适的外包商能提供合适的品质,足够的数量,合理的价格,准时的交货及良好的售后服务。所以对外包商的选择通常通盘考虑下列因素后作出决策(表6-2)。

表 6-2 选择外包商考虑因素

外包商自身因素	管理人员水平，包括：管理人员素质的高低；管理人员工作经验是否丰富；管理人员工作能力的高低
	专业技术能力，包括：技术人员素质的高低；技术人员的研发能力；各种专业技术能力的高低
	机器设备情况，包括：机器设备的名称、规格、厂牌、使用年限及生产能力；机器设备的新旧、性能及维护状况等
	材料供应状况，包括：产品所用原材料的供应来源；材料的供应渠道是否畅通；原材料的品质是否稳定；外包加工厂商原料来源发生困难时，其应变能力的高低等
	品质控制能力，包括：品管组织是否健全；品管人员素质的高低；品管制度是否完善；检验仪器是否精密及维护是否良好；原材料的选择及进料检验的严格程度；操作方法及制程管制标准是否规范；成品规格及成品检验标准是否规范；品质异常的追溯是否程序化；统计技术是否科学以及统计资料是否翔实等
	财务及信用状况，包括：每月的产值、销售额；来往的客户；经营的业绩及发展前景等
	管理规范制度，包括：管理制度是否系统化、科学化；工作指导规范是否完备；执行的状况是否严格
外包交易条件	价格：在"包工包料"和"包工不包料"的价格中，在不影响成本的前提下，尽可能采取"包工不包料"的价格为妥，因为这种方式不需要确认原材料问题，从而可以不影响交货时间
	交货期：在确定交货期时，要考虑适当的提前时间，用于办理商检、报关、运输等事项所需的时间
	数量：根据外部企业的生产能力，一般给予相当或略低的外包生产数量
	其他交易条件：如交货地点、包装方式、付款方式、违约责任等

知 识 链 接

"包工包料"：也称为成品外包，是将整个成品的生产任务外包至其他生产企业，由该外包商负责采购原材料和辅料，并按发包方的工艺要求组织生产加工，发包企业按事先商定的标准进行验收并支付货款。

"包工不包料"：是指发包方提供原材料、辅料和模具等生产要素，生产企业只负责生产加工，收取加工费。

（3）外包合同的签订：在确定外包商后，需要根据不同的外包方式签订不同的合同，并对违约责任予以明确。

（4）外包合同的履行：外包合同履行期间，跟单员要进行生产进度跟单，确保能够及时交货。同时，跟单员也要进行品质跟单，而且在外包方式下要更为重视，严格把关。

（5）外包企业的评估：完成本次外包的跟单任务后，跟单员需要整理相关资料，不仅作为公司存档,更主要的是要进行总结,以利于下次有类似订单时,可以迅速选择外包商。

> **知识链接**

1. 当有下列情况之一时,跟单员应建议企业避免外包加工:
- 当所提供的外包加工物料极其昂贵时;
- 当外包加工出来的产品易破损或品质易变化时;
- 当一次性外包加工数量少,且金额不大时;
- 当外包加工出来的产品品质、交货期不易掌握时;
- 当外包加工价格与自制成本相近时。

2. 当有下列情况之一时,跟单员应建议企业不得外包加工:
- 当外包加工有涉及泄漏商业或技术机密时;
- 当外包加工出来的产品品质及交货期不能符合要求时;
- 当外包加工作业对企业的产品品质有重大不利影响时;
- 当外包加工出来的产品品质检验困难、管理不易时;
- 当外包加工价格远大于自制成本时。

(三)制订生产计划

生产计划是企业生产工作安排的依据,它的制订及实施关系到生产及交货的成败。跟单员应协助生产管理人员将订单及时转化为生产计划,以便产品的顺利制造。

生产计划的种类很多,常见的有:年度生产计划、季度生产计划、月度生产计划、周生产计划、日生产计划、临时生产计划等。与跟单员关系比较密切的是月度生产计划和日生产计划。

> **知识链接**

制订生产计划的原则

1. 交货期先后原则:交货时间越紧就越应优先安排生产。
2. 客户分类原则:客户有重点客户、一般客户之分,越重点的客户,其排程越应受到重视。有的公司根据销售额按 ABC 法对客户进行分类,A 类客户应受到最优先的待遇,B 类次之,C 类更次。
3. 产能平衡原则:各生产线生产应顺畅,半成品生产线与成品生产线的生产速度应相同,机器负荷应考虑,避免出现生产瓶颈,出现停线待料事件。
4. 工艺流程原则:工序越多的产品,制造时间愈长,应重点予以关注。
5. 充分考虑时间因素:产品设计需要的时间;接到订单至物料分析需要的时间;采购物料需要的时间;物料运输需要的时间;物料进货检验需要的时间;生产需要的时间;成品完成到出货准备的时间。

1. 生产计划的制订

生产计划主要依据订单要求、前期生产记录、计划调度以及产能分析而制订，其内容主要为各月份、各规格、设备及销售类别的生产数量，并且每月应进行修订一次。表 6-3 是一个季度生产计划。

视频 22：制订生产计划

表 6-3 季度生产计划示例

日期：＿＿＿年＿＿月＿＿日　　　共＿＿页第＿＿页

项目 \ 月别		＿＿月		＿＿月		＿＿月	
产品	品名	批量	数量	批量	数量	批量	数量

2. 月度生产计划的制订

月度生产计划的制订是由季度生产计划转化而来的，是生产安排的依据，也是采购计划制订的依据。计划内容具体如表 6-4 所示。

表 6-4 月度生产计划示例

本月份预定工作日数＿＿＿＿　　　月份＿＿＿＿　　　共＿＿页第＿＿页

生产批号	产品名称	数量	金额	制造单位	制造日程		预交货日期	需要工时	估计成本			附加值	备注
					起	止			原料	物料	工资		
1													
2													
3													
4													
5													
6													
7													
8													
9													
10													
11													
12													

续表

生产批号	产品名称	数量	金额	制造单位	制造日程		预交货日期	需要工时	估计成本			附加值	备注
					起	止			原料	物料	工资		
13													
14													
15													
16													
17													

3. 周生产计划的制订

周生产计划是由月度生产计划或紧急订单转换而制订的,是具体安排生产及物料控制的依据。具体内容见表 6-5 所示。

表 6-5 周生产计划示例

本周工作天数：　　　　　　　　日期：_____年___月___日　　　　　共___页第___页

部门、客户、产品		星期一	星期二	星期三…	…星期日
车间甲	客户名称				
	指定编号				
	品名				
	数量				
	质检要求				
	备注				
车间乙	客户名称				
	指定编号				
	品名				
	数量				
	质检要求				
	备注				
出货	客户名称				
	指定编号				
	品名				
	数量				
	质检要求				
	备注				

(四)控制生产进度

1. 生产进度控制流程（图6-3）

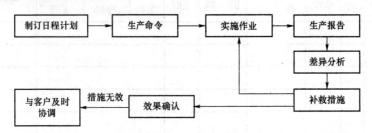

图6-3 生产进度控制流程

2. 生产进度控制作业程序

（1）了解生产进度。跟单员通过生产管理部门每日的"生产日报表"（表6-6）统计，调查每天的成品数量及累计完成数量，了解生产进度并加以控制，确保能按订单要求及时交货。

视频23：跟踪生产进度

表6-6 生产日报表示例

填表时间：　　　　　　　　　填表人：　　　　　　　　　订单号：

颜色	裁剪		裁缝		后道		包装	
	当天	累计	当天	累计	当天	累计	当天	累计

（2）进行进度比较。跟单员可利用每日实际生产的数字同预定生产数字加以比较，看是否存在差异，以追踪记录每日的生产量。

（3）分析差异原因。如果实际进度与计划进度有所差异，跟单员要及时追查原因。若进度发生延误导致影响交货期，除要追究相关人员的责任之外，更重要的是要尽快采取各种补救措施（如外包或加班等）。

（4）效果确认。采取补救措施后，跟单员要尽快确认其结果是否有效。若无效，应再采取其他补救措施，直到解决差异为止。

（5）与客户及时协调。补救措施无效，仍无法如期交货时，跟单员要及时联络争取外商谅解，并争取延迟交货期。

> 知识链接

产生差异的原因：
- 原计划错误；
- 机器设备有故障；
- 材料没跟上；
- 不合格率及报废率过高；
- 临时任务或特急订单插入的影响；
- 前制程延误的累积；
- 员工工作情绪低落，缺勤或流动率高。

上述是产生差异的可能原因，那么跟单员生产进度控制的重点也应该放在这些原因上面。

3. 生产异常及处理对策

生产异常是指因订单变更、交期变更（提前）及制造异常与机器故障等因素造成产品品质、数量、交期脱离原先计划预定的现象。各种生产异常的影响最终体现于生产进度无法按计划进行。跟单员应及时掌握生产异常情况，适时适当采取对策以实现及时交货。通常的处理对策如表 6-7 所示。

表 6-7 生产异常对策表

异常项目	异常现象	对策
计划不当（应排未排）	影响生产及交货	1. 通知相关部门尽快列入排产计划 2. 告知交货期管理约定
应生产，未生产	影响生产进度及交货	1. 通知相关部门尽快列入车间日生产计划 2. 向相关部门发出异常通知 3. 应至少生产前 3 天催查落实情况
进程延迟	影响交货进度	1. 通知相关部门加紧生产 2. 查清进程延迟原因，采取对应措施 3. 进程延迟较严重，发出异常通知，要求给予高度重视 4. 应每天催查生产落实情况
应入库，未入库 应完成，未完成	影响整体交货	1. 查清未入库原因，采取对应措施 2. 通知相关部门加班生产 3. 发出异常通知，要求采取措施尽快完成
次品、不合格产品增多	影响整体交货	1. 通知相关部门检查设备性能是否符合要求 2. 检查模具、工艺是否符合要求 3. 检查装配流程是否正确 4. 增加补生产备料及增加补生产指令
补生产	影响整体交货	1. 进行成品质量抽查或检查 2. 发出新的补生产指令

三、生产进度跟单中跟单员应注意事项

（1）跟单员要全面准备并了解订单资料（客户制单、生产工艺、最终确认样、确认意见或更正资料、特殊情况可携带客样），确认所掌握的所有资料之间制作工艺细节是否统一，对指示不明确的事项详细反映给相关技术部和业务部，以便及时确认。

（2）跟单员要确保本公司与加工企业之间所有要求及资料详细并明确、一致，与加工企业相关人员将订单各项内容具体到生产通知单。

（3）跟单员与加工企业相关人员要保持密切的联系，常与对方沟通，使得各个生产计划能顺利实施，从而确保能及时交货。

（4）跟单员要及时填报跟单表，及时给客户报告生产进度，并要及时汇总资料，整理订单，避免出现疏漏的地方，还要及时与客户和生产部门沟通，对出现的意外情况及时处理，如上报上级主管、与客户协商拖期、协调有关部门采取补救措施等。

（5）跟单员言行、态度均代表公司，因此在与各业务单位处理相应业务过程中，须把握基本原则，注意言行得体、态度不卑不亢。严禁以任何主观或客观理由对客户（或客户公司跟单员）有过激的言行。处理业务过程中不能随意越权表态，有问题及时请示公司决定。

知识回顾

一、单项选择题

1. 外贸跟单员在实施生产进度控制中，重要的书面依据是（　　）。
   A. 生产日报表　　　　　　　　B. 生产异常通知书
   C. 周生产计划表　　　　　　　D. 月度生产计划表
2. 在（　　）情况下企业不宜采用外包（协）形式。
   A. 实际产能或能源动力不足　　B. 外包成本低于自制成本
   C. 不利于保护技术或商业机密　D. 技术、设备不足

二、多项选择题

1. 因生产进度延迟影响交货期，采取补救措施亦无效时，外贸跟单员应（　　）。
   A. 及时联系国外客户说明原因　B. 主动进行损失赔偿
   C. 先行采取仲裁措施解决　　　D. 与国外客户协商争取延迟交货期
2. 解决生产企业生产能力不足的有效对策有（　　）。
   A. 延长工时或增加临时用工　　B. 增加机器设备，延长开机时间
   C. 部分产品实施外包　　　　　D. 重新寻找供应商

三、判断题

1. 无论是供应商跟单、物料跟单还是生产跟单，外贸跟单的目标始终是一致的，即按质、按量、按时将合同项下的货物交到采购商手中。（　　）
2. 生产进度跟单的核心是生产计划，它的制订及实施直接关系到生产与交货的成败，外贸跟单员必须高度重视。（　　）
3. Outsourcing 是企业在迫不得已时才能考虑使用的一种管理模式。（　　）

> 技能训练

浙江金苑有限公司（Zhejiang Jinyuan Co., Ltd.）于 2006 年 9 月 18 日与英国 ROSE Co., Ltd. 签订一份订购合同。（合同内容详见模块二的技能训练）

实训任务：

根据生产日报表填制跟单进度汇总表。

蓝天服装厂
周生产日报表

生产部门：1 车间、2 车间、3 车间　　　　填表人：张天　　　　日期：2006 年 9 月 30 日

合同号	客户	品名/规格/型号	日期\比较	9.25	9.26	9.27	9.28	9.29	备注
2006S002	浙江金苑有限公司	女式风衣全码	计划/裁剪	1 200 件	1 200 件	1 200 件	1 200 件		
			实际/裁剪	1 200 件	1 200 件	1 200 件	1 200 件		
			计划/缝制		600 件	600 件	600 件	600 件	
			实际/缝制		600 件	600 件	600 件	600 件	
			计划/后道			600 件	600 件	600 件	
			实际/后道			600 件	600 件	600 件	
			计划/包装				700 件	700 件	
			实际/包装				700 件	700 件	

蓝天服装厂
周生产日报表

生产部门：1 车间、2 车间、3 车间　　　　填表人：张天　　　　日期：2006 年 10 月 7 日

合同号	客户	品名/规格/型号	日期\比较	10.2	10.3	10.4	10.5	10.6	备注
2006S002	浙江金苑有限公司	女式风衣全码	计划/裁剪						
			实际/裁剪						
			计划/缝制	600 件	600 件	600 件	600 件		
			实际/缝制	600 件	600 件	600 件	600 件		
			计划/后道	600 件	600 件	600 件	600 件	600 件	
			实际/后道	600 件	600 件	600 件	600 件	600 件	
			计划/包装	700 件	700 件	700 件	700 件	600 件	
			实际/包装	700 件	700 件	700 件	700 件	600 件	

浙江金苑有限公司
跟单进度汇总表

编号：　　　　　　　　　　加工合同号：　　　　　　　　　　跟单员：

品名	规格	工序	日期	数量	累计数量	计划差数	统计日期
备注							

模块七

品质跟单

知识目标

1. 知晓不合格品的管理
2. 知晓品质控制目的、内容及实施方法
3. 知晓各种质量检验方法
4. 掌握抽样检验方法

技能目标

能求出正常检验一次抽样方案

小章,外贸订单生产已经接近尾声了,贵公司可以根据生产计划安排客户来工厂进行检验了。

辛苦了,黄主任,我会联系我们的质检部门和客户,让他们按时来验货。

章晓智在进行生产品质跟单时,应掌握哪些资料和方法?
1. 质量的构成要素
2. 不同的质量标准体系
3. 品质检验的方法
4. GB 2828 一次正常检验方案

知识储备

产品质量的好坏，直接关系到企业的形象和信誉，更会影响到产品的交付。跟单员在做出口产品的品质跟单时应以订单质量要求为原则，符合外商对出口产品的质量要求。要做好产品品质跟单，跟单员不仅要了解和掌握国家对产品质量的基本要求和标准，还必须要了解和掌握订单对产品质量的要求，并借助一定的技术手段，这样才能做好出口产品的品质跟单工作。

知识链接

产品质量的构成要素

- 性能：包括使用性能和外观性能两类。例如汽车的速度、爬坡、油耗等要求；手表的计时准确、防水、防磁、防震等要求都属于使用性能。产品的造型、款式、色彩等则属于外观性能。
- 可信性：指产品的可用性及其影响因素、可靠性、维修性和维修保障等性能，其中产品的可靠性水平常用特征值有可靠度、故障率、故障间平均工作时间、平均寿命等。
- 安全性：指产品在生产、储存、流通和使用过程中，对伤害或损坏的风险按可接受的水平加以限制的状态。如汽车的失控、失事；食品中有害物质超标；儿童玩具结构、材料上的不安全因素等。
- 适应性：指产品适应外界环境变化的能力。如产品生产适应当地的地理、气候、温度、湿度、灰尘、油污、噪声等自然条件以及当地的政治、宗教、风俗、特定客户群等社会环境条件。
- 经济性：指产品合理的寿命周期费用，一般包括产品的研发费用、生产制造费用、流通使用费用以及用后处置的费用等。
- 时间性：指在规定的时间内满足客户对产品交货期和数量要求的能力，以及满足随时间变化及客户需要变化的能力。一般来说，产品开发速度越快，供货越及时，往往就能抢先占领市场，争夺消费者，取得竞争优势。

一、生产过程的品质监控

生产企业的活动是一个复杂的过程，产品质量往往由于受人、机、料、环境及检测等主客观因素影响会有一定的波动，甚至会生产不合格品。为保证出口产品质量，必须要对整个生产过程（原材料、毛坯、半成品、成品及包装等）进行监控，借助一定手段进行质量检验，严格把住质量关，生产出符合客户要求也符合相关标准的产品。

视频 24：认识品质监控

1. 品质监控的目的

（1）通过对产品的抽样检查或全数检验判定产品质量合格与否。

（2）通过检验和试验证实产品是否达到规定的质量要求。

（3）通过质量检验和试验确定产品缺陷严重程度，为质量评定和质量改进提供依据。

(4)考核过程质量,获取质量信息。
(5)仲裁质量纠纷。

2. 品质监控的职能（表7-1）

表7-1 品质监控的职能

鉴别职能	根据技术标准、产品图样、工艺规程、订货合同以及相关法律、法规的规定,通过观察和判断,适当结合测量、试验或产品的质量特性,根据检验结果判定产品的合格与否,从而起到鉴别的作用
把关职能	在产品形成全过程中的各生产环节,通过认真的质量检验,剔除不合格品,使不合格品的原材料不投产,不合格的过程所加工的零件不转入下道工序,不合格的完成零件不装配,装配不合格的产品不出厂,把住产品质量关,实现把关职能
预防职能	通过质量检验,可获得生产全过程的大量数据和质量信息,为质量管理与质量控制提供依据,把影响产品质量的异常因素加以控制与管理,实现"既严格把关又积极预防"
报告职能	把在生产全过程质量检验中所获得的质量信息、数据和情报,认真做好记录,及时进行整理、分析和评价,通过各种方式向各有关部门沟通和向领导报告生产过程及企业的产品质量状态,为质量的持续改进提供信息,为相关管理部门及领导质量决策提供依据

上述四个职能是相互关联的一个完整系统。把关职能是检验工作的首要职能,而鉴别职能是把关职能的前提,报告职能则是把关职能的继续和延伸,同时对生产全过程进行检验具有预防作用。

3. 品质监控的主要内容

在加工企业生产产品过程中,跟单员应会同生产企业质量管理部门对生产制造过程质量进行监控,确保生产出的产品是合格的。监控主要从三个方面着手:

(1)工艺准备的质量控制。

工艺准备是根据产品设计要求和企业的生产规模确定生产的方法和程序,将操作人员、材料、设备、专业技术及生产设施等资源合理地组织起来,采取有效措施,确保生产按规定的工艺方法和工艺过程正常进行,使产品的生产质量符合设计要求和控制标准的全部活动。工艺准备是生产技术准备工作的核心内容,是直接影响产品生产质量的主要因素。

(2)生产过程的质量控制。

生产过程的质量控制是指从材料入库到形成最终产品的整个过程对产品质量的控制,是产品质量形成的核心和关键的控制阶段。生产过程质量控制的职能是依据产品设计和工艺文件的规定以及生产品质控制计划的要求,对各种影响生产质量的因素实施控制,以确保产品的质量。生产过程质量控制的基本任务是贯彻设计意图,执行技术标准,使生产过程中的各工序达到质量标准,建立起符合质量要求的生产系统。

━━━━━━━━━━┓ 知 识 链 接 ┏━━━━━━━━━━

生产过程质量控制的主要内容

➢ 加强工艺管理,执行工艺规程;
➢ 应用统计技术,掌握质量动态,进行生产过程的质量经济分析;

> 建立工序质量控制点,综合运用工序质量控制方法;
> 严格质量把关,强化过程检验,加强不合格品的管理;
> 坚持文明生产和均衡生产。

(3) 辅助服务过程的质量控制。

对质量特性起到重要作用的辅助材料、设施和环境条件,如生产制造用的水电、工具、压缩空气、温度、湿度、清洁度等应加以控制并定期进行验证。

---------- 知 识 链 接 ----------

不合格品管理及处置

不合格品的管理不但包括对不合格品本身的管理,还包括对出现不合格品的生产过程的管理。具体如下:

> 当生产过程的某个阶段出现不合格品时,绝不允许对其作进一步加工。
> 对于不合格品本身,要进行及时标识、记录、评价、隔离和处置。
> 对已做了标识和记录的不合格品,供应方应对其实行严格管理,以防在做出处置前被动用。对不合格品可以做出如下处置:
>   ◇ 返工。
>   ◇ 返修。
>   ◇ 原样使用。不合格品程度轻微,不需采取返修补救措施,同时得到客户的同意。
>   ◇ 降级。根据实际质量水平降低不合格品的产品质量等级或作为处理品降价出售。
>   ◇ 报废。

二、生产过程品质监控的实施

企业实际的检验活动可分为三种类型,即进货检验、工序检验及完工检验(表7-2)。

表7-2 检验活动类型

进货检验:对外购品的质量验证,即对采购的原材料、辅料、外购件、外协件及配套件等入库前的接收检验。有首件(批)样品检验和成批进货检验两种形式		
首件(批)样品检验的适用范围	供应商首次交货	
	供应商产品设计或结构有重大变化	
	供应商产品生产工艺有重大变化	
成批进货的两种检验方法	分类检验法	对外购品按其质量特性的重要性和可能发生缺陷的严重性,分为: A类:关键的,必须严格全项检查 B类:重要的,对必要的质量特性进行全检或抽检 C类:一般的,凭供货质量证明文件验收或少量项目抽检
	抽样检验	对正常的大批量进货,可根据双方商定的检验水平及抽样方案,实行抽样检验

续表

工序检验：也称为过程检验或阶段检验，目的在于防止在加工过程中出现大批不合格品，避免不合格品流入下道工序。有三种形式：首件检验、巡回检验及末件检验	
首件检验	指每个生产班次刚开始加工的第一个工件，或加工过程中因换人、换料、换活以及换工装、调整设备等改变工序条件后加工的第一个工件。首次检验一般采用"三检制"的办法：操作者自检→班组长或质量员复检→检验员专检
巡回检验	检验人员按照检验指导书规定的检验频次和数量进行巡回检验。其内容一般包括： A：工序异常原因的检验 B：上次巡回检验后到本次巡回检验前所有的加工工件的全部重检或筛选
末件检验	主要指靠模具、工装保证质量的零件加工场合，当批量加工完成后，对最后加工的一件或几件工作进行检查验证的活动
完工检验：又称最终检验，是全面考核半成品或成品质量是否满足设计规范标准的重要手段。完工检验可以进行全数检验，也可以进行抽样检验，应视产品特点及工序检验情况而定	

知识链接

实施自检、互检和专检结合的检验制度

自检就是操作者对自己加工的产品，根据工序质量控制的技术标准自行检验。自检既是工人参与质量管理和落实质量责任制度的重要形式，也是产品质量检查能取得实际效果的基础。

互检就是工人之间相互检验。互检是自检的补充和监督，也利于工人之间协调关系和交流技术。

专检就是由专业检验人员进行的检验。它是现代化大生产劳动分工的客观要求，已成为一种专门的工种与技术。

这种三结合的检验制度有利于调动广大职工参与企业质量检验工作的积极性和责任感。

三、生产品质的检验方法

（一）全数检验法

全数检验就是对待检产品100%地统一进行检验，又称全面检验或100%检验。对一批产品中的每一件产品逐一进行检验，挑出不合格产品后，认为其余产品都是合格品。这种质量检验方法虽然适用于生产批量很少的大型机电设备产品，但大多数生产批量较大的产品，如集成电子元器件产品就很不适用。产品产量大，检验项目多或检验较复杂时，进行全数检验势必要花费大量的人力和物力，同时，仍难免出现错检和漏检现象。而当质量检验具有破坏性时，例如灯泡寿命试验、材料产品的强度试验等，全数检验更是不可能的。

视频25：了解检验方法

（二）抽样检验法

1. 含义

抽样检验是从一批待检验的产品（即抽样的总体）中，随机抽取部分产品作为样本进行质量检验，通过抽样检验的结果与原始设计的产品标准进行比较，从而确定该产品是否合格

或是否有待进一步检验做出更精确判定的一种产品质量检验方法。这种检验方法是外贸出口商品质量检验中使用最多的形式。

2. GB 2828《逐批检查计数抽样程序及抽样表》及其应用

GB 2828 属于调整型计数抽样方法、标准，它可以在连续批产品质量检验中，随着产品质量水平的状况，随时调整抽检方案的严格程度。

GB 2828 标准中抽样方案的五个要素：批量（N）、合格质量水平（AQL）、检验水平（IL）、检验次数及严格度。

（1）批量（N）。

GB 2828 根据实践经验和经济因素，将批量分为 15 档，如表 7-3 所示。

视频 26：抽样检验

表 7-3 批量范围、检验水平与样本量字码之间关系表

批量	特殊检验水平				一般检验水平		
	S-1	S-2	S-3	S-4	Ⅰ	Ⅱ	Ⅲ
2～8	A	A	A	A	A	A	B
9～15	A	A	A	A	A	B	C
16～25	A	A	B	B	B	C	D
26～50	A	B	B	C	C	D	E
51～90	B	B	C	C	C	E	F
91～150	B	B	C	D	D	F	G
151～280	B	C	D	E	E	G	H
281～500	B	C	D	E	F	H	J
501～1 200	C	C	E	F	G	J	K
1 201～3 200	C	D	E	G	H	K	L
3 201～10 000	C	D	F	G	J	L	M
10 001～35 000	C	D	F	H	K	M	N
35 001～150 000	D	E	G	J	L	N	P
150 001～500 000	D	E	G	J	M	P	Q
500 001 及其以上	D	E	H	K	N	Q	R

（2）合格质量水平（AQL）。

GB 2828 中把 AQL 从 0.010 至 1 000 按 R_5 优先数系分为 26 级，其公比大约为 1.5，如表 7-4 所示。用以确定样本量和一次、二次或多次正常检验、加严检验、放宽检验抽样方案的接收数 Ac 和拒收数 Re。

表7-4 GB 2828 一次正常检验抽样方案

样本量字码	样本量	接收质量限 (AQL)																									
		0.010	0.015	0.025	0.040	0.055	0.10	0.15	0.25	0.40	0.65	1.0	1.5	2.5	4.0	6.5	10	15	25	40	65	100	150	250	400	650	1000
		AcRe	AcRe	AcRe	AcRe	AcRe	AcRe	AcRe	AcRe	AcRe	AcRe	AcRe	AcRe	AcRe	AcRe	AcRe	AcRe	AcRe	AcRe	AcRe	AcRe	AcRe	AcRe	AcRe	AcRe	AcRe	AcRe
A	2																	1/2	1 2	2 3	3 4	5 6	7 8	10 11	14 15	21 22	30 31
B	3																0 1	1 3	1 2	2 3	3 4	5 6	7 8	10 11	14 15	21 22	30 31	44 45
C	5															0 1	1 3	1 2	1 2	2 3	3 4	5 6	7 8	10 11	14 15	21 22	30 31	44 45
D	9														0 1	1 3	1 2	1 2	2 3	3 4	5 6	7 8	10 11	14 15	21 22	30 31	44 45	
E	13													0 1	1 3	1 2	1 2	2 3	3 4	5 6	7 8	10 11	14 15	21 22	30 31	44 45		
F	20												0 1	1 3	1 2	1 2	2 3	3 4	5 6	7 8	10 11	14 15	21 22					
G	32											0 1	1 3	1 2	1 2	2 3	3 4	5 6	7 8	10 11	14 15	21 22						
H	50										0 1	1 3	1 2	1 2	2 3	3 4	5 6	7 8	10 11	14 15	21 22							
J	80									0 1	1 3	1 2	1/2	2 3	3 4	5 6	7 8	10 11	14 15	21 22								
K	125								0 1	1 3	1 2	1 2	2 3	3 4	5 6	7 8	10 11	14 15	21 22									
L	200							0 1	1 3	1 2	1 2	2 3	3 4	5 6	7 8	10 11	14 15	21 22										
M	315						0 1	1 3	1/2	1 2	2 3	3 4	5 6	7 8	10 11	14 15	21 22											
N	500					0 1	1 3	1 2	1 2	2 3	3 4	5 6	7 8	10 11	14 15	21 22												
P	800				0 1	1 3	1 2	1 2	2 3	3 4	5 6	7 8	10 11	14 15	21 22													
Q	1250		0 1	1 3	1 2	1 2	2 3	3 4	5 6	7 8	10 11	14 15	21 22															
R	2000	1 3	1 2	1 2	2 3	3 4	5 6	7 8	10 11	14 15	21 22																	

Ac——接收数；Re——拒收数

(3) 检验水平 (IL)。

检验水平就是按抽样方案的判断能力而拟订的不同样本大小。关于样本大小，n 大些，其判断能力就大些。GB 2828 按检验水平分为两类。一类是一般检验水平，如表 7-3 所示，分为Ⅰ、Ⅱ、Ⅲ三级，一般情况先选取第Ⅱ级检验水平。另一类是特殊检验水平，用于样本大小 n 较少的场合，如表 7-3 所示，分为 S-1、S-2、S-3 和 S-4 共四级。

(4) 选定抽检样本次数。

GB 2828 规定抽取样本的次数为三种，即一次、二次和五次。当检查水平相同时，一次、二次与五次抽检方案的判断结果基本相同。三种抽检方案的抽取样本大小是不同的，所以它们之间一般存在着下列关系：

$n_1:n_2:n_5 = 1:0.63:0.25$

(5) 抽检方案的严格度。

抽检方案的严格度是指采用抽检方案的宽严程度。GB 2828 规定了三种宽严程度，即正常检验、加严检验和放宽检查。它们之间的转移规则如图 7-1 所示。

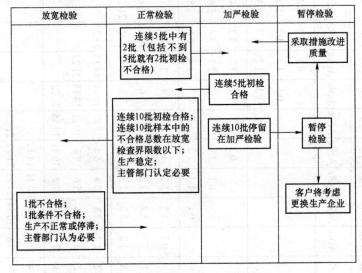

图 7-1 调整计数抽样示意图

(6) 出口产品抽样检验工作实例。

某五金制品厂跟单员小郭接到莱特电子装配厂送来一份检查通知书，内容是收到按订单合同生产的保护板 100 件，请小郭做外协加工来料检查。小郭操作如下：

➢ 小郭取出该保护板的来料加工检查基准书，查出 AQL=1.5%，检验水平（IL）为Ⅱ。
➢ 在表 7-3 中 N=100 属于（91～150）范围，其所在的行与检验水平Ⅱ所在的列交叉格中的样本量代码为 F。
➢ 在表 7-4 中，由代码 F 所在行向右，在样本量栏内读出 $n=20$；由代码 F 所在行与规定的 AQL 值 1.5 所在列的交叉格中，读出 [Ac, Re]= [1, 2]。
➢ 得出正常检验一次抽样方案为：$n=20$，Ac=1，Re=2。其含义是从批量 100 件的交验产品中，随机抽取 20 件样本检验。如果发现这 20 件有 1 件以下不合格品，即全部合格，判为合格品；也即如果发现有 1 件以上为不合格品，判为该批产品不合格，予以拒收。

（三）计数与计量检验

这是按检验的质量特性值的特征划分的检验方式。

1. 计数检验

计数检验的计数值质量数据不能连续取值。例如产品的不合格数、一个工件表面的缺陷数等。计数值类型的质量特征值的统计规律一般用离散型随机变量来描绘，在统计质量控制中常见的离散型随机变量有两点分布（即0～1分布）、二项分布、泊松分布等。

2. 计量检验

计量检验的计量值质量数据可以连续取值。例如产品的长度、重量、容积，材料的硬度与韧性检验等。计量值类型的质量特性值的统计规律一般用连续性随机变量来描绘，正态分布就是统计质量控制中常见的连续性随机变量。

（四）理化与感官检验

理化与感官检验是按检验方法的特征划分的检验方式。

（1）理化检验是应用物理或化学的方法，依靠量具、仪器及设备装置等对受检物进行检验。理化检验是各种检验方式的主体。

（2）感官检验是依靠人的感觉器官对质量特性或特征做出评价和判断。如对产品的形状、颜色、气味、伤痕、污损、老化程度等，往往依靠人的感觉器官来进行检查和评价。这种检验方式是质量检验方式的一种选择或补充。

（五）验收与监控检验

（1）验收检验广泛存在于生产全程，如原材料、外购件、外协件及配套件的进货检验，半成品的入库检验，产成品的出厂检验等。

（2）监控检验也称为过程检验，如生产过程质量控制中的各种抽样检验。

四、商品的质量标准体系

（一）国际标准组织及其质量标准

1. 主要国际标准组织

- 国际标准化组织（International Standard Organization，ISO）：是一个由国家标准化机构组成的世界范围的联合会，现有140个成员国。我国参加ISO组织。
- 国际电工委员会（International Electrotechnical Commission，IEC）：作为世界上成立最早的一个标准化国际机构，主要负责制定电工和电子产品的国际标准。我国参加IEC。
- 国际电信联盟（International Telecommunication Union，ITU）：是一个联合国系统内的国际组织，主要职责是完成国际电信联盟有关电信标准化的目标。我国是会员国之一。

2. 质量标准

- ISO 9000：是ISO/TC 176技术委员会制定的涉及质量管理和质量保证的国际标准，它不是一个标准，而是一组标准的统称。ISO 9000分为四种：
  - ¤ ISO 9001 质量体系——设计、开发、生产、安装和服务的质量保证模式。当需要证实供方设计和生产合格产品的过程控制能力时应选择和使用此种模式的标准。
  - ¤ ISO 9002 质量体系——生产、安装和服务的质量保证模式。当需要证实供方生产合格产品的过程控制能力时应选择和使用此种模式的标准。
- ¤ ISO 9003 质量体系——最终检验和试验的质量保证模式。当仅要求供方最终检验和试验符合规定要求时,应选择和使用此种模式的标准。
- ¤ ISO 9004 质量管理和质量体系要素——用于指导组织进行质量管理和建立质量体系。
- ➢ ISO 14000:ISO 于 1993 年 6 月成立了第 207 技术委员会(TC 207),主要目的是支持环境保护,改善并维持生态环境的质量,减少人类各项活动所造成的环境污染,使之与社会经济发展达到平衡。ISO 14000 系列标准号分配见表 7-5。

视频 27:质量标准

表 7-5 ISO 14000 系列标准号分配表

项目	名称	标准号
SC 1	环境管理体系(EMS)	14001～14009
SC 2	环境审核(EA)	14010～14019
SC 3	环境标志(EL)	14020～14029
SC 4	环境行为评价(EPE)	14030～14039
SC 5	环境周期评估(LCA)	14040～14049
SC 6	术语和定义(T&D)	14050～14059
WG 1	产品标准中的环境指标	14060
	备用	14061～14100

3. 质量体系认证

质量体系认证是经过认证机构对企业质量体系的检查和确认并颁布证书,证明企业质量保证能力符合相应要求的活动。主要质量体系认证有:
- ➢ 国际体系认证:ISO 9000 质量管理体系认证和 ISO 14000 环境管理体系认证及新推出的 SA 8000 社会责任管理系统认证。
- ➢ 行业体系认证:QS 汽车行业质量管理体系认证,TL 9000 电信产品质量体系认证,OHSAS 18001 职业安全卫生管理体系认证。

4. 产品质量认证

产品质量认证合格的,由认证机构颁发产品质量认证证书,准许企业在产品或者其包装上使用产品质量认证标志。目前,世界上许多国家对进口产品都有认证要求,我国出口产品如果没有取得认证就无法进入这些国家的市场。产品质量认证包括合格认证和安全认证。
- ➢ 产品质量合格认证:主要有三个,分别为机械电子产品国际标准检测认证、食品医疗产品国际标准检测认证、纺织服装产品国际标准检测认证。
- ➢ 产品质量安全认证:主要有三个,分别是欧洲安全认证体系、北美安全认证体系和日本安全认证体系。

5. CE 及 GS 认证
- ➢ CE 认证:CE Marking(CE 标示)是一种安全认证标志,在欧盟市场上属于强制性认证标志，是产品进入欧盟境内销售的通行证。
- GS 认证：GS 认证是以德国产品安全法为依据，按照欧盟统一标准 EN 或德国工业标准 DIN 进行检测的一种自愿性认证。

两种差别如表 7-6 所示。

表 7-6　GS 与 CE 认证区别

GS	CE
自愿认证	强制性认证
适用德国安全法规进行检测	适用欧洲标准（EN）进行检测
由经德国政府授权的独立的第三方进行检测并核发 GS 标志证书	在具备完整技术文件（包含测试报告）的前提下可自行宣告 CE
必须缴年费	无须缴年费
每年必须进行工厂审查	无须工厂审查
由授权测试单位来核发 GS 标志，公信力及市场接受度高	工厂对产品符合性的自我宣告，公信力及市场接受度低

6. 常见的认证标志（表 7-7）

表 7-7　常见的认证标志

标志	国别/地区	简称	标志	国别/地区	简称
CCC	中国	CQC	PSE	日本	JET、JQA
CSA	加拿大	CSA	PSE	日本	JET、JQA
UL	美国	UL	ETL	美国	ETL
GS	德国	Gmbh TUV LGA SLG BIA DVGW VPA VPS	VDE	德国	VDE

续表

标志	国别/地区	简称	标志	国别/地区	简称
（CE标志）	欧洲	CE	（A5标志）	中国香港	S-MARK
（FI标志）	芬兰	Fimko	（N标志）	挪威	Nemko
（PCT标志）	俄罗斯	GOST	（S标志）	新加坡	PSB

（二）国际行业组织及其质量标准

国际公认的主要行业组织及主要工作内容如表7-8所示。

表7-8 主要国际行业组织

行业组织名称	主要工作
美国材料与试验协会（ASTM）	主要研究解决钢铁和其他材料的试验方法问题，主要制定130多个专业领域的试验方法、规范、规程、指南、分类和术语标准
美国石油学会（API）	主要进行石油开采和提炼的基础研究，制定有关设备管道及其名词术语、材料、检验方法等标准，还制定操作、海上安全和防止污染等规程，进行产品质量认证并授予认证质量标志
美国机械工程师协会（ASME）	主要从事发展机械工程及其有关领域的科学技术，鼓励基础研究，促进学术交流，发展与其他工程学、协会的合作，开展标准化活动，制定机械规范和标准
英国劳氏船级社船舶（LR）	主要从事有关船舶标准的制定与出版，进行船舶检验，检定船能，公布造船规则等

（三）主要国家标准组织及其质量标准

国家标准是"由国家标准团体制定并公开发布的标准"，如表7-9所示。

表7-9 一些主要国家的标准组织及其质量标准

标准组织	质量标准
美国标准	美国现行的标准体系，主要由3个子体系组成，即以美国国家标准学会（ANSI）为协调中心的国家标准体系；联邦政府机构的标准体系；非政府机构（民间团体）的标准体系。ANSI实际上已成为美国国家标准化的中心，美国各界标准化活动都围绕它进行

续表

标准组织	质量标准
日本标准	日本标准是由日本工业标准调查会负责制定的,其内容包括:产品标准、方法标准、基础标准。日本标准与国际标准差异较多,一种产品进入日本市场,不仅要符合国际标准,还必须符合日本标准
德国标准	德国标准是由德国标准化学会这一非政府组织制定的
欧盟标准	欧盟标准是由欧洲标准委员会、欧洲电子标准委员会、欧洲电信标准协会共同负责制定的。主要涉及卫生标准、安全标准、劳保标准及环保标准
加拿大标准	加拿大标准协会是一个独立的私营机构,是加拿大主要的标准制定和产品认证机构,其职能是通过产品鉴别、管理系统登记和信息产品化来发展和实施标准化

(四)我国的质量标准体系及其组织

我国标准的分类如表7-10所示,标准代号如表7-11所示。

表7-10 我国标准分类

分类依据	标准名称
根据适用范围分	国家标准、行业标准、地方标准、企业标准
根据法律的约束性分	强制性标准、推荐性标准、标准化指导性技术文件
根据标准的性质分	技术标准、管理标准、工作标准
根据标准化的对象和作用分	基础标准、产品标准、方法标准、安全标准、卫生标准、环境保护标准

表7-11 标准代号表

标准	标准代号组成
国家标准	国家标准代号(GB)+标准发布顺序号+发布的年号 例:GB 17324—1998 强制性国家标准;GB/T 17392—1998 推荐性国家标准
行业标准	行业标准代号(行业主管部门代号)+行业标准顺序号+发布年号 例:FZ/T 73006-1995 中国纺织总会行业推荐性行业标准
地方标准	地方标准代号(DB和两位行政区划代码)+标准顺序号+发布年号
企业标准	"Q"加斜线再加上企业代号+标准顺序号+发布年号 Q/JTHS O2·01-1997 锦州太和区华新食品厂的标准

知识回顾

一、单项选择题

1. 我国 GB 2828 规定,计数多次抽样检查的抽检次数为( )。

A. 4　　　　　　B. 5　　　　　　C. 6　　　　　　D. 7

2. 某标准代号为 FZ/T 73006-1998，则其正确的说法是（　　）。
   A. 行业标准代号，属于强制性标准，在 1973 年发布的第 1998 个标准
   B. 国家标准代号，属于推荐性标准，在 1998 年发布的第 73006 个标准
   C. 行业标准代号，属于推荐性标准，在 1998 年发布
   D. 企业标准代号，属于推荐性标准，在 1998 年发布

3. 一般而言，商品质量是指（　　）。
   A. 产品的设计质量　　　　　　B. 产品的制造质量
   C. 产品的使用质量　　　　　　D. 以上都是

4. 燃烧时有烧纸味，燃烧后灰烬极少且呈柔软黑灰状态的纺织纤维是（　　）。
   A. 棉　　　　　　B. 羊毛　　　　　　C. 丝　　　　　　D. 涤纶

5. 以下哪个标志是欧洲的认证标志（　　）。
   A.  CE　　B.  PSE　　C.  CCC　　D.  ETL

6. 在日本规定的安全认证体系中，属于政府强制性认证标志的是（　　）。
   A. CE 标志　　　　　　　　　B. S-Mark 标志
   C. T-Mark 标志　　　　　　　D. UL 标志

7. 出现在纺织服装中的洗涤保养标识（如下图），其含义是（　　）。
   A. 洗涤时不能使用"搓衣板"
   B. 洗涤时不可以氯漂
   C. 不宜干洗
   D. 不宜烘干机干燥

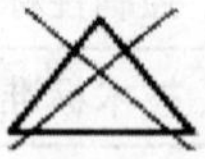

8. 图1和图2是经常出现在纺织服装中的洗涤保养标识，二者的主要区别是（　　）。
   A. 熨烫工具的品牌不同　　　　B. 熨烫工具的购买时间不同
   C. 熨烫工具的温度不同　　　　D. 熨烫工具的使用人不同

图1 　　　图2

9. 纺织面料的色牢度是服装成品质量中的重要指标，其要求面料的颜色发生变化控制在一定的范围内。一般而言，以下关于色牢度最好的级别是（　　）。
   A. 1级以下　　B. 2级~3级　　C. 3级~4级　　D. 4级以上

10. 在进行外包（协）跟单过程中，外贸跟单员对每次检查所形成的书面报告一般称为（　　）。
    A. INSPECTION REPORT
    B. FACTORY SUPPORT FOR PLAN
    C. TEST REPORT

D. SHIPPER'S LETTER OF INSTRUCTION

11. 在国际贸易中，以下属于强制性认证或指令的组别是（　　）。
    A. CE、ROHS、WEEE   B. UL、SA 8000、GS
    C. CE、UL、Oeko–Tex Standard 100   D. ROHS、CE、REACH

12. 在以下图标中，属于我国认证的图标是（　　）。

    A. [UL]   B. [CCC]   C. [CE]   D. [GS]

13. 产品质量检验的"三结合"制度是指（　　）。
    A. 自检、互检与专检相结合
    B. 进货检验、工序检验与完工检验相结合
    C. 计数、计量与抽样检验相结合
    D. 首件检验、巡回检验与末件检验相结合

二、多项选择题

1. 综观有关茶叶标准中的国家标准、国际（组织）标准、行业标准、企业标准，被检验者、生产商、消费者首先关注的技术指标包括（　　）。
    A. 卫生指标   B. 重金属检验指标
    C. 农药残留限量指标   D. 生产设备技术指标

2. "看板"是指跟单员在跟单过程中，按工艺要求，在规定的时间内对规定数量的商品进行品质检查。一般来说，可以通过（　　）方式进行。
    A. 成品生产的"看板"   B. 外购的"看板"
    C. 半成品的"看板"   D. 原（辅）材料的"看板"

3. （　　）认证属于产品质量安全认证。
    A. UL   B. LR   C. GS   D. CE

三、判断题

1. 生产批量少的大型机电设备产品适合采用全数检验的方法进行质量检验。（　　）
2. 工序检验通常有三种检验：首件检验、巡回检验和末件检验。（　　）
3. 批合格就是指该检查批中每个产品都合格。（　　）
4. 使用燃烧法，可以粗略判断纺织纤维的成分组成比例。（　　）
5. 标准代号 FZ/T 1988–2002 是行业标准代号，属于推荐性标准，在 1988 年发布。
（　　）
6. 国际标准化组织最主要的国际认证体系有 ISO 9000 和 ISO 14000，二者的主要区别是前者为质量管理体系认证，后者为环境管理体系认证。（　　）
7. 按我国 GB 2828 标准，对商品的检验首先进行"正常检验"，如果检验结果符合质量要求，则进入"放宽检验"，否则，进入"加严检验"。（　　）
8. "CCC"是我国对列入强制性产品认证目录内的产品实施强制认证所使用的统一标志。（　　）
9. 发包企业在实施外包后，可以通过质量管理"事先"模式或"事后"模式对承包企业的质量进行动态管理。（　　）

技能训练

浙江金苑有限公司（Zhejiang Jinyuan Co., Ltd.）于 2006 年 9 月 18 日与英国 ROSE Co., Ltd. 签订一份订购合同。（合同内容详见模块二的技能训练）

实训任务：

订单的产品质量抽检若使用 GB 2828，且 MAJOR 和 MINOR 的 AQL 分别为 1.0/4.0，检验水平（IL）为 I。

（1）假如对第一批生产好的 4 600 件衣服采用一次正常检查抽样方案，需要抽检几件衣服，并分别找出 MAJOR 和 MINOR 的 Ac、Re。

（2）如果实际抽检中 MAJOR 和 MINOR 的不合格产品数量为 3 件和 8 件，检验能否通过。

出口产品包装跟单

知识目标

1. 知晓出口产品包装的材料
2. 知晓常见的出口包装
3. 知晓出口产品包装要求
4. 掌握出口包装纸盒、纸箱跟单实务

技能目标

1. 熟练出口包装的选择
2. 熟悉运输包装正唛和侧唛的制作

经理,按照工厂的生产计划,这个订单的生产已经接近尾声了,并已通知相关部门做好品质检验。接下来是否可以安排出货?

小章,先别急。你先去确认下外包装上的唛头设计国外客户是否已经接受,再跟工厂确认相关的包装细节。

章晓智在进行生产包装跟单时,工作任务是:
1. 明确合同的包装要求
2. 选择合适的瓦楞纸箱
3. 落实合同包装要求

知识储备

产品包装是为了在流通过程中保护产品、方便储运、促进销售而按一定技术方法采用的容器、材料及辅助物等的总称,也指为了达到上述目的而采用容器、材料及辅助物的过程中施加一定技术方法等的操作活动。包装方式的种类繁多,包装材料的特点也各不相同。出口过程中如不对产品包装给予充分重视,一旦出现包装问题,将会引起买方的索赔甚至退货进而给出口方带来损失。因此,做好符合境外客户要求的出口产品包装工作,是跟单员日常应熟练掌握的基本业务技能,跟单员应认真学习和掌握出口产品包装跟单知识。

视频28:认识包装

一、出口产品包装材料

包装材料是指用于制造包装容器和包装运输、包装装潢、包装印刷、包装辅助材料以及与包装有关的材料的总称。在考虑包装材料的选用时,必须兼顾经济实用和可回收再利用的原则,即通常所说的绿色包装。所谓绿色包装材料是指在生产、使用、报废及回收处理再利用过程中,能节约资源和能源,废弃后能迅速自然降解或再利用,不会破坏生态平衡,而且来源广泛、耗能低、易回收且再生循环利用率高的材料或材料制品。能用作出口包装的材料品种很多,如木材、纸、塑料、金属等目前主要的出口产品包装材料,此外还有玻璃、陶瓷、天然纤维、化学纤维、复合材料、缓冲材料等。它们的成分、结构、性质、来源、用量及价格,决定着包装的性质、质量和用途,并对包装的生产成本和用后处理等有重要影响。

(一)木质包装材料

木材作为包装材料,具有悠久的历史,虽然它的主导地位正逐渐被塑料制品包装、纸制品包装和金属包装等取代,但由于它具有分布广、可就地取材、质轻且强度高、有一定弹性、能承受一定的冲击和振动、容易加工、具有很高的耐久性且价格低廉等优点,在出口包装中仍起着举足轻重的作用。

------- 知识链接 -------

主要包装用木材的性能及用途

红松生长于我国长白山、小兴安岭等地区,其木质松软,易干燥,干缩率小,在110℃的温度中干燥时也不易开裂和变形,强度中等,握钉力适中,不易劈裂,易加工,切削面光滑,易于油饰及胶接,一般用于制造运输包装箱等。

马尾松盛产于中国长江流域、珠江流域以及台湾等地区,其材质轻硬,强度中等,握钉力强,干缩率小,干燥时易于断裂,易受白蚁侵蚀,其油饰及胶接和防腐处理略难于红松,一般用于制造包装箱。

白松主要产于我国东北地区,其木质较轻,易于加工,易开裂,强度中等,易干燥,干缩率小,在工业中多用于造纸材料和包装用的板材。

杉木主要产于我国长江流域以南及华南和西南等地区,成材周期短,木质较轻软,易干燥，干缩率小，强度中等，易加工，韧性很大，横切面粗糙，总剖面易起毛，握钉力弱并易沿木纹劈裂，油饰性差，漆后光泽不好，但胶接性良好，且不易翘曲，一般多用于制作小型包装。

桦木产区遍布全国，其中以东北的白桦和枫桦产量最大，材质最好，使用最广。桦木材质较硬，强度中等，易干燥，不翘裂，干缩率大，油饰性能良好，胶接性能中等，易于加工和防腐处理，握钉力强，但易劈裂，工业上多用作胶合板材料，也可用来制作包装箱。

椴木遍布全国，材质轻软，强度中至弱，易干燥，干缩率中等，油饰性中等，胶接性好，不易开裂，加工容易，多用作中低级胶合板的原料及供美术装饰板用。

毛白杨主要分布于华北、西北和华东等地区，其木质轻软，握钉力弱，但不劈裂，正常时易干燥，不翘曲变形，耐久性和强度均弱，油饰性和胶接性均良好，在工业上用途很广，是造纸、纤维胶合板的优良原料，还可以制作包装箱、容器及其他细小的制品。

1. 木质包装箱的用材选择

出口常用的木制品包装有木箱、木桶、夹板等。较为笨重的五金、机械和怕压、怕摔的仪器、仪表以及纸张等商品大都使用这类包装。木制品包装用材根据出口产品包装的内装物不同有不同的要求，因此木材的密度、硬度和握钉力等性能及木材的价格是选做包装用材等级的重要依据。木制包装箱的用材见表8-1。

视频29：木质包装材料

表8-1 木制包装箱的用材选择表

用途	选材
一般包装箱	以中等硬度以下容易钉钉的木材为佳。可选树种较多，如红松、马尾松、杉木、白松、梧桐、刺槐、橡胶树、黄桐等
机电产品等重型包装箱	主要考虑木材强度。可选树种主要有龙脑香、白蜡木、水青冈、野桉、枫香、松树及柏木等
茶叶包装箱	茶叶最忌讳异味和污染。目前公认枫香树材最适合包装茶叶，其次有枫杨、刺桐、蓝果木、黄梁木、橄榄木、木棉、桦木、泡桐、柳木、杨木、金钱松等。杉木因有香气会污染茶叶，不宜作为茶叶包装箱的用材
食品包装箱	其用材除与茶叶包装箱要求相近外，还有无臭无味和色浅等要求，主要有枫香、枫杨、刺桐、蓝果木、黄梁木、橄榄木、木棉、桦木、七叶树、冷杉、鸡毛松、悬铃木、珙桐等。椴木是食品包装箱的忌用材

2. 出口包装用人造板材

为了维护生态平衡，人类正逐渐减少对原生树木的砍伐，转而充分利用采伐或加工过程中的枝杈、截头、板皮、碎片、刨花和锯木等剩余物进行加工，制造成人造板材。人造板材主要有胶合板、纤维板和刨花板等种类，其具有强度高、性能好且经济的特点。例如，1立方米的人造板材可相当于数立方米的木材；3毫米厚的纤维板、胶合板可相当于12毫米厚的板材；1.3立方米废木材制成1立方米刨花板，相当于2立方米木材。为此，世界各国竞相开发人造板材。

（二）纸质包装材料

由于纸质包装材料的主要成分是天然植物纤维素，易被微生物分解，可减少处理包装废弃物的成本，符合环保要求及当前国际流行的绿色包装概念，而且纸质包装的原材料丰富易得，具有性价比高、良好的弹性和韧性、对包装物有良好的保护作用等优点，所以在目前的出口包装材料中占据主导地位。

纸质包装材料包括纸、纸板及其制品，下面分别对其进行介绍。

1. 出口包装用纸

包装用纸大体上可分为食品包装用纸与工业品包装用纸两大类，但也有包装纸既可作为食品包装用，也可作为工业品包装用。食品包装用纸除要求有一定强度外，还要符合卫生标准；而工业包装用纸则要求强度大、韧性好，以及某些符合特种包装要求的特别性能。这两大类包装用纸都要求不但保护商品安全，还能起到装潢产品的作用。主要包装用纸的用途与性能如下所述：

视频30：纸质包装材料

（1）纸袋纸：又称水泥袋纸，以100%未漂白的硫酸盐针叶木浆为原料，也可掺用部分竹浆、棉杆浆、破布浆等制造，是水泥、化肥、农药等工业包装袋用纸。常由4～6层纸袋纸缝制成水泥包装袋，要求物理强度大、强韧，具有良好的防水性能和透气度，以免装袋时破损。通常以耐破度、韧性和伸长率来衡量纸袋的强度。

（2）牛皮纸：高级包装纸，1号牛皮纸原料规定用100%未漂白硫酸盐针叶木浆，2号牛皮纸原料以未漂白针叶木浆为主，掺入一定比例的其他纸浆。其用途十分广泛，供包装工业品，如作纺织品、绒线、五金交电及仪器仪表等包装用，也可加工制作砂纸、档案袋、卷宗、纸袋、信封等。外观上分单面光、双面光、有条纹和无条纹等品种。一般为黄褐色，也有彩色牛皮纸。有较高的耐破度和良好的耐水性，没有透气度要求，这点是与纸袋纸不同的。产品既有卷筒纸，也有平板纸。

（3）鸡皮纸：原料一般用未漂白亚硫酸盐木浆，也可用草浆与木浆、草浆与破布浆的混合浆制造。其是单面光的平板薄型包装纸，供印刷商标、包装日用百货和食品等。一般定量为40克/平方米，一面光泽好，有较高的耐破度、耐折度和抗水性。浆细，纸质均匀，拉力强，不易破裂，色泽较牛皮纸浅，生产过程和单面光牛皮纸生产过程相近，要施胶、加填料和染色。

（4）玻璃纸：主要原料是精制的漂白化学木浆或漂白棉短绒浆，通过磺酸化制成黏胶液，喷成薄膜，凝固后生成玻璃纸。其完全透明，是高级包装用纸。该纸主要适用于医药、食品、纺织品、精密仪器等商品的美化包装。

主要特点：a. 透明性强，可见光线透过率达100%，能提高商品装饰效果和价值；b. 光泽性高，有非常漂亮的光泽；c. 印刷性好，与一般包装纸塑料薄膜相比更显得优越，任何复杂图案都能印得完美无缺；d. 不通气，在干燥的情况下，具有几乎隔断普通氧气、氢气、二氧化碳等气体的能力，可防止商品包装中因含有氧气等引起的变质；e. 耐油性强，对油性商品、碱性商品和有机溶剂，有很强的阻力；f. 非导电性，它不产生带静电现象，手触不会产生触电感；g. 防灰性好，因纸表面光亮平滑，所以不带静电，不易粘灰；h. 耐热性好，可耐热至190℃高温，但不耐火。

（5）羊皮纸：羊皮纸有动物、植物两类，动物羊皮纸用羊皮、驴皮等经洗皮、加灰、磨皮、干燥等工序制成；植物羊皮纸用纯植物纤维制成的原皮，经过硫酸处理制得半透明包装纸，又称硫酸纸，其具有结构紧密、不透油、有弹性、性硬、半透明、不燃等特点。工业包装用羊皮纸又分工业羊皮纸和食品羊皮纸，工业羊皮纸适用于化工药品、仪器、机械零件等工业包装，具有防油、防水、湿强度大的特点。食品羊皮纸主要用于糖果、食物、药品、油醋、茶叶、烟草、消毒材料的内包装用纸，也可用于其他需要抗油耐水商品的包装。工业、食品羊皮纸均可分为卷筒纸和平板纸。纸张尺寸没有统一规定，可按照用户要求生产。

（6）仿羊皮纸：用黏状打浆、超压方法生产的羊皮纸纺织品，很像羊皮纸，所以称为仿羊皮纸。它使用于包装机械产品（有油脂）、油脂产品。仿羊皮纸一般不含硫酸根；将纸置于热水中停留一些时间取出，逐步用力拉断，而真羊皮纸则长度和伸长度不变，要用很大力气才能拉断，拉断的地方几乎是平滑的线，没有凸出的纤维。仿羊皮纸分平板纸与卷筒纸两种，纸张尺寸为卷筒纸宽 770 毫米，平板纸 770×1 090 毫米。

（7）瓦楞原纸：我国生产的瓦楞原纸大多以麦草、蔗渣、棉杆、废纸为原料；既有单一原料，也有两种以上原料搭配使用。采用不同原料制造的瓦楞原纸，其质量性能的各项物理指标有一定的差别。瓦楞原纸是用来制造瓦楞纸板的主要原料之一，它经轧制成瓦楞纸后，供制造纸盒、纸箱及瓦楞衬垫用。瓦楞纸用胶黏剂与其他包装用纸复合成瓦楞纸板，瓦楞纸在瓦楞纸板中起到了支撑、"骨架"的作用。

（8）邮封纸：用漂白草浆（或漂白苇浆）与漂白木浆按一定比例生产，定量 18～22 克/平方米的较薄的单面光纸，分特号、一号与二号三种，供卷烟衬里内包装、化妆品、水果、食品等包装用。特点是一面特别光滑，薄而柔韧，纸质紧密，透明度好。纸浆尺寸 787×1 092 毫米或其他尺寸。除了白色邮封纸外，也可按要求生产各种颜色的邮封纸。纸张纤维组织应均匀，纸的切边应整齐、洁净，纸面应平整，正面要有良好的光泽，不许有褶子、皱纹、条痕、硬质点、明显的毛布痕及借光线可见的孔眼等影响使用的外观纸病。

（9）糖果包装纸：它是经印刷、上蜡加工而成的一种包装用纸，具有良好的抗水性和不透气性，供糖果、面包等食品防潮包装用。糖果包装纸分 1 号、2 号两种。1 号供机械包糖用，2 号供手工包糖用。糖果包装原纸为卷筒纸，亦可以是平板纸，原纸属低定量（24 克/平方米、28 克/平方米）薄型纸。

（10）茶叶袋滤纸：茶叶袋滤纸国外多用马尼拉麻生产，我国是先用桑皮纤维经高游离状长纤维打浆后制造，再经过树脂处理的。此滤纸为卷筒纸，是一种低定量专用包装纸，用于袋泡茶的生产。作为茶叶的过滤袋，要求有适应泡茶自动包装机包装的干强度和弹性，制袋泡茶后能耐沸水冲泡，不破裂，具有较大的湿强度；茶叶浸出快，有一定的过滤速度；不能有影响茶叶的异味存在，应符合饮食卫生要求。

（11）感光防护纸：用化学木浆加入碳黑制成，供电影胶卷、照相胶卷、X 光片等感光材料包装使用。感光防护纸能防止光线透入而起保护作用。此种纸除强度较高外，其颜色是黑色的，表面光滑、抗孔眼、不透光。有双色感光防护纸，面层是红色、绿色或黄色，底层是黑色，用双网造纸机生产。

2. 出口包装用纸板

（1）牛皮箱纸板：又称挂面纸板，是运输包装用的高级纸板。它具有物理强度高、防潮性能好、外观质量好等特点。它主要用于制造外贸包装纸箱及国内高级商品的包装纸箱，作为电视机、电冰箱、大型收录机、缝纫机、自行车、摩托车、五金工具、小型电机等商品的运输包装用。国家标准有一号、特号牛皮箱纸板两种。一号主要制作用于包装高档轻纺产品、日用百货、家电电器等。特号主要用于外贸出口包装，不仅要具有高于一号的物理强度，还具有更高的防潮性能，能经受零下 15~30 摄氏度低温冷藏，纸箱不能变形，不瘪箱。近年国家发展了一些质量略低于牛皮箱纸板的仿牛皮箱纸板，以 20%左右的木浆（或竹浆、红麻秆浆、胡麻秆浆）挂面，80%左右的草浆、废纸浆作芯浆、低浆来进行生产。

（2）箱纸板。生产箱纸板所用原料由于各个国家、地区的资源情况不同而有所不同。森林资源丰富的国家主要用木浆和废纸，资源缺乏的国家则主要以草类纤维原料为主。我国箱纸板生产大多以草浆为主。箱纸板与牛皮箱纸板一样，都是制作运输包装纸箱的主要材料，但箱纸板质量低于牛皮箱纸板，以其为材料制作的是中、低包装材料，用于一般百货包装。国产箱纸板按部颁标准规定分为一号、二号、三号三种。一号为强韧箱纸板，二号为普通箱纸板，三号为轻载箱纸板。我国生产的多数为二号、三号两种，一般都统称为普通纸板。箱纸板定量按规定有 310 克/平方米、365 克/平方米、420 克/平方米、475 克/平方米、530 克/平方米五种，目前多数生产 420 克/平方米，成品规格有卷筒纸与平板纸。

（3）瓦楞纸板。它是由瓦楞纸与两面箱纸板融合制成的纸板。典型的瓦楞纸板至少是由两层纸板、一层瓦楞芯板，用胶黏剂黏接而成的复合加工纸板。瓦楞纸板的类别主要是依据构成瓦楞纸板的瓦楞规格、瓦楞形状和用纸层数三个方面的情况来区分的。

① 瓦楞规格。瓦楞规格纸指的是用不同的瓦楞型号轧制的瓦楞纸板。不同的瓦楞型号具有不同的瓦楞高度（楞谷和楞峰之间的高度），不同的瓦楞数（楞与楞之间的疏密程度）和不同的瓦楞收缩率。瓦楞规格的型号分别以瓦楞轮廓的大小粗细程度为序依次列为 K、A、C、B、D、E、F 七种型号，其中 A、C、B、E 四种型号比较普遍使用。目前世界各国对瓦楞型号种类的代号称谓比较统一，但对每一种瓦楞型号种类的技术要求并不完全一致，略有差异，见表 8-2。

表 8-2 瓦楞规格型号种类

型号	瓦楞高度/毫米				瓦楞数（每 330 毫米）				收缩率（理论值）
	中国	日本	美国	欧洲	中国	日本	美国	欧洲	
K			6.5	6.6~7				35	1.53
A	4.5~5	4.5~5	4.8	4.7	34±2	34±2	34±3	42	1.46
C	3.5~4	3.5~4	3.6	3.6	38±2	40±2	38±2	50	1.36
B	2.5~3	2.5~3	2.4	2.5	50±2	50±2	46±2	50	1.36
D			1.8	1.8~2			68	68	1.31
E	1.1~2	1	1.2	1.2	96±4	96	96±4	95	1.25
F			0.8	0.9			110	105	1.22

② 瓦楞形状。它是指瓦楞齿形轮廓的波纹形状，主要区别在于瓦楞波峰与波谷圆弧半径大小。瓦楞形状有三种，即 U 形、V 形、UV 形，U 形的峰、谷圆弧半径较大，V 形较小，UV 形处中间状态。不同楞形具有不同的性能特点，见表 8-3。

表8-3 不同瓦楞形状性能特点

瓦楞形状	平面抗压力	缓冲弹性	手压后回复能力	黏合剂耗用	瓦楞辊磨损	瓦楞黏结线
U	弱	好	强	多	慢	宽
V	强	差	弱	少	快	窄
UV	较强	较好	较强	较少	较慢	适中

综观 U、V、UV 三种瓦楞形状的优缺点，U 形和 V 形的利弊均显而易见，UV 形的优点显然不是最理想，但缺点也不突出，综合性能比较能适应大多数瓦楞包装的普通要求，因此，UV 形瓦楞在世界各国比较广泛地得到采用。当然，有些需要特别强调缓冲性能和减震作用的包装，或者对于某些要求硬度和挺力比较高的瓦楞包装容器，则应选用在这些方面具有某种特殊效果的 U 形和 V 形瓦楞来满足那些特定内容物的包装要求。

③ 用纸层数。按照制作的用纸层数，瓦楞纸板一般分为以下四种：二层瓦楞纸板（又称单面瓦楞纸板）；三层瓦楞纸板（又称双面瓦楞纸板）；五层瓦楞纸板（又称双层瓦楞纸板）；七层瓦楞纸板（又称三层瓦楞纸板）。不同层数纸张构成瓦楞纸板的基本组合形式，见图 8-1。

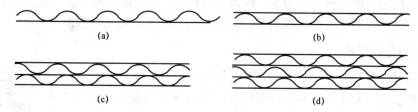

图 8-1 瓦楞纸板种类
(a) 单面瓦楞纸板；(b) 双面瓦楞纸板；(c) 双 (五层) 瓦楞纸板；(d) 三 (七层) 瓦楞纸板

二层瓦楞纸板通常是作为包装衬垫物料使用。多数用瓦楞高度较低的 C、B、E 型瓦楞和弹性比较好的 U 形或 UV 形瓦楞来制作。

三层瓦楞纸板。通常是用来制作中、小型瓦楞纸箱和衬板用。大多采用 A、C 等瓦楞高度较高和物理性能适中的 UV 形瓦楞来制作；至于用来制作瓦楞纸盒内包装的三层瓦楞纸板，则多采用 B、E 等瓦楞高度较低、印刷效果较好的瓦楞型号和物理性能适中的 UV 形瓦楞来制作。

五层瓦楞纸板。通常用来制作包装容积较大、内容物较重的大型或中型的瓦楞纸箱，以及衬板或其他瓦楞包装构件。五层瓦楞纸板应根据其包装功能的要求，选择适宜的瓦楞型号和瓦楞形状的配置，一般多选用厚度较高的 A、C 或 B 型瓦楞来制作。在实际使用过程中，往往要根据包装功能的需要和流通运作的特点，考虑以缓冲性能较佳的 A 和 C 型瓦楞来制作里层的芯纸，而用 C 或 B 型平压强度较高的楞型作为外层瓦楞。瓦楞形状的配置，由于设备和工艺上的局限，较难按理想要求随意搭配，所以一般多采用 UV 形的瓦楞来制作。如果条件允许，尽可能考虑采用不同楞型和其他型号的瓦楞来制作，以便达到更加理想的包装效果。

七层瓦楞纸板。一般用以加工制作成大型及特大型的瓦楞纸箱，也可以结合木质托盘或者与其他材料构件配套制成超重型的瓦楞包装容器，具有很高的承重抗压性能。七层瓦楞纸箱或容器的内容物大都是体大量重的货物。一般可考虑采用 B+A+B 的瓦楞结构来制作瓦楞纸板，这种结果方式既可保证纸板有一定的总厚度和负载力，又能使纸板的里外层都具有一定的平面耐压强度，即箱体的表层和里层都具有承受来自外部冲撞和内容物挤压的相应抗强能力。在某些特定要求的情况下，也可采用 B+A+C、C+A+C、B+A+A、A+A+A 乃至 E+B+A 等瓦楞型号组合方式制成七层瓦楞纸板。至于瓦楞形状的选择除特殊要求外，通常都比较一致地采用 UV 形瓦楞。

（4）黄板纸。黄板纸又称草纸板，是一种低级包装纸板。它主要用于作衬垫及将印刷好的未经印刷的胶版印刷纸糊在表面，制作各种中、小型匣盒做包装食品、糖果、皮鞋等用。黄板纸虽属低级包装纸板，但要求其表面细洁，不许有谷壳、草秸等硬质杂物，纸板要平整，不许有翘曲现象，否则会影响制盒时的质量。黄纸板具有黄亮的色泽，为原料的本色，还要求具有一定的耐破度和挺度。黄纸板的质量等级分特号、一号两种，现在生产的多数为一号。其定量规格分六种，从 310 克/平方米开始，每递增一个规格，定量增加 110 克/平方米。黄板纸多数为平板纸，尺寸为 787×1 092 毫米，也有少量卷筒纸。

（5）白纸板。白纸板是销售包装的重要包装材料，其主要用途是经彩色套印后制成纸盒，供商品包装用，起着保护商品、装潢商品、美化商品和宣传商品的作用。作为一种重要的包装材料，白纸板的生产已有百年历史。作为包装材料，白纸板具有一系列其他包装材料（如塑料）难以相比的优点，并在包装材料日新月异的形势下，依然保持着重要的地位。

（三）塑料包装材料

塑料是可塑性高分子材料的简称，具有轻质、美观、耐腐蚀、机械性能高、可塑性强、易于加工和着色等特点。随着科技的发展，不断地出现性能高、功能强、无毒、易回收利用或降解的新型塑料包装材料，被广泛用于各类产品的包装。

视频 31：塑料包装材料

1. 塑料的分类

塑料的品种很多，根据它们的组成、性质和用途，分为如下（表 8-4）几类。

表 8-4 塑料分类表

分类依据	种类
按塑料的用途分	通用塑料、工程塑料、特种塑料（耐烧蚀塑料）
按树脂受热后的变化	热塑性塑料、热固性塑料
按塑料的燃烧性能分	易燃塑料制品、可燃塑料制品、难燃塑料制品
按塑料毒性分	无毒塑料制品、有毒塑料制品
按环保要求分	绿色塑料、非绿色塑料
按化学反应类型分	加聚型塑料、缩聚型塑料
按凝固后结构形态分	非结晶型（无定型）塑料、半结晶型塑料、结晶型塑料
按塑料成型方法分	模压塑料，层压塑料，注塑、挤塑、吹塑塑料，浇铸塑料，反应注射模塑等

通用塑料：一般指产量大、用途广、成型性好、价廉的塑料。如聚乙烯、聚丙烯、聚氯乙烯、聚苯乙烯、酚醛塑料、ABS 塑料、有机玻璃、赛璐珞等。

工程塑料：一般指机械强度较高、刚性大、常用于取代钢铁和有色金属材料以制造机械零件和工程结构受力件的塑料，如聚甲醛、聚酰胺、聚碳酸酯、氯化聚醚、聚砜等。

热固性塑料：因受热或其他条件能固化成不溶性物料的塑料，如酚醛塑料、环氧塑料等。

热塑性塑料：指在特定温度范围内能反复加热软化和冷却硬化的塑料，如聚乙烯、聚四氟乙烯等。热塑性塑料又分烃类、含极性基因的乙烯基类、工程类、纤维素类等多种类型。

特种塑料：一般指具有特种功能，可用于航空、航天等特殊应用领域的塑料。如含氟塑料和有机硅具有突出的耐高温、自润滑等特殊功用，增强塑料和泡沫塑料具有高强度高缓冲性等特殊性能，这些塑料都属于特种塑料的范畴。

2. 塑料薄膜

塑料薄膜在塑料包装中占据相当大的比重。以塑料薄膜做包装，虽然根据内容物的种类与包装方式，要求有所不同。塑料薄膜的品种很多，常常可用下列一些简便的方法加以鉴别。由于各种塑料薄膜在物理特性方面有一定差异，通常应先观察外观，如光泽、透明度、色调、挺力、光滑性等。无色透明、表面有漂亮的光泽、光滑且较挺实的薄膜是拉伸聚丙烯、聚苯乙烯、聚酯、聚碳酸酯。手感柔软的薄膜是聚乙烯酸、软质氯乙烯。透明薄膜经过揉搓后变成乳白色的是聚乙烯、聚丙烯；振动时发出金属清脆声的薄膜是聚酯、聚苯乙烯等。

3. 常用塑料的鉴别

根据各种塑料制品的特性，可采用外观鉴别法和燃烧鉴别法，前者是通过看、摸、听、闻、掂等方法来鉴别塑料，这种方法简单方便，但只是做出初步判断；而后者是根据各种塑料制品在燃烧时所表现出的难易程度、火焰的颜色、燃烧状态和产生的气味等几方面进行判断。部分常见的塑料制品外观鉴别方法如表 8-5 所示。

表 8-5 常用塑料鉴别方法表

聚乙烯塑料：在不加着色剂时是乳白色半透明体，手摸有蜡状滑腻感觉，质轻柔软。它有韧性，易弯曲，能浮在水面上。聚乙烯薄膜用手抖动，声音发脆	聚丙烯：在不加着色剂时是乳白色半透明体，比聚乙烯更透明一些。它手感润滑，但没有聚乙烯那种滑腻感。它比同体积的聚乙烯轻，能浮在水面上
聚苯乙烯：无色透明体，表面硬而有光泽。它容易着色，色泽晶亮。聚苯乙烯的制品落地或敲打时发出类似金属的清脆声音。它看上去像玻璃，容易摔碎。在 80℃的热水中能软化	聚氯乙烯：硬制品表面坚硬平滑，敲击时没有聚苯乙烯那样的清脆声，而是闷音。软制品表面光滑柔软，有弹性，放在水里会下沉。它在 60℃的热水中易发软变形，有时还能闻到特殊的气味
有机玻璃：外观像水晶，有光泽，质轻。摩擦时略带果香味。它的着色制品色泽鲜艳，表面光滑。它的表面硬度低，容易有划痕，划痕用软布加牙刷摩擦可以消除。把它放在水里会下沉	酚醛塑料：（电木）多为不透明的棕、灰、黑色固体。它的表面坚硬，质脆易碎，敲击时发出类似木板的声音。它在热水中不变软
脲醛塑料（电玉）：表面光亮、色泽鲜艳，比酚醛塑料更硬，在热水中不变软	赛璐珞：本色制品是半透明体，柔软而有弹性，摩擦时产生樟脑气味。它的耐热性差，在沸水中软化，且极易燃烧

燃烧鉴别法。不同的塑料，燃烧的难易程度、火焰的颜色、燃烧状态和产生的气味等都

不相同。根据以上燃烧特征可以鉴别各种塑料：把一小块塑料放在铁板上加热，如果塑料先变软后熔融，然后烧焦，这就是热塑性塑料。如果加热不经过变软而变脆，最后烧焦，就是热固性塑料。仔细观察塑料燃烧时发出的各种现象，对照表8-6各项内容做出判断。

表8-6 塑料、薄膜燃烧情况与鉴别表

名称	英文简称	燃烧情况	燃烧火焰状态	离火后情况	气味
聚丙烯	PP	容易	熔融滴落，上黄下蓝	烟少	石油味
聚乙烯	PE	容易	熔融滴落，上黄下蓝	继续燃烧	石蜡燃烧气味
聚氟乙烯	PVC	难软化	上黄下绿有烟	离火熄灭	刺激性酸味
聚甲醛	POM	容易，熔融滴落	上黄下蓝无烟	继续燃烧	强烈刺激甲醛味
聚苯乙烯	PS	容易	软化起泡，橙黄色，浓黑烟，炭末	继续燃烧，表面油性光亮	特殊乙烯气味
尼龙	PA	慢	熔融滴落	起泡，慢慢熄灭	特殊羊毛，指甲气味
聚甲基丙烯酸甲酯	PMMA	容易	熔化起泡，浅蓝色，质白，无烟	继续燃烧	强烈花果臭味，腐烂蔬菜味
聚碳酸酯	PC	容易，软化起泡	有小量黑烟	离火熄灭	无特殊气味
聚四氟乙烯	PTFE	不燃烧			在烈火中分解出刺鼻的氟化氢气味
聚对苯二甲酸乙二酯	PET	容易，软化起泡	橙色，有小量黑烟	离火慢慢熄灭	酸味
丙烯腈、丁二烯、苯乙烯的共聚物	ABS	缓慢，软化燃烧，无滴落	黄色，黑烟	继续燃烧	特殊气味

（四）金属包装材料

金属是四种主要包装材料之一，广泛应用于食品、饮料、医药、建材、家电等行业，是食品罐头、饮料、糖果、饼干、茶叶、油墨、染料、化妆品、医药和日用品等的包装容器。金属包装材料中产量和消耗量最多的是镀锡薄钢板，其次是铝合金薄板。镀铬薄钢板位居第三。下面介绍包装用金属材料的几种。

1. 镀锡薄钢板

镀锡薄钢板简称镀锡板，俗称马口铁，是两面镀有纯锡（1号、2号锡锭）的低碳薄钢板。以热浸工艺镀锡的称热浸镀锡板，以电镀工艺镀锡的称电镀锡板。电镀锡板未加涂料的称电素铁，电镀锡板加上涂料的称涂料镀锡板（涂料铁）。镀锡板对空气、水、水蒸气等有很好的耐蚀性，且无毒，具有易变形性和可焊性，表面光亮、美观，能进行精美的印刷和涂饰，目前电镀板大部分用于包装

视频32：金属包装材料

工业。镀锡板原料是含碳小于0.25%的低碳钢,生产方法是将钢锭或连续铸造钢材经过热轧和冷轧成薄钢板,然后在进行热浸镀锡或电镀锡而成为镀锡板。罐头空罐用镀锡板,厚度一般在0.15~0.30毫米之间,最常用厚度为0.2毫米、0.23毫米、0.25毫米、0.28毫米四种规格,可按照罐型大小、内装物性质进行选择。目前我国使用最多的规格是714×510毫米和827×730毫米等。

判断镀锡包装材料的优劣主要看其表面质量,应光亮洁净,没有裂纹、破口、折边、分层、锈斑、油迹、宽带锡流、群集的锡堆积、漏铁点等,但允许有不超过规定的缺陷。镀锡薄钢板虽有较高的耐腐蚀性,但若长期存放,锡也会缓慢氧化而变黄,在潮湿空气或工业性气氛中也会生锈而失去光泽。因此,镀锡薄钢板需库内存放,存放期一般不要超过6~12个月。此外,由于锡的电极电位比铁高,当镀锡层发生破损时,会加速钢板的锈蚀,因而,在装卸、搬运、保管、使用过程中,均应注意不要擦伤、损坏镀锡层。

2. 镀铬薄钢板

镀铬薄钢板又称铬系无锡钢板(TFS-CT),简称镀铬板(表8-7),是为节约用锡而发展的一种镀锡板代用材料。镀铬板目前广泛应用于罐头和其他制罐工业,罐头工业应用最多的是啤酒和饮料罐及一般食品罐罐盖等。镀铬板用的原板和镀锡原板一样,都是低碳冷轧薄钢板或带钢,只是把钢板表面镀锡改成镀铬,其他工序(冷轧、退火、平整、钝化、涂油等)完全相同。与镀锡板相比,镀铬板的特点如下:

(1)成本低。成本比镀锡板约低10%,但外观光泽不及镀锡板好看。

(2)耐蚀性稍差。耐蚀性不及镀锡板,镀层薄且针孔率高,因此使用时内外表面都要上涂料。

(3)附着力强。对有机涂料的附着力比镀锡板强3~6倍,抗硫化腐蚀能力也比镀锡板强。

(4)镀铬板不能锡焊,只能采用搭接电阻焊或黏合。

(5)韧性差。制罐时易破裂,因而不宜用冲拔罐,可用于深冲罐,常用作啤酒或饮料罐。

表8-7 镀铬板厚度、宽度和长度表

规格名称/毫米	成张镀铬板	成卷镀铬板
厚度	0.16~0.38	0.16~0.38
宽度	508~940	508~940
长度	480~1 100	—

3. 镀锌薄钢板

镀锌薄钢板简称镀锌板,俗称白铁皮,是低碳薄钢板镀上一层厚0.02毫米以上的锌作为防护层,使钢板的防腐蚀能力大大提高。依生产方法,镀锌板主要分为热镀锌板和电镀锌板。热镀锌板的锌镀层较厚,占镀锌板产量的绝大部分;电镀锌板的锌镀层较薄,主要用作涂塑料和涂漆底层。包装工业上采用热镀锌板制造各种容量的桶和特殊用途的容器,耐腐蚀性和密封性良好,用于包装粉状、浆状和液状产品。热镀锌板是应用较多的一种金属包装材料。

镀锌板的技术要求主要针对表面质量、机械性能、镀锌强度、钢板不平度和周边斜切等。机械性能要用反复弯曲试验，测定加载虎钳（钳口半径3毫米）上的试样向两边弯曲90°至折断时能经受的反复弯曲次数。对于镀锌板的标准厚度，包装容器常用的有0.50毫米、0.60毫米、0.80毫米、1.0毫米、1.2毫米、1.5毫米、1.6毫米、1.8毫米、2.0毫米。镀锌板的标准长度及宽度见表8-8。

表8-8 镀锌板的标准长度及宽度表

标准宽度/毫米	标准长度/毫米					
762	1 829	2 134	2 438	2 734	3 048	3 658
914	1 829	2 134	2 438	2 734	3 048	3 658
1 000	2 000					
1 219	2 439	3 048	3 658			
1 250	2 500					
1 524	3 048					
1 829	3 658					

4. 低碳薄钢板

低碳薄钢板是指含碳量不大于0.25%的薄钢板，薄钢板经过剪裁、成型（如滚弯、涨筋）和连接（如焊接、卷边）可直接制造金属包装容器，如各种规格的钢桶等。采用薄钢板的优点是供应充分，成本低廉，加工性能好，制成的容器有足够的强度和刚度。钢板按厚度可分厚钢板（厚度>4毫米）与薄钢板（厚度≤4毫米）两种。生产包装容器只用薄钢板。薄钢板的厚度范围为0.35~4毫米，宽度范围为500~1 500毫米，长度范围为1 000~4 000毫米。按轧制方法可分为热轧薄钢板与冷轧薄钢板两种。冷轧薄钢板的表面比较平整光洁，厚度误差小。未经酸洗的热轧钢板有淡蓝色薄层氧化铁，经过酸洗的冷轧钢板有轻微浅黄色薄膜。一般钢板应在酸洗条件下剪成矩形供应，亦可成卷供应。对钢板的厚度、长度、宽度、表面质量、不平度、横向剪切的斜切和镰刀弯等都有相应的标准规定。

我国用于制造包装容器的低碳薄钢板有两种，即普通碳素结构薄钢板和优质碳素结构薄钢板。普通碳素结构钢的炼制与优质碳素结构钢的主要区别是对碳含量、性能范围要求及磷、硫等有害元素含量的限制。普通碳素结构钢分甲类钢、乙类钢和特类钢（表8-9）。

表8-9 普通碳素结构钢的分类

钢类	汉字	汉字拼音字母	冶炼方法	汉字	汉字拼音字母
甲类钢	甲	A	平炉钢	平	P
乙类钢	乙	B	氧气转炉钢	氧	Y
特类钢	特	C	空气转炉钢	碱	J

5. 铝系金属包装材料

铝是钢以外的另一类包装用金属材料。包装用铝材主要以铝板、铝箔和镀铝薄膜三种形式应用。铝板主要用于制作铝制包装容器，如罐、盆、瓶及软管等。铝箔多用于制作多层复合包装材料的阻隔层。镀铝薄膜是一种新型复合软包装材料，它是以特殊工艺在包装塑料薄膜或纸张表面（单面或双面）镀上一层极薄的金属铝。这种镀铝薄膜复合材料主要用作食品，如快餐、点心、肉类、农产品等的真空包装，以及香烟、药品、酒类、化妆品等的包装及装潢、商标材料。

（1）铝板。铝是一种轻金属，在大气中非常稳定，加工工艺性能优良，是一种应用非常广泛的金属。铝合金（主要是铝－镁、铝－锰合金）板材的强度较纯铝更高。由于铝对酸、碱盐不耐蚀，所以铝板均需经涂料后使用。铝板主要用于制作铝制包装容器，如罐、盒、瓶等。此外，铝板因加工性能好，是制作易开瓶罐的专用材料。

（2）铝箔。用于包装的金属箔中，应用最多的是铝箔。铝箔是采用纯度为99.3%～99.9%的电解铝或铝合金板材压延而成的，厚度在 0.20 毫米以下。我国现在生产的工业用铝箔有四种宽度范围，18 种不同厚度，其系列产品如下：

铝箔宽度：10～39 毫米、40～130 毫米、131～220 毫米、221～600 毫米。铝箔厚度：0.005 毫米、0.007 5 毫米、0.010 毫米、0.012 毫米、0.014 毫米、0.016 毫米、0.020 毫米、0.025 毫米、0.030 毫米、0.040 毫米、0.050 毫米、0.060 毫米、0.070 毫米、0.080 毫米、0.100 毫米、0.120 毫米、0.150 毫米、0.200 毫米。

（3）铝箔复合薄膜。铝箔复合薄膜属软包装材料，是由铝箔与塑料薄膜或纸张复合而成的。常用的塑料薄膜有聚乙烯（PE）、聚丙烯（PP）、聚对苯二甲酸乙二醇酯（简称聚酯、PET）、聚偏二氯乙烯（PVDC）、聚酰胺（俗称尼龙）等。铝箔的厚度多为 0.007～0.009 毫米或 0.012～0.015 毫米，复合后已有足够的阻隔作用。据统计，铝箔复合薄膜70%用于食品包装，17%用于香烟包装，13%用于药品、洗涤剂和化妆品等。

（4）镀铝薄膜。镀金属薄膜是一种新型复合软包装材料，其中镀铝薄膜是应用最多的一种，此外还可镀金、银、铜等。采用特殊工艺在包装塑料薄膜或纸张表面（单面或双面）镀上一层极薄的金属铝，即成为镀铝薄膜。由于镀铝层较脆，容易破损，故一般在其上再复合一层保护用塑料膜如聚乙烯、聚酯、尼龙等。镀铝薄膜的基材是塑料膜和纸。最常用的塑料薄膜有聚酯（PET）、尼龙（NY）、双向拉伸聚丙烯（BOPP）、低密度聚乙烯（LDPE）、聚氯乙烯（PVC）等。前三种镀铝薄膜有很好的黏结力和光泽，是性能优良的镀铝复合材料。镀铝聚乙烯薄膜因价格低、装潢性好受到欢迎。镀铝聚丙烯薄膜还可制成易启封的封口，用于药品的易开包装。镀铝基材的优点是成本比塑料膜低，它和锡箔/纸复合材料相比，更薄而又价廉，性能也可与之媲美，它的加工性能则较铝箔/纸好很多，例如模切标签时利落整齐，印刷中不易产生卷曲，不留下折痕。因此目前大量取代铝箔纸而成为新型商标标签及装潢材料。

（五）包装用辅助材料

包装货物除了常用包装容器外，还需一些包装用辅助材料。常见的辅助材料有黏合剂、黏合带、捆扎材料、衬垫材料、填充材料等。

1. 黏合剂

一般的包装黏合剂主要用于材料的制造、制袋、制箱及封口等方面的作业。包装用黏合剂可分为水型、溶液型、热融型、压敏型等，见表 8-10。

表8-10 包装用黏合剂类型及名称

类型	黏合剂主要名称
水型	水溶液：淀粉、胶、聚乙烯酸、阿拉伯树胶 乳胶：丁腈胶浆、丁苯胶浆
溶液型	聚酯酸乙烯酯、氯化乙烯树脂、聚氨酯
热融型	聚烯塑料、聚酰胺
压敏型	永久黏结型：浆胶系、树脂系 冷密封型

2. 黏合带

根据黏合方法，黏合带可分为橡胶胶带、热敏带、黏结带三种（表8-11）。

表8-11 包装用黏合带分类和性能对照表

分类	性能特点
橡胶胶带	沾水可直接溶解，并表现出很轻的结合力，按底胎种类可分为纸橡胶带、布棉胶带及纤维增强橡胶带等。其特点是黏合力强、黏合迅速，完全固化可提高包装强度，不影响有关作业等
热敏带	是在其材料上涂以软化点较低的热敏性黏结剂，常温下表面不见有黏结性，但是加热活化后便产生黏结力，其特点是不滑动、不易老化、一旦黏结则不好揭下
黏结带	是一种在带的一面涂上压敏型黏结剂，另一面涂上防黏剂并卷成卷状的产品。其种类有纸带、布带、玻璃带、乙烯树脂带、聚丙烯带等，其特点是只用手压便可黏合，作业性能十分好

3. 捆扎材料

捆扎具有打捆、压缩、提高强度、保持形状、便于搬运装卸与运输作业等功能。捆扎材料品种很多，如麻绳、纸绳、钢带等，均常用作捆扎材料；现在通常以塑料制品居多，如聚乙烯、聚丙烯绳（带）、尼龙绳（带）等，见表8-12。

表8-12 捆扎材料选用

制品质量/公斤	捆扎材料的种类
1～50	多股细绳、纸带、聚丙烯带、尼龙绳、钢带等
50～200	尼龙带、钢带等
200～500	尼龙带、钢带等
500～2 000	钢带

尼龙带主要用于重物品的捆包，一般情况下可替代钢带，其强度为钢带的60%，它的主要特点是拉紧弹力好、耐水、耐腐性优越，作业性能良好，封口可用金属配件或焊接方法结合。

二、出口产品包装纸盒、纸箱跟单实务

（一）出口包装纸盒跟单

视频33：认识纸盒、纸箱

包装纸盒跟单是跟单员的重要工作之一。纸盒是产品销售的包装容器，是直接和消费者见面的中小型包装。好的纸盒包装不仅是帮助推销商品的工具，是无声的推销员，而且其本身就是一种艺术品。

纸盒包装虽然在防冲撞、颠震、挤压和防潮等方面没有运输包装那样的要求，然而其结构要根据不同商品的特点和要求，采用适当的尺寸、适当的材料（瓦楞纸板、硬纸板、白纸板等）和美观的造型，从而安全地保护商品、美化商品、方便使用，起到争取市场、促进销售的作用。

1. 纸盒的类型

纸盒一般分成折叠纸盒与硬纸板盒两大类：

折叠纸盒，指以折叠压平的形状，由生产厂制造提供用户的一种小型纸盒。折叠纸盒可用凸版、平版、凹版印刷。白纸板芯一般为回收纸浆，底层加木浆或涂料或塑料作保护层；纸塑、纸铝复合折叠纸盒为折叠纸盒的功能和外观增添了光彩。折叠纸盒一般用于食品包装。用于食品包装的折叠盒，在白纸板内层一般有涂料或塑料保护层，目的是保护被包装的食品，也可避免与回收纸浆接触，有碍卫生。另外涂料或塑料对透气度有改进，可保护食品的香脆特性。

硬纸板盒，是指用裁切的纸板和纸糊贴成的纸盒。其刚性比折叠纸盒好，是从产品制成到用户用于包装、销售商品的全过程，其盒体形状保持不变的一种纸盒。

2. 纸盒结构

瓦楞纸盒的结构与国际上通用的纸箱结构类型一致，有开槽型（代号02）、套合型（03）、折叠型（04）、滑入型（05）、硬体型（06）、预黏型（07）六种。

3. 纸盒款式及接合方式

瓦楞纸盒的款式基本上有手提式、开窗式、展示式、组合式、开孔式、叠装式、套装式、合异形式八种类型。

瓦楞纸盒的接合方式有三种基本类型，即钉合式、黏合式和无钉无胶的插嵌式。

4. 瓦楞纸板的选择

用于制作瓦楞纸盒的瓦楞纸板，一般均为单层瓦楞纸板，有的纸盒内配件衬垫物料还选用单面瓦楞纸板；瓦楞型号的选择通常是根据内容物的包装要求相应地分别采用 E、B、C 三种型号当中之一来制作瓦楞纸盒的板材，见表8-13。

表8-13 制作瓦楞纸盒的瓦楞纸板类型

纸板	楞型	瓦楞高度/毫米	瓦楞数（每330毫米）	收缩率（理论值）	性能优劣比较排序		
					缓冲弹性	抗压强度	印刷装潢效果
单层瓦楞	E	1.2	96±4	1.25	3	3	1
	B	2.5	50±2	1.36	2	2	2
	C	3.5	38±2	1.36	1	1	3

（二）出口包装纸箱跟单

出口包装纸箱是最常见的瓦楞纸箱，主要用于产品的运输包装。其作用一是保护产品在长时间和远距离的运输过程中不被损坏和散失；二是方便产品的搬运和储存。

视频34：瓦楞纸箱的选择

1. 瓦楞纸箱的分类

我国的瓦楞纸箱，是按国家标准局的规定以瓦楞纸板的品类、内装物的重量和纸箱的综合尺寸（即纸箱内尺寸的长、宽、高之和）来进行分类的。瓦楞纸箱共分为三类30种，见表8-14。

表8-14 我国瓦楞纸箱分类

种类	内装物最大重量/kg	最大综合尺寸/mm	纸板结构	1类		2类		3类	
单瓦楞纸箱	5	700	单瓦楞	S-1.1	BS-1.1	S-2.1	BS-2.1	S-3.1	BS-3.1
	10	1 000		S-1.2	BS-1.2	S-2.2	BS-2.2	S-3.2	BS-3.2
	20	1 400		S-1.3	BS-1.3	S-2.3	BS-2.3	S-3.3	BS-3.3
	30	1 750		S-1.4	BS-1.4	S-2.4	BS-2.4	S-3.4	BS-3.4
	40	2 000		S-1.5	BS-1.5	S-2.5	BS-2.5	S-3.5	BS-3.5
双瓦楞纸箱	15	1 000	双瓦楞	D-1.1	BD-1.1	D-2.1	BD-2.1	D-3.1	BD-3.1
	10	1 400		D-1.2	BD-1.2	D-2.2	BD-2.2	D-3.2	BD-3.2
	30	1 750		D-1.3	BD-1.3	D-2.3	BD-2.3	D-3.3	BD-3.3
	40	2 000		D-1.4	BD-1.4	D-2.4	BD-2.4	D-3.4	BD-3.4
	55	2 500		D-1.5	BD-1.5	D-2.5	BD-2.5	D-3.5	BD-3.5

其中1类箱主要用于出口及贵重物品的运输包装；2类箱主要用于内销产品的运输包装；3类箱主要用于短途低廉商品的运输包装。

各类纸箱对瓦楞纸板的技术要求如表8-15所示。

表8-15 各类纸箱对瓦楞纸板的技术要求

纸箱种类		纸板代号	耐破强度/kPa	边压强度/$(N \cdot m^{-1})$	戳穿强度/$(kg \cdot cm^{-1})$	含水量/%
单瓦楞	1类	S-1.1	588	4 900	35	10±2
		S-1.2	784	5 880	50	
		S-1.3	1 177	6 860	65	

续表

纸箱种类		纸板代号	耐破强度/kPa	边压强度/ $(N \cdot m^{-1})$	戳穿强度/ $(kg \cdot cm^{-1})$	含水量/%
单瓦楞	1类	S-1.4	1 569	7 840	85	
		S-1.5	1 961	8 820	100	
	2类	S-2.1	409	4 410	30	
		S-2.2	686	5 390	45	
		S-2.3	980	6 370	60	
		S-2.4	1 373	7 350	70	
		S-2.5	1 764	8 330	80	
	3类	S-3.1	392	3 920	30	
		S-3.2	588	4 900	45	
		S-3.3	784	5 880	60	
		S-3.4	1 177	6 860	70	
		S-3.5	1 569	7 840	80	
双瓦楞	1类	D-1.1	784	6 860	75	
		D-1.2	1 177	7 840	90	
		D-1.3	1 569	8 820	105	
		D-1.4	1 961	9 800	128	
		D-1.5	2 550	10 780	140	
	2类	D-2.1	686	6 370	90	10±2
		D-2.2	980	7 350	85	
		D-2.3	1 373	8 330	100	
		D-2.4	1 764	9 310	110	
		D-2.5	2 158	10 290	130	
	3类	D-3.1	588	5 880	70	
		D-3.2	784	6 860	85	
		D-3.3	1 177	7 840	100	
		D-3.4	1 569	8 820	110	
		D-3.5	1 961	9 800	130	

2. 箱型结构分类

纸箱分类的技术等级,主要是从瓦楞纸板的品质和纸箱的内在质量角度来区分瓦楞纸箱的种类。至于瓦楞纸箱的箱型结构,不仅其外观造型的式样很多,而且不同的箱型结构对于瓦楞纸箱的包装功能和纸箱的综合物理性能也有一定的差别。欧洲瓦楞纸箱制造协会(FEFCO)制定的"国际瓦楞纸箱法规",对瓦楞纸箱的各种基本箱型结构作了比较科学且详尽的分类,其根据瓦楞纸箱的不同结构式样、工艺特点和使用功能分别归纳为六个基本箱型。

---- 知 识 链 接 ----

瓦楞纸箱各部分名称、代号及英文对照

名称	代号	英文对照
长	L	Length
宽	B	Broad
高	H	Height
侧面	Ps	Side Panel
端面	Pe	End Panel
摇盖	F	Flap
外摇盖	Fo	Outer Flap
内摇盖	Fi	Inner Flap
接合处	J	Joint

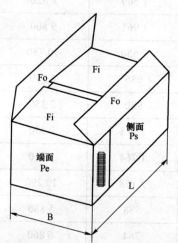

我国由国家标准局批准发布实施的 GB 6544—86 瓦楞纸箱国家标准,关于基本箱型和代号的规定,基本上也采用了 FEFCO 的分类方法,只是根据我国国情有所省略和变动,GB 标准将瓦楞纸箱的基本箱型列为三种,即开槽型纸箱(代号为 02 型);套合型纸箱(代号为 03 型);折叠型纸箱(代号为 04 型)。同时将瓦楞纸箱的内配件部分以"纸箱附件"的条目单独列出。

此外,在瓦楞纸箱的尺寸规格条目中将纸箱的箱底面积(外尺寸)分为三个系列:

(1) 400×600毫米、400×300毫米、400×200毫米、400×150毫米。
(2) 300×200毫米、300×130毫米、300×100毫米。
(3) 200×150毫米、200×133毫米。

知识链接

环保回收标志

第一行：回收标识；循环标识是最常见的环保标识之一，其含义一般可表达为3个"R"，即："Reduce"——可降解还原；"Reuse"——可再生利用；"Recycle"——可进行循环再生处理。

第二行：1~3与纸制品有关的回收标识；4 铝制品回收标识。

第三行：1 欧盟生态标识；2 "北欧白天鹅"标识；3~4 德国、捷克"绿点"标识；

第四行：塑料制品回收标识；

美国工业协会（SPI）在1988年发布了一套塑料标识方案。他们将三角形的回收标记附于塑料制品上，并用数字1到7和英文缩写来指代塑料所使用的树脂种类。这样一来，塑料品种的识别就变得简单而容易，回收成本得到了大幅度的削减。现今世界上的许多国家都采用了这套SPI的标识方案。中国在1996年制定了与之几乎相同的标识标准（3号下面改为PVC）。

PETE 1号：常用来制作软饮料瓶（盖），调味品（番茄酱、沙拉酱、花生酱）容器

HDPE 2号：常用来制作香波、厨房清洁剂、洗涤液容器、塑料花盆等

V 3号：常用来制作鲜食品袋、电线的绝缘皮、落水管道、水管、磁带盒、CD盒、信用卡等

LPDE 4号：常用来制作冷冻食品袋、软蜂蜜瓶、面包包装袋、废纸篓等

PP 5号：常用来制作扫帚柄、刷子柄、纸巾盒子、白色药瓶等

PS 6号：常用来制作尺、证件套、泡沫塑料、蛋盒等

第六行左：美国航太总署格伦研究中心的标有"3R"的环保标识。

第六行右：中国台湾地区的资源回收环保标识。

视频35：出口包装环保要求

（三）纸箱试装试验

试装试验是将包装内容物（实物）按设定的数量和方位装入基本定型的纸箱内，并根据要求采用一定的测试手段进行必要的试验，以便验证纸箱的实际包装效果是否理想。

具体而言，对于像陶瓷、玻璃制品、电器、仪器等一些特殊商品，不仅需要选择合适的

包装材料,而且还要模拟真实的运输、装卸、振动或跌落情况,检查包装材料对箱内商品的保护程度,这种检查方法被称为"跌落试验"。通常,进行"跌落试验"可以采用"专用机器设备"法,也可以采用"模拟跌落试验"法。

1. "专用机器设备"法

该试验是采用专用设备——跌落试验机,将纸箱进行斜面冲击试验、振动试验和六角鼓回转试验。其中"斜面冲击试验"是将纸箱旋转在滑车上,然后将其从一定高度的斜面上滑下,最后撞击在挡板上,这是模拟运输过程中的紧急刹车情况。"振动试验"将纸箱包装商品后置于振动上,使其受到水平或垂直方向的振动力(也可以同时受到双向振动力),经一定时间的振动后,检查纸箱对商品保护程度或纸箱破损的耐受时间。"六角鼓回转试验"指将纸箱放入装有冲击板的六角回转鼓内,按规定转数、次数转动,然后检验商品或纸箱的破损程度。

2. "模拟跌落试验"法

该试验是将内装商品的纸箱按不同姿态和数次从规定高度自由跌落,以检验纸箱对商品的保护程度。具体的做法:选择平整的水泥或石质等材质地面,将内含商品的纸箱以一定高度(视包装毛重而定)按"角、棱(边)、面"顺序自由跌落,然后目视检测外箱体是否有破损,并且检查箱内产品的外观及品质受损程度。

三、出口包装标志

1. 运输标志

运输标志的内容通常由买卖双方根据需要商定,往往繁简不一。为了适应电子商务环境下单据标准化的需要,联合国欧洲经济委员会在国际标准化组织和国际货物装卸协会的支持下,指定了一项运输标志向各国推荐使用。该运输标志内容包括:一是收货人或买方名称的英文缩写字母或简称;二是参考号,如运单号、订单号或发票号等;三是目的地;四是件号。具体如图8-2所示。

```
XYZ ······················································ 收货人代号
SC12345 ················································ 参考号
LONDON VIA ········································· 目的港
HONGKONG ·········································· 转运港
No.1-150 ·············································· 件号
```

图8-2 标准运输标志

正唛(Shipping Mark):一般是客人提供的,一般会显示商品牌子、商品名称、合同号、型号、目的地等资料。侧唛(Side Mark):显示商品的尺寸、毛重、净重等资料,用于客人在目的国收货拆柜后,辨认货物之用。

2. 指示性标志

指示性标志(Indicative Mark)是指对易碎、易变质或易损害的商品,需要在运输包装上刷上的简单、醒目的图形和指示性的文字,如"小心轻放""向上"等,它指示人们在装卸、运输、仓储过程中需要注意的行为事项,又称为操作标志。具体如图8-3所示。

图 8-3 指示性标志

3. 警告性标志

警告性标志（Warning Mark）是指在易燃品、爆炸品及有毒品等危险品的运输包装上清楚明显地标明危险性质的文字说明和图形。它使装卸、运输和保管等环节的有关人员，按照商品的特点采用相关防护措施，以保障安全，可以说这种标志带有强制性。我国颁布了《危险货物包装标志》，此外联合国政府间海事协商组织也规定了一套《国际海运危险品标志》，这套规定在国际上已有许多国家采用，有的国家进口危险品时要求在运输包装上标明该组织规定的危险品标志，否则，不准靠岸卸货。我国在出口危险货物的运输包装上，要求标有我国和国际海运所规定的两套危险品标志。具体如图 8-4 所示。

（符号：黑色；底色：橙红色） （符号：黑色；底色：上白下红） （符号：黑色；底色：上黄下白，附二条红竖条）

图 8-4 警告性标志

4. 附属性标志

附属性标志（Subsidiary Mark）是指在商品的包装上，有时会根据交易或运输需要，增加其他内容，如表明包装的体积和毛重，以方便储运过程中安排装卸作业和舱位；刷上产地标志或商品产地、装箱货物的规格或颜色搭配等；对一些易腐烂的商品还应标示出生产日期或有效期；在采用集装箱运输时，一般还应有集装箱号。具体如图 8-5 所示。

```
6 7 7（1/2）8 8（1/2）9 …………… 货物型号
3 8 9        8 7        3 …………… 数量搭配
MADE IN CHINA …………………… 生产国别
CTN/No.1－100 …………………… 集装箱号
```

图 8-5 附属性标志

四、出口包装要求

（一）出口纸箱包装要求

（1）外箱毛重一般不超过 25 kg。单瓦楞纸箱用于装毛重小于 7.5 kg 的货物，双瓦楞纸箱用于装毛重大于 7.5 kg 的货物。

视频 36：落实包装要求

（2）纸箱的抗压强度应能在集装箱或托盘中，以同样纸箱叠放到 2.5 米高度不塌陷为宜。

（3）如产品需做熏蒸，外箱的四面左下角要有 2 毫米开孔。

（4）出口到欧洲的外箱一般要印刷可循环回收标志，箱体上一般不能使用铁钉或铁扣。

（二）出口塑胶袋包装要求

（1）禁用 PVC 胶袋。

（2）胶袋上要有表明所用塑料种类的三角形环保标志。

（3）胶袋上印刷"PLASTIC BAGS CAN BE DANGEROUS.TO AVOID DANGER OF SUFFOCATION, KEEP THIS BAG AWAY FROM BABIES AND CHILDREN."，胶袋上还要打孔，每侧打一个，直径 5 毫米。

（三）出口木箱包装要求

（1）用人工复合而成的木质材料制成的包装，不用熏蒸。

（2）对美国、加拿大、欧盟、日本及澳大利亚出口使用的木质包装，要在出口前进行"熏蒸"，其中对美国、加拿大等国应出具"官方熏蒸证书"。目前，出口到中东国家及某些亚洲国家的木质包装，不需要"熏蒸"；对于出口到非洲国家的木质包装，则要看具体国家，如尼日利亚、坦桑尼亚从 2006 年 2 月起需要出口商对出口到他们国家的商品所使用的木质包装做熏蒸处理。

（3）用木质材料做包装不得带有树皮，不能有直径大于 22 毫米的虫蛀洞，必须对木质包装进行烘干处理。

（4）木质托盘、木箱必须实施热处理或熏蒸处理，有检验检疫局出具的《出境货物木质包装除害处理合格凭证》并加贴黑色标志。

知识链接

黑色标志即我国出境货物木质包装标志

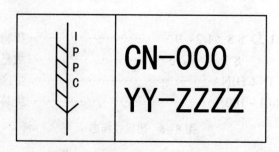

IPPC——《国际植物保护公约》的缩写

CN——国际标准化组织规定的中国国家编号

000——出境货物木质包装生产企业的三位数登记号，按直属检验检疫局分别编号

YY——除害处理方法，溴甲烷熏蒸－MB 热处理－HT

ZZZZ——各直属检验检疫局 4 位数代码（如江苏局为 3200）

（四）其他

出口用草类包装材料包装的货物去挪威，在挪威办理货物进口手续时必须提供证明，否则包装将予以焚毁，费用由进口商支付；用旧编织材料制成的麻袋、打包麻布作为包装的货物出口去挪威，在挪威办理货物进口手续时必须提供证明，否则不准用作包装材料进入。

知识回顾

一、单项选择题

1. 外贸跟单员在选用出口商品的包装材料时，以下说法正确的是（　　）。
   A. 一般而言，单件重量不超过 80 公斤，外箱尺寸不超过 40 厘米×60 厘米×100 厘米
   B. 可使用未经过"熏蒸"的木质材料，以保证符合商检的要求
   C. 对于办理苗木等货物航空运输时，要使用草绳或麻布袋包扎，防止泥土等散落，污染机舱
   D. 在使用塑料制品作为包装材料时，要在醒目的位置印刷塑料材料的三角形标志，同时还要有 "Plastic bags can be dangerous. To avoid the danger of suffocation, keep the bags away from babies and children." 字样

2. 在外贸货物储运中，纸质材料常常被用作货物的包装材料，衡量纸质材料的技术指标有许多，其中一个基本的指标是（　　）。
   A. 卫生指标　　　　　　　　　　　B. 农药残留限量指标
   C. 大小指标　　　　　　　　　　　D. 定量（克）指标

3. 外贸跟单员对"绿色包装"不正确的理解是（　　）。
   A. 在使用过程中，能够回收再利用的包装材料
   B. 在生产过程中，来源广泛、能耗低、易回收且再循环利用率高的包装材料
   C. 在使用后，能够将报废的包装材料回收再利用
   D. 在废弃后，经济价值能够迅速降低，方便回收的包装材料

4. 在我国，以下可用于制作食品类容器的塑料材料是（　　）。
   A. 聚氯乙烯塑料（PVC）　　　　　B. 工程塑料（ABS）
   C. 聚苯乙烯塑料（PS）　　　　　　D. 聚丙烯塑料（PP）

5. 截至目前，根据欧盟 2003/34/EC 和 2003/36/EC 两项指令，明确列明在纺织品和皮革上禁止使用经还原可裂解释放出对人体有害的芳香胺偶氮染料共有（　　）种。
   A. 21　　　　　B. 138　　　　　C. 22　　　　　D. 100

6. 外贸跟单员将货物和包装一起称重后所得的数值，应该填入箱外（　　）栏目中。
   A. 侧唛的 "NET WEIGHT"　　　　B. 侧唛的 "GROSS WEIGHT"
   C. 侧唛的 "QUANTITY"　　　　　D. 侧唛的 "MEASUREMENT"

7. 浙江台州宏都轴承制造公司与越南某公司签订了出口轴承合同，该合同规定用托盘包装，5 000 个/托盘，跟单员小俞应选择的正确托盘材料是（　　）。
   A. 纸质材料　　B. 铁质材料　　C. 瓷质材料　　D. 木质材料

8. 绿色包装材料是指（　　）。
   A. 木质包装　　　　　　　　　　　B. 塑料包装

C. 金属包装　　　　　　　　　　D. 所有可回收再利用包装材料

二、多项选择题

1. 一般而言，产品包装的目的是（　　）。
   A. 保护产品　　　B. 方便贮运　　　C. 促进销售　　　D. 掩盖缺陷
2. 对出口包装纸箱进行模拟跌落试验时，应选择在（　　）地面上进行。
   A. 木质　　　　　B. 沙质　　　　　C. 水泥　　　　　D. 石质

三、判断题

1. 牛皮箱纸板主要用于销售包装。（　　）
2. 在选择包装材料时，要注意符合进口国或地区关于环境保护的要求，例如在欧洲是不允许使用 PVC 包装材料的。（　　）
3. "绿色包装"就是指所使用材料中的主要成分没有受到污染，且可回收利用、可降解。（　　）
4. 进境货物使用的木质包装材料应加贴"IPPC"标识。（　　）
5. 纸质包装材料的主要成分是天然植物纤维素，易被微生物分解，因此是当前国际流行的"绿色包装"常用材料。（　　）

技能训练

浙江金苑有限公司（Zhejiang Jinyuan Co., Ltd.）于 2006 年 9 月 18 日与英国 ROSE Co., Ltd. 签订一份订购合同。（合同内容详见模块二的技能训练）

实训任务：

1. 本订购合同对包装有何要求？
2. 蓝天服装厂准备采用 56 cm×38 cm×30 cm 的纸箱进行包装，除了本订购合同中提到的装箱要求外，英国 ROSE 公司还要求纸箱达到以下技术要求：耐破强度 900 kPa，边压强度 7 000 N/M，戳穿强度 85 kg/cm，请根据本模块中表 8-14 和表 8-15 选择最合适的包装材料。
3. 若实际装运时没有发生溢短装，请根据本订购合同的要求，设计出正唛和侧唛的内容。

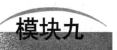

模块九

出口运输跟单

知识目标

1. 知晓各类货物运输基本概念
2. 知晓办理各种货物运输的方式和程序
3. 知晓各种出口运输跟单所涉及的主要运输单据
4. 掌握海运出口运输的租船订舱程序及相关主要单证

技能目标

1. 熟悉在办理各种类型的外贸出口业务中,能够运用好各种运输方式的技能
2. 掌握海运出口运输租船订舱环节的主要程序及缮制、审核相关主要单证

经理,按照订单要求,我是在货物生产完毕后再办理订舱手续吗?

错了,如果等货物生产完毕再订舱,那么很有可能无法按时交货。我们一般在工厂生产达到 80%成箱率时就可以联系货代,办理相关出货手续。

章晓智在运输跟单时,应掌握哪些相关技能?
1. 海洋运输出货流程
2. 铁路运输出货流程
3. 航空运输出货流程
4. 集装箱运输出货流程
5. 装箱量的计算

知识储备

国际货物的运输方式主要有水路运输、铁路运输、公路运输、航空运输和管道运输,由此涉及国内运输、多式联运、集装箱运输等方式。当然,国际贸易使用最广泛的是海运和集装箱运输。

跟单员不仅应掌握各类运输的业务知识,而且应能制作各种货运单据,以便在办理相应业务时,可以运用好各种运输方式和办理相关手续,使货物及时、准确交付客户。

一、海洋出口运输跟单

海洋运输是利用货船在国内外港口之间通过一定的航线和航区进行货物运输的一种方式。在国际贸易货物总量中约有 2/3 是通过海洋运输的。

海洋出口运输跟单是指根据贸易合同中的运输条件,把售予国外客户的出口货物加以组织和安排,通过海运方式运到国外港口的业务。其主要工作环节有托运(签订运输合同、提交托运货物)、到达通知(告知收货人做好接货准备)以及提货验收三个,有关承运、装船、运输、卸船、到达通知等事宜一般委托货运代理等单位办理。

运输跟单视贸易条件的不同而不同:FOB 成交,出口方不要租船订舱;凡以 CIF 和 CFR 条件签订的出口合同,由卖方安排运输,卖方须根据买卖合同中规定的交货期安排运输工作;如凭信用证方式结汇的,卖方须收到信用证后方可运输。海运出口货物运输一般工作包括以下环节:

(一)审核信用证中的装运条款

在收到信用证以后,出口单位要对其进行严格审核,如发现信用证中的有关条款与贸易合同内容不符,应及时要求进口方进行修改。

审核信用证中的装运条款,要重点审核装运期、装运港、目的港、结汇日期、转船和分批装运等,根据货物出运前的实际情况,决定对信用证中的有关运输条款是否接受、修改或拒绝。

视频37:海洋运输跟单

(二)备货、报验和领证

出口方收到信用证后,按信用证规定的交货期及时备好出口货物,并按合同及信用证的要求对货物进行包装、刷唛。

对需经检验机构检验出证的出口货物,在货物备齐后,应向检验机构申请检验,取得合格的经验证书。

(三)租船和订舱

以 CIF 和 CFR 价格条件下对外成交的出口贸易合同,由卖方组织船舶装运出口货物。卖方按照合同或信用证规定的交货期(或装运期),办理租船订舱手续。对出口数量多的、需要整船装运的大宗货物,可租赁合适的船舶装运;对成交批量不大的件杂货,则应订班轮舱位。

租船订舱可委托货运代理或直接向船公司(其代理人)提出订舱委托书,经船公司同意后,向托运人签发装货单,运输合同即告成立。

（四）出口货物集中港区

订妥船舶或舱位后，货方应在规定的时间内将符合装船条件的出口货物发运到港区内指定的仓库或货场，以待装船。向港区集中时，应按照卸货港口的先后和货物积载顺序发货，以便按先后次序装船。

（五）出口报关和装船

货物集中港区后，发货单位必须备妥出口货物报关单、发票、装货单、装箱单（或重量单）、商检证（如检验机构来不及出证时，可由检验机构在报关单上加盖合格章）及其他有关单证向海关申报出口。经海关人员对货物查验合格后，在装货单上加盖放行章方可装船。若海关发现货物不符合出口要求，则不予放行，直到符合要求时为止。

海关查验放行后，发货单位应与港务部门及时装船。

（六）投保

如果合同规定需要在装船时发出装船通知，由国外收货人自行办理保险手续，发货人应及时发出装船通知。如因发货人延迟或没有发出装船通知，致使收货人不能及时或没有投保而造成损失，发货人应承担责任。如由发货人负责投保，一般应在船舶配妥后及时投保。

（七）支付运费

对需要预付运费的出口货物，船公司或其代理人必须在收取运费后签给托运人运费预付的提单。如属到付运费货物，则在提单上注明运费到付，其运费由船公司卸港代理在收货人提货前向收货人收取。

（八）出口货运单证

1. 托运单

托运单也称为订舱委托书，由托运人根据贸易合同条款及信用证条款的内容填制，并凭以向承运人或其代理人办理货物托运。

2. 装货单

装货单是海洋运输中的主要货运单证之一。

① 装货单是承运人确认承运货物的证明。

② 装货单是海关对出口货物进行监管的单证，海关在装货单上加盖放行章，即表示准予出口，船方才能收货装船，因此装货单又称为关单。

③ 装货单是承运人通知码头仓库或装运船舶接货装船的命令。

3. 收货单

收货单是货物装船后，承运船舶的大副签发给托运人的货物收据，是据以换取已装船提单的单证，收货单也称为大副收据。

4. 提单

提单会对所装运的商品和数量起到收据和证明文件的作用，在货物发生灭失、损坏或延误的情况下，提单是损害赔偿最基本的证明。

5. 装货清单

装货清单是承运人根据装货单留底，制成的全船装运货物的总汇清单。装货清单是承运船舶的大副编制积载计划的重要依据，也是现场理货人员进行理货、港口安排驳运、货物进出仓库、货物以及承运人掌握托运人备货情况的业务单证。

6. 载货清单

载货清单又称舱单，是根据收货单或提单，按目的港分票编制的全船出口货物的总汇清单。其内容包括船名、航次、船长、启运港和目的港、开航日期、发货人、收货人、货名、包装、标识及号码、件数、毛重、尺码等项。

7. 货物积载计划

货物积载计划是大副在装货前根据装货清单按货物装运要求和船舶性能绘制的一个计划受载图，也称为货物积载图。

8. 危险品清单

装运危险品，承运人往往要求托运人提供危险品清单。其内容包括货物名称、性能、件数、包装、重量等项。危险品装运时，应按港口规定，申请有关部门监督装货，货物装毕后监管部门发给船方一份"危险品安全装载证明书"。

二、铁路运输跟单

铁路运输（Railway Transportation）是指利用铁路进行货物运输的一种方式。铁路主要承担长距离、大数量的货运。铁路运输的优点是速度快，运输不太受自然条件限制，载运量大，运输成本低；主要缺点是灵活性差，建设初期投资较大，只能在固定线路上实现运输，需要以其他运输手段配合和衔接，不能大量提供"门到门"服务。铁路运输经济里程一般在200公里以上。

在国际货物运输中，铁路运输是一种仅次于海洋运输的主要运输方式，海洋运输的进出口货物，一般也是通过铁路运输进行货物的集中和分散的。

（一）国内铁路运输跟单

在进行铁路运输跟单时应注意以下问题：

1. 铁路运输的基本条件

铁路货物运输分整车、零担、集装箱三种。

① 整车货物运输的基本条件是，一批货物的重量、体积、状态需要以一辆以上货车运送的货物，应按整车办理。

② 零担货物运输的基本条件是，按货物的重量、体积、状态不需要以一辆单独货车运送，而且允许和其他货物配装的货物，可以按零担办理。

③ 集装箱货物运输的基本条件是，凡能装入集装箱，并且不对集装箱造成损坏和污染的货物及可按集装箱运输的危险货物均可按集装箱办理。

2. 铁路货物的托运、受理、承运

铁路实行计划运输，发货人要求铁路运输整车货物，应向铁路提出月度要车计划。

3. 铁路货物的装车、卸车

4. 铁路货物的到达、交付

（二）国际铁路运输跟单

在国际贸易中，铁路运输的营运方式有国际铁路货物联运和对我国香港地区铁路货物运输两种。

1. 国际铁路货物联运

国际铁路货物联运是指使用一份统一的货物联运单据，由铁路负责经过两国或两国以上的铁路全程运输，并由一国铁路向另一国铁路移交货物时，不需要发货人和收货人参加的货物运输。

采用国际铁路货物联运，有关当事国事先必须要有书面约定。目前，主要书面约定有中国与苏联、东欧各国签订的《国际铁路货运联运协定》（简称《国际货协》）和西北欧各国之间签订的《国际铁路货物运送公约》（简称《国际货约》）。

2. 对我国香港地区铁路货物运输

对香港地区的铁路运输是一种特定的运输方式的两票运输，它的全过程是由内地段铁路运输和港段铁路运输两段组成的。其内地段铁路货物运输是指在内地范围内按《国内铁路货物运输规程》的规定办理货物运输。供应香港地区的物资经铁路运往深圳为内地铁路运输部分；货车到达深圳后，要过轨至香港，继续运送九龙车站，这一段为港段铁路运输。

由于运去香港的货物，其中鲜活商品较多，为了保障运输质量，做到"优质、适量、均衡和应时"的要求，外贸部门与铁路部门合作，安排有"751""753""755"三次快运货物列车，分别由湖北、上海和郑州发车，直达深圳。

由于澳门目前未通铁路，对澳门的运输可先将出口货物运至广州南站再转船运至澳门。

（三）国际铁路联运出口货物运输流程

国际铁路联运出口货物运输组织工作主要包括：铁路联运出口货物运输计划的编制、货物托运和承运、国境站的交接（装车、运送）和出口货物的交付等。其流程图如图9-1所示。

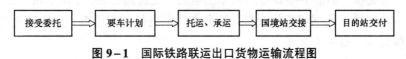

图9-1　国际铁路联运出口货物运输流程图

国际铁路联运出口货物的托运和承运：

1. 托运前的工作

在托运前必须将货物的包装和标记严格按照合同中有关条款，《国际货协》和议定书中的条项办理。

（1）货物包装应能充分防止货物在运输中灭失和腐坏，保证货物多次装卸不致毁坏。

（2）货物标记、表示牌及运输标记、货签的内容主要包括商品的记号和号码、件数、站名、收货人名称等。字迹均应清晰，不易擦掉，保证多次换装中不致脱落。

2. 货物托运和承运的一般程序

发货人在托运货物时，应向车站提出货物运单和运单副本，以此作为货物托运的书面申请。车站接到运单后，应进行认真审核，对整车货物应检查是否有批准的月度、旬度货物运输计划和日要车计划，检查货物运单各项内容是否正确，如确认可以承运，车站在运单上签证时写明货物应进入车站的日期和装车日期，即表示接受托运。发货人按签证指定的日期将货物搬入车站或指定的货位，并经铁路根据货物运单的记载查对实货，认为符合《国际货协》和有关规章制度的规定，车站方可予以承认，整车货物一般在装车完毕，发站在货物运单上加盖承运日期戳，即为承运。发运零担货物，发货人在托运时，不需要编制月度、旬度要车计划，即可凭运单向车站申请托运，车站受理托运后，发货人应按签证指定的日期将货物搬进货场，送到指定的货位上，经查验过磅后，即交由铁路保管。从车站将发货人托运的货物，连同货物运单一同接受完毕，在货物运单上加盖承运日期戳时，即表示货物业已承运。铁路对承运后的货物负保管、装车发运责任。

总之，承运是铁路负责运送货物的开始，表示铁路开始对发货人托运的货物承担运送义务，并负运送上的一切责任。

3. 货运单据

（1）国际铁路联运运单（International Through Rail Waybill），是发货人与铁路之间缔结的运输契约，它规定了铁路与发收货人在货物运送中的权利、义务和责任，对铁路和发收货人都具有法律效力。

（2）添附文件。我国出口货物必须添附"出口货物明细单"和"出口货物报关单"以及"出口外汇核销单"，另外根据规定和合同的要求还要添附"出口许可证"、品质证明书、商检证、卫生检疫证、动植物检查以及装箱单、磅码单、化验单、产地证及发运清单等有关单证。

4. 出口货物交接的一般程序

（1）联运出口货物实际交接是在接收路国境站进行的。口岸外运公司接铁路交接所传递的运送票据后，依据联运运单审核其附带的各种单证份数是否齐全，内容是否正确，遇有矛盾不符等缺陷，则根据有关单证或函电通知订正、补充。

（2）报关报验。运送单证经审核无误后，将出口货物报关单截留三份（易腐货物截留两份），然后将有关运送单证送各联检单位审核放行。

（3）货物的交接。单证手续齐备的列车出境后，交付路在邻国国境站的工作人员会同接收路工作人员共同进行票据和货物交接，依据交接单进行对照检查。交接分为一般货物铁路方交接和易腐货物贸易双方交接。

（四）铁路运输费用

国际铁路联运货物运费计算的主要依据是《国际货协统一过境运价规程》（简称《统一货价》)、《国际货协》、《国际货约》和我国的《铁路货物运价规则》（简称《国内价规》）。

《统一货价》是计算过境铁路运送费用的依据，《国内价规》是计算我国进出口货物从国境站（或发站）至到站（国境站）运送费用的依据。

国际铁路联运货物运费包括货物运费、装卸费、口岸换装费、押运人乘车费、杂费和其他有关费用。

1. 运费计算的原则

① 发送国家和到达国家铁路的运费，均按铁路所在国家的国内规章办理。

② 过境国铁路的运费，均按承运当日统一货价规定计算，由发货人或收货人支付。如在参加国际货协的国家与未参加国际货协的国家之间运送货物，则有关未参加货协国家铁路的运费，可按其所参加的另一种联运协定计算。

我国出口的联运货物，交货共同条件一般均规定在卖方车辆上交货，因此我方仅负担至出口国境站一段的运费。但联运进口货物，则要负担过境运费和我国铁路段的费用。

2. 过境运费的计算按《统一货价》规定计算，其计算程序是：
① 根据运单上载明的运输路线，在过境里程表中，查出各通过国的过程里程。
② 根据货物品名，在货物品名分等表中查出其可适用的运价等级和计费重量标准。
③ 在慢运货物运费计算表中，根据货物运价等级和总的过境里程查出适用的运费率。
其计算公式为：基本运费额＝货物运费率×计费重量

$$运费总额＝基本运费额×加成率$$

加成率指运费总额应按托运类别在基本运费额基础上所增加的百分比。快运货物运费按慢运运费加100%，零担货物加50%后再加100%。随旅客列车挂运整车费，另加200%。

3. 国内段运费按《国内价规》计算，其程序是：
① 根据货物运价里程表确定发到站间的运价里程。一般应根据最短路径确定，并需将国境站至国境线的里程计算在内。
② 根据运单上所列货物品名，查找货物运价分号表，确定适用的运价号。
③ 根据运价里程与运价号，在货物运价表中查出适用的运价率。
④ 计费重量与运价率相乘，即得出该批货物的国内运费，其计算公式为：

$$运费＝运价率×计费重量$$

三、航空出口运输跟单

航空运输（Air Transportation）是采用商业飞机运输货物的商业活动，是目前国际上安全迅速的一种运输方式。航空运输的单位成本很高，主要适合运载价值高、运费承担能力强的货物和紧急需要的物资等。航空运输的主要优点是速度快，不受地形的限制。

（一）国内航空出口运输跟单

1. 货物托运条件

货物托运人在托运货物时应做到：
① 凭有效证件，填写货物托运单，向承运人或其代理人办理托运手续。
② 货物托运单的内容应填写清楚，如：收发货人具体单位、姓名、地址；货物的名称、种类、包装、价值、件数；是否办理货物航空保险；运输要求等。
③ 如托运政府限制托运的货物，以及需要办理公安和检疫等各项手续的货物，均应附有效证明文件。
④ 托运的货物中不准夹带禁止运输和限制的物品、危险品、贵重物品、现钞、证券等。
⑤ 对不同的运输条件或根据货物性质不能一同运输的货物，则应分别填写货物托运单。

2. 货物包装要求

货物托运人要求运输的货物，对货物的包装应做到：
① 对货物的包装应保证在运输途中货物不致散失、渗漏、损坏或污染飞机设备和其他物件。
② 托运人应在每件货物上标明发站，收发货人的单位、姓名、地址。
③ 民航接收的每件货物均应粘贴或拴挂货物标签，如发货人利用旧包装，则必须除去原包装上的任何残旧标志。

3. 货物重量和尺码计算

对空运货物的重量、尺码计算应依据：

① 如货物重量按毛重计算，计算单位为公斤，尾数不足 1 公斤的则按四舍五入处理。

② 如每公斤货物的尺码超过 6 000 立方厘米则为轻泡货物，以每 6 000 立方厘米折合 1 公斤计重。

③ 每一件货物的重量一般不能超过 80 公斤，尺码一般不能超过 40×60×100 厘米，超过者则为超限货物，每件货物的最小尺码长、宽、高合计不得少于 40 厘米，最小一边长不得少于 5 厘米。

④ 如发货人托运超限货物，则应提供货物的具体重量、体积，并经民航同意后办理托运，且按承运人的规定支付超限货物的附加费。

4. 货物押运

对承运的航空货物需押运时，则应具备：

① 根据货物的性质，运输途中需专人照料、监护的货物，则应由发出人派人押运。

② 对由押运人员负责照料的货物，民航应协助押运人员完成押运任务。

③ 货物的押运应预先征得承运人的同意，押运人员应按规定办理客票和乘机手续。

（二）出口货物航空运输

出口货物航空运输的程序如下：

（1）出口单位委托货代办理空运出口货物，应向货代提供"空运出口货物委托书"和出口合同副本各一份，对需要包机运输的大宗货物出口单位应在发运货物前 40 天填写"包机委托书"送交货代。对需要紧急运送到货物或必须在中途转运的货物，应在委托书中说明，以便货代设法利用直达航班运送和安排便于衔接转运的航班运送。

（2）货代根据发货人的委托书向航空公司填写"国际货物委托书"并办理订舱手续。订妥舱位后，货代应及时通知发货人备货、备单。

（3）出口单位备妥货物、备齐所有出口单证后送交货代，以便货代向海关办理出口报关手续。

（4）空运出口货物要妥善包装。

（5）对于大宗货物和集中托运货物一般由货代在自己的仓库场地、货棚装板、装箱，也可在航空公司指定的场地装板、装箱。

航空货物的重量要求基本与国内航空运输相同。

航空货运单（Air Waybill）是航空运输的正式凭证，是承运人收到货物后出具的货物收据。货物运抵目的地后，承运人向收货人发出"到货通知"，收货人凭"到货通知"提取货物，并在货运单上签收。因此，航空货运单非物权凭证，也是不可转让的。

四、集装箱出口运输跟单

集装箱（Container）是具有一定强度和刚性的专供周转使用的一种大型货物运输容器，便于使用机械装卸，可长期反复使用，也称为"货箱"或"货柜"。其主要用钢、铝、胶合板、玻璃钢或这些材料混合制成，具有坚固、密封和可以反复使用等优越性，是任何运输包装都无法与之比拟的。集装箱放在船上等于是货舱，放在火车上等于是车皮，放在卡车上等于是货车,因此,无论在单一运输方式下还是在多式运输方式下均不必中途倒箱。集装箱的内部容量较大,而且易于装满和卸空,在装卸设备配套的情况下它能迅速搬运。

集装箱运输是以集装箱作为运输单位进行货物运输的现代化运输方式,适合门到门交货的成组运输方式,目前已成为国际上普遍采用的一种重要的运输方式。

（一）集装箱运输的特点

（1）可露天作业,露天存放,不怕风雨,节省仓库。

（2）可节省商品包装材料,可保证货物质量、数量,减少货损货差。

（3）车船装卸作业机械化,节省劳动力和减轻劳动强度。

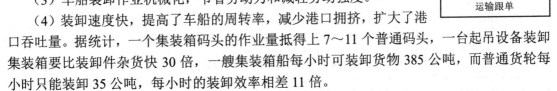

视频39：集装箱运输跟单

（4）装卸速度快,提高了车船的周转率,减少港口拥挤,扩大了港口吞吐量。据统计,一个集装箱码头的作业量抵得上7～11个普通码头,一台起吊设备装卸集装箱要比装卸件杂货快30倍,一艘集装箱船每小时可装卸货物385公吨,而普通货轮每小时只能装卸35公吨,每小时的装卸效率相差11倍。

（5）减少运输环节,可进行门到门的运输,从而加快了货运速度,缩短了货物的在途时间。

（6）由于集装箱越来越大型化,从而减少了运输开支,降低了运费。据国际航运界报道,集装箱运费要比普通件杂货运费低5%～10%。

（二）集装箱的种类及尺寸

1. 集装箱种类

集装箱规格根据国际标准组织规定有三个系列十三种规格,而国际航运上运用的主要为20英尺和40英尺两种,即1A型 $8'×8'×40'$,1C型 $8'×8'×20'$。集装箱分类如表9–1所示。

表9–1 集装箱分类表

分类方法	集装箱种类
按尺寸规格分	20英尺集装箱（20′C,也称国际标准箱单位,TEU：Twenty Equivalent Unit 的缩写）、40英尺集装箱（40′C）、40英尺高柜集装箱（40′HC）、45英尺集装箱（45′C）
按所装货物种类分	杂（干）货集装箱、散货集装箱、液体货集装箱、冷藏集装箱、挂衣集装箱、通风集装箱、动物集装箱、汽车集装箱、台架及平台式集装箱
按制造材料分	钢制集装箱、铝制集装箱、玻璃钢制集装箱、不锈钢集装箱
按总重量分	30吨集装箱、20吨集装箱、10吨集装箱、5吨集装箱、2.5吨集装箱
按结构分	折叠集装箱、固定式集装箱（密闭集装箱、开顶集装箱、板架集装箱）
按拥有者的身份分	货主自备集装箱（Shipper's Own Container）、承运人集装箱（Carrier's Own Container）
按ISO标准分	A型集装箱、B型集装箱、C型集装箱

由于集装箱在运输途中常受各种力的作用和环境的影响,所以集装箱的制造材料要有足够的刚度和强度,应尽量采用质量轻、强度高、耐用、维修保养费用低的材料,并且材料既要价格低廉,又要便于取得。

2. 集装箱的尺寸

各种集装箱的尺寸及装载重量归纳如表 9-2 所示。

表 9-2　各种集装箱尺寸及装载重量

项目		干货集装箱							散货集装箱			冷藏集装箱			
		20 英尺			40 英尺					20 英尺			20 英尺			40 英尺
		钢质	钢质高柜	铝质	钢质	钢质高柜	玻璃钢质	铝质	铝质高柜	钢质	钢质高柜	玻璃钢质	铝质	铝质高柜	玻璃钢质	铝质
外尺寸	长/毫米	6 058	6 058	6 058	12 192	12 192	12 192	12 192	12 192	6 058	6 058	6 058	6 058	6 058	6 058	12 192
	宽/毫米	2 438	2 438	2 438	2 438	2 438	2 438	2 438	2 438	2 438	2 438	2 438	2 438	2 438	2 438	2 438
	高/毫米	2 438	2 591	2 591	2 591	2 896	2 591	2 591	2 896	2 438	2 591	2 438	2 438	2 591	2 591	2 591
内尺寸	长/毫米	5 917	5 902	5 925	12 050	12 034	11 977	12 045	12 060	5 887	5 824	5 892	5 477	5 360	5 085	11 398
	宽/毫米	2 336	2 338	2 344	2 343	2 345	2 273	2 350	2 343	2 330	2 335	2 333	2 251	2 242	2 236	2 256
	高/毫米	2 249	2 376	2 391	2 386	2 677	2 300	2 377	2 690	2 159	2 375	2 202	2 099	2 148	2 220	2 113
内容积/立方米		31	32.84	33.1	67.4	75.9	61.3	67.4	76	29.6	32.3	30.3	25.9	25.51	25.1	52.04
总重/千克		24 000	22 396	21 372	30 480	30 480	30 480	30 373	30 480	20 320	24 386	20 320	20 320	21 241	24 384	30 848
自重/千克		1 860	2 275	1 794	3 100	4 080	4 763	2 981	3 000	2 530	2 351	2 450	2 520	3 004	3 372	4 519
载重/千克		22 140	20 121	19 578	27 380	26 400	25 717	27 392	27 480	17 790	22 035	17 870	17 800	18 237	21 012	26 329

注：1. 干货集装箱又称杂货集装箱，是用以装载除液体货和需要调节温度的货物外，以一般杂货为主的集装箱。2. 散货集装箱是用于装载麦芽、化学品、谷物等散货的一种密闭式集装箱。3. 冷藏集装箱是专为运输要求保持一定温度的冷冻货或低温货，如鱼、肉、新鲜水果、蔬菜等食品进行特殊设计的集装箱。

（三）集装箱的装箱及交接方式

1. 集装箱的装箱方式

集装箱的装箱方式有整箱货（Full Container Cargo Load，FCL）和拼箱货（Less Container Cargo Load，LCL）。凡装箱量达到每个集装箱容积的 75% 的或达到每个集装箱负荷量的 95% 的即为整箱货，由货主或货代负责装箱后，以箱为单位向承运人进行托运。凡装箱量达不到上述整箱标准的即为拼箱货，由货主或货代将货物送交集装箱货运站（Container Freight Station，CFS），货运站收货后，按货物的性质、目的地分类整理，而后将去同一目的地的货物拼装成整箱后再行发运。

2. 集装箱的交接方式

由于集装箱装箱方式的不同,所以集装箱的交接方式也有所不同,纵观当前国际上的做法,大致有以下四类:

① 整箱交,整箱接(FCL/FCL)。

货主在工厂或仓库把装满货后的整箱交给承运人,收货人在目的地以同样整箱接货,换言之,承运人以整箱为单位负责交接。货物的装箱和拆箱均由货主负责。

② 拼箱交、拆箱接(LCL/LCL)。

货主将不足整箱的小票托运货物在集装箱货运站或内陆转运站交给承运人,由承运人负责拼箱和装箱运到目的地货站或内陆转运站,由承运人负责拆箱,拆箱后,收货人凭单接货。货物的装箱和拆箱均由承运人负责。

③ 整箱交,拆箱接(FCL/LCL)。

货主在工厂或仓库把装满货后的整箱交给承运人,在目的地的集装箱货运站或内陆转运站由承运人负责拆箱后,各收货人凭单接货。

④ 拼箱交,整箱接(LCL / FCL)。

货主将不足整箱的小票托运货物在集装箱货运站或内陆转运站交给承运人。由承运人分类调整,把同一收货人的货集中拼装成整箱,运到目的地后,承运人以整箱交,收货人以整箱接。

上述各种交接方式中,以"整箱交、整箱接"效果最好,也最能发挥集装箱的优越性。

3. 集装箱货物交接地点

集装箱货物的交接,根据贸易条件所规定的交接地点不同可归纳为以下四种方式:

① 门到门(Door to Door):从发货人工厂或仓库至收货人工厂或仓库,这种运输方式的特征是,在整个运输过程中,完全是集装箱运输,并无货物运输,故最适宜于整箱交,整箱接。

② 门到场站(Door to CY/CFS):从发货人工厂或仓库至目的地或卸箱港的集装箱堆场/货运站,这种运输方式的特征是,由门到场站为集装箱运输,由场站到门是货物运输,故适宜于整箱交、拆箱接。

③ 场站到门(CY/CFS to Door):从起运地或装箱港的集装箱堆场/货运站至收货人工厂或仓库,这种运输方式的特征是,由门到场站是货物运输,由场站到门是集装箱运输,故适宜于拼箱交、整箱接。

④ 场站到场站(CY/CFS to CFS/CY):从起运地或装箱港的堆场/货运站至目的地或卸箱港的集装箱堆场/货运站,这种运输方式的特征是,除中间一段为集装箱运输外、两端的内陆运输均为货物运输,故适宜于拼箱交、拆箱接。

(四)集装箱装箱量的计算

计算集装箱装箱量是一门较复杂的技术工作,科学的装箱方法可以降低运输成本。目前在计算集装箱装箱量上,有专门的集装箱计算软件,对于不同规格的货物进行最科学的计算,以达到降低运输成本的目的。

以纸箱为例,集装箱装箱量计算的一般方法如下:

集装箱装箱量计算的一般方法

1. 对一批相同尺寸纸箱计算装箱量,其计算公式为:

集装箱的内容积≥纸箱的数量×纸箱的长×纸箱的高×纸箱的宽

$$V_{集装箱内容积} \geq Q \times L \times H \times W$$

式中，Q 为纸箱的数量；L 为纸箱的长；H 为纸箱的高；W 为纸箱的宽；单位为米。

2. 对一批不同尺寸纸箱计算装箱量，其计算公式为：

集装箱的内容积≥（A 型纸箱的数量×纸箱的长×纸箱的高×纸箱的宽）+
（B 型纸箱的数量×纸箱的长×纸箱的高×纸箱的宽）+（C 型纸箱的数量×
纸箱的长×纸箱的高×纸箱的宽）+（D 型…）+（E 型…）

$$V_{集装箱内容积} \geq (Q_A \times L_A \times H_A \times W_A) + (Q_B \times L_B \times H_B \times W_B) + (Q_C \times L_C \times H_C \times W_C) + \cdots$$

式中，Q_A 为 A 型纸箱的数量；L_A 为 A 型纸箱的长；H_A 为 A 型纸箱的高；W_A 为 A 型纸箱的宽，单位为米；Q_B、Q_C 等以此类推。

纸箱在集装箱内有多种不同的放置方法，在计算时需要考虑可能摆放的情况，从中选出最佳装箱方案。

例如，一批男式衬衫出口，所用包装为相同规格的纸箱，尺寸为长 560 毫米×宽 360 毫米×高 420 毫米，用 20 英尺钢质集装箱，箱内尺寸为长 5 917 毫米×宽 236 毫米×高 2 249 毫米，内容积 31 立方米，请计算该集装箱最多可装多少个纸箱？

纸箱放置方法一：

集装箱内尺寸：

长 5 917 毫米×宽 2 336 毫米×高 2 249 毫米

纸箱在集装箱内的对应位置为：

长 560 毫米×宽 360 毫米×高 420 毫米

集装箱长、宽、高共（共计之意）可装箱量为：

长 10.566 箱×宽 6.489 箱×高 5.355 箱

去（除去）纸箱误差，集装箱可装纸箱数为：

长 10 箱×宽 6 箱×高 5 箱＝300 箱，容积为 25.40 立方米

视频 40：装箱量计算

纸箱放置方法二：

集装箱内尺寸：

长 5 917 毫米×宽 2 336 毫米×高 2 249 毫米

纸箱在集装箱内的对应位置为：

宽 360 毫米×长 560 毫米×高 420 毫米

集装箱长、宽、高共可装箱量为：

长 16.436 箱×宽 4.171 箱×高 5.355 箱

去纸箱误差，集装箱可装纸箱数为：

长 16 箱×宽 4 箱×高 5 箱＝320 箱，容积为 27.10 立方米

纸箱放置方法三：

集装箱内尺寸：

长 5 917 毫米×宽 236 毫米×高 2 249 毫米

纸箱在集装箱内的对应位置为：

高 420 毫米×长 560 毫米×宽 360 毫米

集装箱长、宽、高共可装箱量为：

长 14.088 箱×宽 4.171 箱×高 6.247 箱

去纸箱误差，集装箱可装纸箱数为：

长 14 箱×宽 4 箱×高 6 箱=336 箱，容积为 28.45 立方米

结论：通过人工计算，显然"方法三"是最佳的一种计算装箱量的方案。当然，如果运用计算集装箱装箱量的专门软件计算，还可能继续提高装箱量。

交易会等特殊场合快速估算集装箱可装纸箱数量方法如下：例如，一批男式衬衫出口，所用包装为相同规格的纸箱，尺寸为长 560 毫米×宽 360 毫米×高 420 毫米，用 20 英尺钢质集装箱，箱内尺寸为长 5 917 毫米×宽 2 336 毫米×高 2 249 毫米，内容积 31 立方米，请迅速计算该集装箱最多可装多少个纸箱？

公式：可装纸箱数量=集装箱内容积×0.9 误差系数÷（纸箱长×宽×高）

计算：31 立方米×0.9÷（0.56 米×0.36 米×0.42 米）=329 箱（27.9 立方米）

以上两种解法各有特点和适用范围，第二种解法一般适用于交易会等场所，是一种快速估算集装箱内可装的纸箱数量的方法（也是估算运费吨方法之一），而第一种方法一般适用于比较精确定定纸箱在集装箱内放置方法，从而能够计算集装箱内具体的纸箱数量。这里需要指出的是：所有纸箱的尺寸是规则的，并没出现由于纸箱内装的货物太多而发生局部凸出的现象；另外，所装纸箱的尺寸是相同的。

通过上述两种不同实例的讲解，使我们了解到，在贸易合同和信用证中必须有"溢短装条款"，以便在进行实际装箱工作时能够进退自如。

（五）集装箱海运运费

集装箱运费包括内陆运费、拼装费、堆场服务费、海运运费、集装箱及其设备使用费等。集装箱运费计收方法基本上有两种。

1. 以每运费吨（Freight Ton）为单位

这种方法与班轮运费的计收方式基本相同。对具体的航线按货物的等级和不同的计算标准来计算，主要用于拼箱装。

2. 按包箱费率（Box Rate）以每个集装箱为单位

集装箱的包箱费率有以下三种：

① FAK 包箱费率（Freight For All Kinds），即对每一集装箱不细分箱内货类，不计货量（在重要限额之内）统一收取的运价，参见表 9-3。

表 9-3 中国—新加坡航线集装箱资费表（FAK）

装运港 PORT OF LOADING	货物 COMMODITY	LCL W/M	CFS/CY 20'/40'	CY/CY 20'/40'
黄埔 Huangpu	General cargo （普通货）	47.5	830/1,510	750/1,350
	Semi-hazardous cargo （半危货）	62.50	1,130/2,050	1,050/1,890

续表

装运港 PORT OF LOADING	货物 COMMODITY	LCL W/M	CFS/CY 20'/40'	CY/CY 20'/40'
黄埔 Huangpu	hazardous cargo （全危货）	77.50	1,430/2,590	1,350/2,430
	refrigerated cargo （冷冻货）		2,080/3,460	2,000/3,300

② FCS 包箱费率（Freight For Class），即按不同货物等级制定的包箱费率，参见表 9-4。集装箱普通货物的等级划分与杂货运输分法一样，仍是 1~20 级，但是集装箱货物的费率级差小于杂货费率级差，一般低价货集装箱收费高于传统运输，高价货集装箱低于传统运输；同一等级的货物，重货集装箱运价高于体积货运价。可见，船公司鼓励人们把高价货和体积货装箱运输。在这种费率下，拼箱货运费计算与传统运输一样，根据货物名称查得等级、计算标准，然后去套相应的费率，乘以运费吨，即得运费。

表 9-4　中国—加拿大航线包箱费率（FCS）

目的港 PORT OF DESTINATION	运费等级 CLASS	包箱费率 1 FCL20'/USD	包箱费率 2 FCL40'/USD	地区 AREA
VANCOUVER.B.C	1~7	2,100	2,880	CANADA
	8~13	2,200	3,030	CANADA
	14~20	2,300	3,180	CANADA
MONTREAL, TORONTO	1~7	3,100	4,300	CANADA
	8~13	3,150	4,350	CANADA
	14~20	3,200	4,400	CANADA

③ FCB 包箱费率（Freight For Class & Basis），即按不同货物等级或货类以及计算标准制订的费率，参见表 9-5。

以上几种集装箱包箱费率的计算表中，分别订有 20 英尺和 40 英尺包箱费率，如果货物拼箱装运，FAK 和 FCS 方式按 W/M 方式列出基本运费，FCB 则按不同类别的计价标准，列出基本运费。

表 9-5　中国—加拿大航线集装箱费率（FCB）

目的港 PORT OF DESTINATION	运费等级 CLASS	拼箱费率 1 LCL（M）	拼箱费率 2 LCL（W）	包箱费率 1 FCL20'/USD	包箱费率 2 FCL40'/USD
VANCOUVER.B.C.	1~7	95		2,880	CANADA
	8~13	95		3,030	CANADA
	14~20	95		3,180	CANADA
MONTREAL, TORONTO	1~7	130		4,300	CANADA
	8~13	130		4,350	CANADA
	14~20	130		4,400	CANADA

（六）集装箱出口货物运输的跟单流程

1. 订舱（订箱）

发货人根据贸易合同或信用证条款的规定，在货物托运前的一定时间内填好集装箱货物托运单（Container Booking Note），委托其代理或直接向船公司申请订舱。

2. 接受托运并制作场站收据

接受托运申请。船公司或其代理公司根据自己的运力、航线等具体情况考虑发货人的要求，决定接受与否，若接受申请就着手编制订舱清单，然后分送集装箱堆场（CY）和集装箱货运站（CFS），据以安排空箱及办理货运交接。

船公司或其代理接受订舱后根据托运单的内容制作"场站收据"，但实际"场站收据"在内的全套托运单均由发货人或货运代理制作。船公司或其代理人接受订舱后，应在托运单上加填船名、航次和编号（与提单号一致），同时还应在第四联上加盖船公司或其代理的签章以示确认，然后将有关各联退还发货人或货运代理以便其办理报关、转船或换取提单之用。

3. 发送空箱

整箱货所需的空箱由船公司或其代理送交，或由发货人领取；拼箱货所需的空箱由货运站领取。

4. 整箱货的装箱与交货

发货人或货代收到空箱后，在装箱前（不得晚于装箱前 24 小时）向海关办理报关，并应在海关监管下进行装箱，装毕由海关在箱门处施加铅封，铅封上的号码成为"封志号"（Seal No.）。然后，发货人或货代应及时将货箱和场站收据一并送往堆场，堆场装卸区的工作人员点收货箱无误后，代表船方在场站收据上签章并将该收据退还，证明已收到所托运货物并开始承担责任。

5. 拼箱货的装箱与交货

对拼箱货，发货人应先行办理报关，然后将货物送交货运站，也可委托货运站办理报关（此情况发货人将报关委托书及报关所需的单证连同货物一并交送货运站）。该站人员清点接收。

6. 货物进港

发货人或货运站接到装船通知后将货箱运进指定的港区备装，规定于船舶开装前 5 天到船吊装前 24 小时截止货进港。

7. 换取提单

场站收据是承运人或货运站收货的凭证，也是发货人凭以换取提单的唯一凭证。如信用证上规定需要已装船提单，则应在货箱装船后换取装船提单。

8. 货箱装船

集装箱船在码头靠泊后，便由港口理货人员按照积载计划进行装船。

9. 寄送资料

船公司或其代理于船舶开航前 2 小时向船方提供提单副本、舱单、装箱单、积载图、特种集装箱单、危险货物集装箱清单、危险货物说明书、冷藏集装箱清单等全部随船资料，并于启航后（近洋开航后 24 小时内，远洋开航后 48 小时内）采用传真或电传或邮寄的方式向卸货港或中转港发出卸船的必要资料。

知识回顾

一、单项选择题

1. 在国际货物集装箱运输中，装箱单是记载每个集装箱货物相关资料以及向海关申报的必要单据，它的英文缩写是（　　）。
   A. CLP   B. P/L   C. B/L   D. P/I

2. 在办理货物航空托运中，以下说法不正确的是（　　）。
   A. 一般而言，单件重量不超过80千克，外箱尺寸不超过40厘米×60厘米×100厘米
   B. 办理动物类货物的空运时，必须提前订舱且尽可能配直达航班
   C. 货物抵达目的地机场后，承运人向收货人发出"到货通知书"，收货人凭"到货通知书"提货。因此，承运人不需要签发航空运单
   D. 书报杂志的运费是按在正常运价基础上附减一定的百分比来计算的

3. 某商品每箱毛重40千克，体积0.05立方米。在运费表中的计费标准为W/M，每运费吨基本运费率为200美元，另收燃油附加费10%，则每箱运费为（　　）美元。
   A. 10   B. 11   C. 220   D. 8.8

4. 发货人需要在货物离港前填写AMS表，并由承运人或货运代理人向美国海关申报货物详情的目的港是（　　）。
   A. Hamburg Port   B. Hongkong Port
   C. Dubai Port   D. Long Beach Port

5. 在航空货物运输中，下列表述不正确的是（　　）。
   A. 货物抵达目的地机场后，承运人或其代理人向收货人发出"到货通知书"，收货人凭"到货通知书"提货
   B. 玩具的运费是在正常运价基础上附减一定的百分比
   C. 对于活体动物的托运，货主必须提前订舱且尽可能配直达航班
   D. 航空货物运输的报关与其他货物运输方式的报关是不相同的

6. 航空普通货物运输中，按有关规定，货物最小的重量单位是（　　），尾数不足1公斤的则按四舍五入处理。
   A. 0.5公斤   B. 0.7公斤   C. 1.0公斤   D. 10.0公斤

7. 已知某公司生产的集装箱内径尺寸为5.9米×2.35米×2.38米，则该集装箱通常是（　　）。
   A. 45英尺的集装箱   B. 20英尺的集装箱
   C. 40英尺的高柜集装箱   D. 40英尺的集装箱

8. 在FOB项下的出口贸易中，对出口商而言，以下最有利的海洋运输单据是（　　）。
   A. Carrier班轮提单   B. Forwarders Cargo Receipt
   C. Sea Waybill   D. NVOCC提单

9. 一批货物品名为毛绒玩具，外箱尺寸为45厘米×42厘米×58厘米，15千克/箱，共计15箱，在国际航空货物运输中的计重方法，一般采用的是（　　）。
   A. 净重   B. 理论重量   C. 毛重   D. 体积重量

10. 在国际海运业务中，班轮运输由（　　）负责装船、卸货、理舱等作业，并将其费用全部计入运费中。
   A. 承运人　　　　B. 发货人　　　　C. 收货人　　　　D. 货运代理人
11. 在以下集装箱交接方式中，收货人承担较大风险的是（　　）。
   A. DOOR TO DOOR　　　　　　　B. DOOR TO CY
   C. CY TO DOOR　　　　　　　　D. DOOR TO CFS
12. 已知中集公司生产的集装箱内径尺寸为 12.01 米×2.35 米×2.38 米，则该集装箱通常是（　　）。
   A. 45 英尺的集装箱　　　　　　B. 20 英尺的集装箱
   C. 40 英尺的高柜集装箱　　　　D. 40 英尺的集装箱
13. 下列贸易术语中需要由出口企业跟单员负责物流运输（国外段）跟踪的是（　　）。
   A. FOB　　　　B. FCA　　　　C. CIF　　　　D. EXW
14. 出口货物装船后，凭以换取正本提单的单据是（　　）。
   A. 托运单　　　B. 装货单　　　C. 大副收据　　　D. 舱单
15. 在 FOB 条件下，海运提单的运费支付栏中，一般应填（　　）。
   A. Freight Prepaid　　　　　　B. Freight Collect
   C. Freight Paid　　　　　　　 D. Freight Payable at Loading Port

二、多项选择题

1. 国际快递费用一般可以采用（　　）方法支付。
   A. 全部预付
   B. 全部到付
   C. 一部分预付，一部分到付，视具体情况而定
   D. 第三方付款
2. 发货人在办理海运拼箱配船订舱业务中，对普通货物（类似泡沫拖鞋）的运费不应该按（　　）考虑。
   A. 毛重（重量吨）　　　　　　B. 净重
   C. 净净重　　　　　　　　　　D. 件数（尺码吨）

三、判断题

1. 在集装箱"门到门"装箱前，跟单员仅关注集装箱是否有破洞即可。（　　）
2. 凡具有易爆、易燃、毒害、腐蚀、放射性等特性，在运输、装卸和储存保管过程中，容易造成人身伤亡和财产毁损而需要特别防护的货物，均属危险货物。（　　）
3. 银行不接受无船承运人签发的 HOUSE 提单进行议付。（　　）
4. 对于集装箱整箱运输而言，提单上印就的"不知条款"是不影响银行议付结汇的。（　　）
5. 提单的签发人主要有承运人或货运代理人，其中货运代理人签发的提单不具有物权性质，因此，银行不接受这类提单。（　　）
6. 运费是承运人的劳动成果的具体体现，因此，收取运费通常是承运人"天经地义"的权利，否则可以行使"留置权"，即扣留货物或提单。（　　）
7. 不清洁提单是指承运人或其代理人在签发运输单据时，对货物的包装等状况加注不良批注的运输单据。（　　）

8. 对于集装箱拼箱运输而言，提单上印就的"不知条款"对承运人不具备免责效力。
（　　）

9. 航空货运单（Air Waybill）是航空运输的正式凭证，和海运提单一样都具有物权凭证作用，也是可以转让的。
（　　）

10. 某合同以 CIF Liner Terms 条件成交时，意味着该合同的货物采用班轮运输。
（　　）

11. 在发票、装箱单、提单等单据中显示的运输标志是主唛而不是侧唛。（　　）

技能训练

浙江金苑有限公司（Zhejiang Jinyuan Co., Ltd.）于 2006 年 9 月 18 日与英国 ROSE Co., Ltd. 签订一份订购合同。（合同内容详见模块二的技能训练）

实训任务：

如果选择集装箱运输（集装箱参数见表 9-2），每箱货物的毛重是 15 公斤，外箱尺寸为 56 厘米×38 厘米×30 厘米，那么：

1. 该货是轻货还是重货？
2. 应该选择何种规格尺寸的集装箱？
3. 计算集装箱最多可装多少纸箱？（用一般性和快速两种方法计算）

出口收汇、退税跟单

知识目标

1. 知晓出口收汇的方式
2. 知晓出口退税的程序、退税条件

技能目标

熟练掌握出口退免税的申报技能

经理,订单货物已经按时装船出运了。我们跟单工作到此是不是已经结束了?

小章,你还需要去单证部确认下订单结汇情况,并通知财务部做好出口退税工作。

章晓智在结汇跟单时,应掌握哪些相关知识?
1. 出口结汇的方法
2. 出口退免税的申报

知识储备

一、出口结汇

出口结汇是指出口企业在信用证有效期和交单期限内向指定银行提供符合信用证条款规定的单据，银行在收到单据后立即按照信用证规定进行审核，确认无误后在收到单据次日起不超过 5 个银行工作日内办理出口结汇，并按当日外汇买入价购入，结算成人民币支付给出口企业。出口结汇的常用方法如下。

1. 收妥结汇

收妥结汇是指议付行收到出口企业的出口单据后，经审查无误，将单据寄交国外付款行索取货款，待收到付款行将货款拨入议付行账户的贷记通知书时，即按当日外汇牌价，折成人民币，扣除有关费用后拨给出口企业。目前，我国大多采用收妥结汇的方法。

2. 押汇

押汇是指议付行在审单无误后，按信用证条款买入受益人的汇票和单据，从票面金额中扣除从议付日到估计收到票款之日的利息，将余款按议付日外汇牌价折成人民币，拨给外贸公司。

3. 定期结汇

定期结汇是指议付行根据向国外付款行索偿所需时间，预先确定一个固定的结汇期限，到期后主动将票款金额折成人民币拨给外贸公司。

二、办理出口收汇核销

为了防止出口商将外汇截留在境外，国家外汇管理部门通过海关对出口货物进行监管，银行对出口货物收汇是否实际到账进行监督，明了货款的去向和比例是否合理，这称为出口收汇核销。

从 2012 年 8 月 1 日起，国家外汇管理局、海关总署、国家税务总局联合决定，在全国实施货物贸易外汇管理制度改革，取消出口收汇核销单，企业不再办理出口收汇核销手续。国家外汇管理局对企业的贸易外汇管理方式，由现场逐笔核销改变为非现场总量核查。外汇管理局通过货物贸易外汇检测系统，全面采集企业货物进出口和贸易外汇收支的逐笔数据，定期比对，评估企业货物流与资金流总体匹配情况，便利合规企业贸易外汇收支。也就是说，企业办理进出口业务，现在都不用去外汇管理局，正常业务通过银行付汇、海关报关的系统数据进行总量核查。

此外，国家外汇管理局还根据企业贸易外汇收支的合规性及其与货物进出口的一致性，将企业分为 A、B、C 三类。A 类企业进口付汇单证简化，可凭进口报关单、合同或发票等任何一种能够证明交易真实性的单证在银行直接办理付汇，出口收汇无须联网核查；银行办理收付汇审核手续相应简化。对 B、C 类企业在贸易外汇收支单证审核、业务类型、结算方式等方面实施严格监管，B 类企业贸易外汇收支由银行实施电子数据核查，C 类企业贸易外汇收支须经国家外汇管理局逐笔登记后办理。国家外汇管理局根据企业在分类监管期内遵守外汇管理规定情况，进行动态调整。A 类企业违反外汇管理规定将被降级为 B 类或 C 类；B 类企业在分类监管期内合规性状况未见好转的，将延长分类监管期或被降级为 C 类；B、C

类企业在分类监管期内守法合规经营的，分类监管期满后可升级为 A 类。

同时，为简化出口退税凭证，自 2012 年 8 月 1 日起报关出口的货物，出口企业申报出口退税时，不再提供核销单；税务局参考国家外汇管理局提供的企业出口收汇信息和分类信息，依据相关规定，审核企业出口退税。

三、办理出口退（免）税

对出口产品退（免）税是世界各国鼓励出口的通行做法。为使我国出口产品以不含税成本进入国际市场，在同等税收条件下进行竞争，根据国际惯例，我国对出口产品实行退税制度。

视频 41：出口结汇、退税跟单

（一）出口企业的退（免）税认定

对外贸易经营者按《中华人民共和国对外贸易法》和商务部《对外贸易经营者备案登记办法》的规定办理备案登记后，没有出口经营资格的生产企业委托出口自产货物（含视同自产产品，下同）的，应分别在备案登记、代理出口协议签订之日起 30 日内持有关资料，填写《出口货物退（免）税认定表》，到所在地税务机关办理出口货物退（免）税认定手续。已办理出口货物退（免）税认定的出口商，其认定内容发生变化的，须自有关管理机关批准变更之日起 30 日内，持相关证件向税务机关申请办理出口货物退（免）税认定变更手续。

----知 识 链 接----

变 更 手 续

办理变更手续需要持相关证件结合具体情况而定。譬如，法定代表人变动，则该出口外贸公司需要持法定代表人变更的文件、原《出口退税登记证》和要求变更退税认定的文件向所在地退税机关提出退税认定的变更申请。退税机关根据该公司的申请，经过调查核实后，在原《出口退税登记证》上签署意见，加盖"变更"字样的印章，并核发新的《出口退税登记证》，向上级退税机关上报变更认定数据。

（二）出口退（免）税的条件

出口产品必须同时满足下述四个条件才能办理退税：a. 必须是属于增值税、消费税及营业税征税范围内的产品。b. 必须已经报关离境。c. 必须在财务上做出口销售处理。d. 必须是出口收汇并已核销的货物。

（三）出口退（免）税的主要实行办法

（1）对外贸企业出口货物实行免税和退税的办法，即对出口货物销售环节免征增值税，对出口货物在前各个生产流通环节已缴纳的增值税予以退税。

（2）对生产企业自营或委托出口的货物实行免、抵、退税办法，对出口货物本道环节免征增值税，对出口货物所采购的原材料、包装物等所含的增值税允许抵减其内销货物的应缴税款，对未抵减完的部分再予以退税。

出口退税的税款实行计划管理。财政部每年在中央财政预算中安排出口退税计划，同国家税务总局分配下达给各省（区、市）执行。不允许超计划退税，当年的计划不得结转下年使用。

（四）出口退（免）税申请流程

1. 有关证件的送验及登记表的领取

企业在取得有关部门批准其经营出口产品业务的文件和工商行政管理部门核发的工商登记证明后，应于30日内办理出口企业退税登记。

2. 退税登记的申报和受理

企业领到《出口企业退税登记表》后，即按登记表及有关要求填写，加盖企业公章和有关人员印章后，连同出口产品经营权批准文件、工商登记证明等证明资料一起报送税务机关，税务机关经审核无误后，即受理登记。

3. 填发《出口退税登记证》

税务机关接到企业的正式申请，经审核无误并按规定的程序批准后，核发给企业《出口退税登记证》。

4. 出口退税登记的变更或注销

当企业经营状况发生变化或某些退税政策发生变动时，应根据实际需要变更或注销退税登记。

（五）出口退（免）税的申报流程

根据国家税务总局《关于下发全国税务机关出口退（免）税管理工作规范（2.0版）》的最新工作要求，出口退税综合服务平台取消了预申报及预审核功能，纳税人可直接通过平台进行出口退（免）税申报；同时增加了出口退（免）税申报数据自检功能，可对免抵退、免退税、单证业务、周边业务等申报数据进行数据审核检查。具体申报流程如图10-1所示。

（六）跨境电商申请出口退税的条件及流程

1. 跨境电商申请出口退税的条件

（1）符合下述条件的跨境电商企业，可享受增值税和消费税的退（免）税政策：

① 电子商务出口企业属于增值税一般纳税人且已经向所在地主管税务机关办理出口退（免）税的资格认定。

② 出口产品货物取得海关出口货物的报关单（需出口退税专用），并和海关出口货物的报关单的电子信息相符。

③ 出口的产品货物在退（免）税申报期限截止之日内收汇。

④ 电商出口企业为外贸企业的，则购进出口货物获取相应的增值税专用发票、消费税专用缴款书（分割单）、海关进口增值税或者消费税专用缴款书，且以上凭证的有关内容与出口货物报关单（出口退税专用）相关内容相匹配。

（2）符合下列条件但不满足上述条件的，同样适用增值税、消费税免税政策：

① 电商出口企业已申请办理了税务登记。

② 出口货物取得了海关所签发的出口货物报关单。

③ 购进的出口货物产品取得了合法有效的进货凭证。

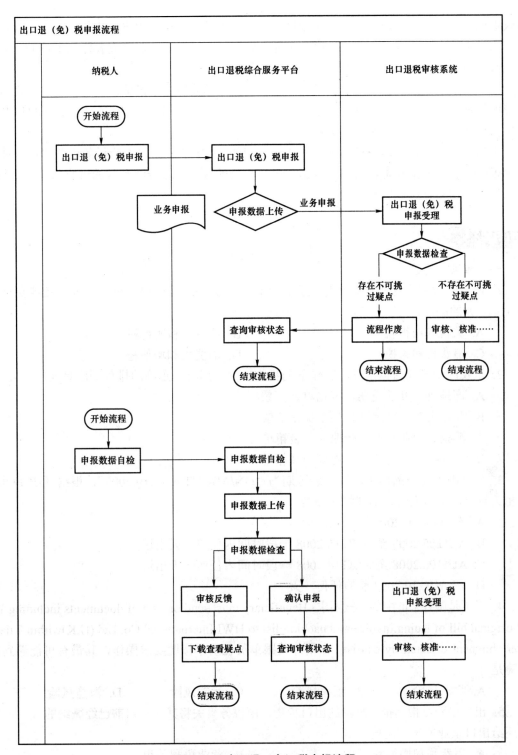

图 10-1 出口退（免）税申报流程

2. 跨境电商申请出口退税的流程

（1）出口退（免）税预申报。出口企业在当月出口并作销售收入后，将收齐单证（凭证）

及收汇的货物于次月增值税纳税的申报期之内，向主管税务机关提出预申报，若在主管税务机关审核当中发现申报的退（免）税的单证（凭证）无对应电子信息或者信息不符的，应进行调整之后再次进行预申报。

（2）出口退（免）税正式申报。企业在主管税务机关确认申报单证（凭证）的内容与所对应的管理部门电子信息准确无误之后，应提供规定的申报退（免）税的凭证和资料以及正式申报电子数据，向主管税务机关进行正式申报。

出口企业出口适用消费税与增值税免税政策的货物产品，在向主管税务机关申请办理免税申报时，使用备案制不再实行申报制，出口货物的报关单、合法有效的进货凭证等资料，按照出口日期装订成册留存企业备查。

知识回顾

一、单项选择题

1. 出口退税制度是指货物在报关出口后，凭有关凭证报送税务机关批准退还或免征已缴（　　）的制度。
   A. 关税和所得税　　　　　　　　B. 增值税和所得税
   C. 消费税和关税　　　　　　　　D. 消费税和增值税

2. 从我国的商业习惯出发，制作下列货物出口单据时，正确的排列顺序是（　　）。
   A. 产地证、商业发票、装箱单、汇票
   B. 商业发票、产地证、装箱单、汇票
   C. 汇票、商业发票、产地证、装箱单
   D. 商业发票、汇票、产地证、装箱单

3. 如果国外发来的信用证规定装运期为"ON/ABOUT AUG.10,2008"，根据《UCP600》的相关规定，出口人的正确理解应该是（　　）。
   A. 在 AUG.10,2008 这一天出运
   B. AUG.05,2008 至 AUG.15,2008 一段时间内任何一天出运
   C. AUG.06,2008 至 AUG.14,2008 一段时间内任何一天出运
   D. 在 AUG.10,2008 前的任何一天

4. 以下是国外来证中的一段要求：Beneficiary must send one set of documents including 1/3 set original bill of lading,invoice and packing list to HWI International Co.,Ltd (H.K)within 7 days after shipment effected by courier. 如果外贸跟单员任明华按此要求操作，其最有可能遇到的风险是（　　）。
   A. 收汇风险　　　B. 汇率风险　　　C. 运输风险　　　D. 海盗风险

5. 出口退税是指已报送离境的出口货物，由税务机关将其在出口前已经缴纳的（　　）退还给出口企业的一项制度。
   A. 消费税和增值税　　　　　　　B. 营业税和关税
   C. 消费税和关税　　　　　　　　D. 增值税和营业税

6. 从 2008 年起，国家税务机关正式在部分省市试点，简化出口退税的单据管理，按此管理规定，出口企业不必提供的纸质单据是（　　）。

A. 出口销售发票

B. 出口收汇核销单

C. 生产企业的增值税专用发票（抵扣联）

D. 出口货物报关单（出口退税专用）

7. 根据《UCP600》的规定，超过签发日期21天后递交给银行议付的提单，称为（　　）。
    A. 倒签提单　　B. 预借提单　　C. 电放提单　　D. 过期提单

8. 信用证中的"Date of Expiry"是指（　　）。
    A. 装运期　　B. 有效期　　C. 交单期　　D. 议付期

9. 某外贸公司对外签发一张汇票，上面注明"AT 30 DAYS AFTER SIGHT"，这张汇票是（　　）。
    A. 银行汇票　　B. 即期汇票　　C. 远期汇票　　D. 划线汇票

10. 以下对出口退税正确的理解是（　　）。
    A. 由出口商所在地地方税务机关办理
    B. 已经报送离境的出口商品
    C. 出口退税的目的是使出口商品以不含税的价格进入国际市场
    D. 商品在出口前的生产和流通的各环节已经缴纳了国内税金（增值税、消费税）等间接税税款

二、多项选择题

1. 开证申请书实际上是以下（　　）两个当事人之间的契约。
    A. 受益人　　　　　　　　B. 开证申请人
    C. 通知行　　　　　　　　D. 开证行

2. 在信用证结算中，目前我国银行所提供的结汇方式主要有（　　）。
    A. 买单结汇（出口押汇）　　B. 收妥结汇
    C. 定期结汇　　　　　　　D. 预付结汇

3. 一般而言，跟单信用证有"三期"，即装运期、交单期和有效期，其中有效期涉及到期地点。到期地点可以是（　　）。
    A. 受益人所在地　　　　　B. 指定银行所在地
    C. 开证行所在地　　　　　D. 开证行和议付行协商决定的地点

4. 一般而言，在国际货物贸易中，跨国结算会涉及（　　）的选择。
    A. 支付工具　　B. 支付时间　　C. 支付地点　　D. 支付方式

5. 我国企业办理出口货物退税申报时，外贸跟单员须备齐（　　）。
    A. 出口货物报关单　　　　B. 出口收汇核销单
    C. 增值税专用发票　　　　D. 出口销售发票

三、判断题

1. 根据我国海关的相关规定，对于外商提供的金额不超过5 000美元的辅料，可以凭合同办理"进出口货物征免税证明"，且不需要核销。　　　　　　　　　　　　　（　　）

2. 外贸流通企业向国内生产企业支付货款时，通常通过支票、汇票、电汇、信汇等支付工具，采用预付、款到发货、赊销等支付方式。　　　　　　　　　　　　（　　）

3. 信用证如果要求提单"凭发货人指示"(To order of shipper)，或"凭开证银行指示"

（To order of issuing bank），则这类提单都必须经发货人背书。（   ）

4. 当出口换汇成本高于外汇牌价时，出口企业就有人民币盈利。（   ）

5. 对于出口货物的出口退税，国家税务机关正在简化手续，实施"无纸化管理"，出口企业申报出口退税可以免交"出口收汇核销单"。（   ）

6. 目前，我国正在试行"人民币结算享受出口退（免）税待遇"的政策。（   ）

7. 通常情况下，出口商采用 D/A30 天比采用 D/P30 天承担的风险要大。（   ）

技能训练

浙江金苑有限公司（Zhejiang Jinyuan Co., Ltd.）于 2006 年 9 月 18 日与英国 ROSE Co., Ltd. 签订一份订购合同。（合同内容详见模块二的技能训练）

实训任务：

浙江金苑有限公司为一般纳税企业，以人民币为记账本位币，对外币交易采用交易日即期汇率折算，该公司适用增值税率 13%，出口退税率 13%，内购产品一批，采购价 520 万元人民币，出口价 96 000 美元。根据以上资料计算应退的增值税额。

第三单元

进口跟单实务

模块十一

进口跟单流程

知识目标

1. 知晓进口跟单的各项工作环节及内容
2. 知晓办理进口许可证的手续
3. 知晓开立信用证的手续
4. 知晓办理进口对外付汇及核销的相关手续

技能目标

1. 熟悉进口跟单工作流程
2. 熟练填制进口许可证申请书
3. 熟练填制开证申请书

小章,我看你外贸跟单这块已经掌握得不错了。我们公司还有进口的业务,你作为新人也要去了解一下,这对你以后还是有帮助的。

好的,黄经理。那我现在是需要去找进口部的孙经理跟进进口业务吗?

章晓智在进口跟单时,应掌握哪些相关技能?
1. 选择合格的出口商
2. 申领进口许可证
3. 申请开立信用证
4. 审单付汇

知识储备

进口跟单与出口跟单程序大体相同。与出口货物交易一样，首先要进行进口交易前的准备，主要包括市场行情调查、进口成本评估、编制进口计划、申领进口许可证、选择交易对象、制订进口方案等。然后，与出口商进行交易的洽谈，经过双方洽谈达成交易后，即可签订合同。进口商签订进口合同后，要及时履行进口合同。由于我国的进口合同主要以FOB条件成交，进口商一般要经过开证、租船订舱、投保、审单付款、提货、报检、报关和索赔等环节。具体如图11-1所示。

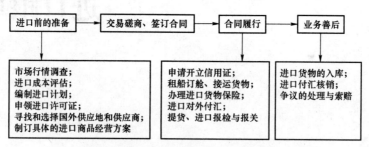

图11-1 进口跟单的四个阶段及各阶段主要工作内容

一、选择供应地和进口商

应根据所掌握的进口商品资料进行分析判断，寻找商品的主要生产国或地区，首先在上述国家或地区内寻找多个国外供应商，掌握供应商的经营类型（生产厂家、贸易商、总代理商等），并对多个国外供应商的商品综合报价资料进行比较分析，确定和缩小供应商范围。一般而言，这种操作思路较为稳妥，在业内被广泛认可。但在实际进口业务中，也不排除对非主要生产国或地区供应商的选择，如需在这些国家或地区进行选择，则必须做更为细致的调查。由于商品产地、品质等重要的贸易信息发生变化，商品在国内销售时，许多国内企业开始时会有一定的顾虑，认为会增加操作成本，有的还将先进行诸如试用等前期工作。

对于首次合作的供应商，外贸跟单员须对其资信情况进行调查，以防止某些供应商因资信不佳，利用劣质商品、伪造单证等方式骗取公司货款。资信调查的主要内容应包括公司成立年份、经营范围（商品）、注册资金、股权结构、经营业绩、银行信用、支付能力、员工人数、主要负责人、联系人、联系方式及是否有公司网站等。

二、申领进口许可证

（一）进口业务涉及的进口核准及许可事项

进口业务涉及的进口核准及许可事项主要有：进口许可证核准；自动进口许可证核准；农产品进口关税配额证审核；加工贸易业务批准证审批；加工贸易进口保税料件内销审批；办理易制毒化学品进口许可证；办理机电产品自动进口许可证；审核进口单位上报的特定产品申请；办理技术进口合同登记证；自由进口技术合同登记；外商投资企业自动进口许可证；外商投资企业关税配额商品（棉花、羊毛、天然橡胶、粮食类、食糖类、成品油、钢材、氧化铝）加工贸易业务审批；外商投资企业加工贸易减产配额商品保税进口料件内销审批等。

进口许可证（Import License）制度是国际上普遍采用的对进口贸易实施管理的措施。进口许可证是国家管理货物进口的法律凭证。凡属于进口许可证管理的货物，除国家另有规定外，各类进出口企业应在进口前按规定向指定的发证机构申领进口许可证，海关凭进口许可证接受申报和验放。根据世界贸易组织《进口许可程序协议》和我国《对外贸易法》及《货物进出口管理条例》的规定，我国进口许可证管理实行非自动进口许可证与自动进口许可证的分类管理方法。

需要说明的是，各省、市（自治区）办理进口许可证的管理部门，因各省、市（自治区）政府管理体制的差异，对外名称有所不同，但办理上述各类进口许可的程序与要求基本相同。每年商务部等有关部门都会有新的政策调整，进口业务跟单员需要及时掌握有关政策变化情况。

（二）申领进口许可证应提交的一般文件、资料和进口许可证管理基本要求

（1）进口许可证申请表。申请表（正本）需填写清楚并加盖申领单位公章。所填写内容必须规范。

（2）申领单位的公函或申领人的工作证；代办人员应出示委托单位的委托函。

（3）非外贸单位（没有外贸经营权的机关、团体和企事业单位）申领进口许可证，需提供其主管部门（司、局级以上）证明。

（4）第一次办理进口许可证的申领单位，应提供外经贸部或经其授权的地方外经贸主管部门批准企业进出口经营权的文件（正本复印件）。

（5）外商投资企业第一次申领进口许可证，应提供政府主管部门批准该企业的证书和营业执照（复印件），由发证机关存档备案。

知识链接

进口许可证的管理

非自动进口许可证管理：进口许可证管理实行"一关一证"管理。一般情况下进口许可证为"一批一证"，如要实行"非一批一证"，须同时在进口许可证备控栏内打印"非一批一证"字样。

"一关一证"指进口许可证只能在一个海关报关；"一批一证"指进口许可证在有效期内一次报关使用；"非一批一证"指进口许可证在有效期内可多次报关使用，但最多不超过十二次，由海关在许可证背面"海关验放签注栏"内逐批签注核减进口数量。

进口许可证的有效期为一年，当年有效，特殊情况需跨年度使用时，有效期最长不得超过次年3月31日。进口许可证只能延期一次，延期最长不超过三个月。

对进口实行许可证管理的大宗、散装货物，溢装数量按照国际贸易惯例办理，即报关进口的大宗散装货物数量不得超过进口许可证所列进口数量的5%。不实行"一批一证"管理的大宗散装货物，每批货物进口时，按其实际进口数量核扣，最后一批货物进口时，其溢装数量按该进口许可证实际剩余数量并在规定的允许溢装上限5%内计算。

自动进口许可证管理：商务部对自动进口许可证项下货物原则上实行"一批一证"管理，对部分货物也可实行"非一批一证"管理。

"一批一证"指同一份自动进口许可证不得分批次累计报关使用。同一进口合同项下，收货人可以申请并领取多份自动进口许可证。

"非一批一证"指同一份自动进口许可证在有效期内可以分批次累计报关使用，但累计使用不得超过六次。海关在自动进口许可证原件"海关验放签注栏"内批注后，海关留存复印件，最后一次使用后，海关留存正本。

对"非一批一证"进口实行自动进口许可管理的大宗散装商品，每批货物进口时，按其实际进口数量核扣自动进口许可证额度数量；最后一批货物进口时，其溢装数量按该自动进口许可证实际剩余数量并在规定的允许溢装上限内计算。海关对散装货物溢短装数量在货物总量正负 5%以内的予以免证验放。对原油、成品油、化肥、钢材四种大宗货物的散装货物溢短装数量在货物总量正负 3%以内予以免证验放。

自动进口许可证在公历年度内有效，有效期为 6 个月。

（三）进口许可证更改、展期、遗失的处理

各类进出口企业领取进口许可证后，因故需要对进口许可证更改、延期时，应按以下规定办理：

（1）申领单位因故需要更改进口许可证，应在有效期内进行。申领单位应填写进口许可证更改申请表，按表中要求填写清楚，连同原许可证第一、二联交原发证机关。

（2）更改进口商、收货单位、商品名称、规格和数量等内容，须重新申领进口许可证。

（3）进口许可证有效期需要延期，申领单位一般应在有效期内提出申请并提供进口合同。如确实签订了进口合同，发证机关可视情况给予延期，最长延期半年，延期后不得再展期；如在有效期内未签订合同，不得再申请展期。

（4）申领单位如丢失许可证，应及时向发证机关和该证的报关口岸海关挂失。由发证机关审查确属丢失后按规定办理。

表 11-1 为中华人民共和国自动进口许可证申请表。

表 11-1　中华人民共和国自动进口许可证申请表

1. 进口商：　　　　　代码：	3. 自动进口许可证申请表号： 　　自动进口许可证号：
2. 进口用户：	4. 申请自动进口许可证有效截止日期： 　　　　　年　　月　　日
5. 贸易方式：	8. 贸易国（地区）：
6. 外汇来源：	9. 原产地国（地区）：
7. 报关口岸：	10. 商品用途：
11. 商品名称：　　　　　商品编码：　　　　　设备状态：	

续表

12. 规格、等级	13. 单位	14.数量	15. 单价（币别）	16. 总值（币别）	17. 总值折美元
18. 总　计					
19. 备注： 联 系 人： 联系电话： 申请日期：			20.签证机构审批意见：		

三、申请开立信用证

根据进口合同，对采用信用证付款方式的，进口商应按合同规定的期限，填写开证申请书、进口付汇核销单，连同合同副本、进口许可证和进口用汇证明等单证向银行提出开证申请。银行经审核同意后，开立信用证。

向银行申请开立信用证，是一件技术性和专业性都很强的工作，做得不好就有可能引起多次改证和付出不必要的费用，从而增加进口成本，因此在申请开立信用证时，应注意以下问题：

（1）在选择开证行时，一般要考虑选择国外网点多、国际结算能力强、国际信誉度高、服务能力和水平较好、开证费用低的商业银行。

（2）申请开证前，要落实进口批准手续及外汇来源。

（3）开证时间的掌握应以卖方在收到信用证后能在合同规定的装运期内出运为原则。

（4）开证时要注意证同一致。按照《UCP600》的规定，不要把过多的细节在信用证中列明，如品名、规格、数量、单价以及装运期限等，只要简单地列明即可，若货物描述过长，也可以注明"参照××合同"的字样。

（5）合同规定为远期付款时，要明确汇票期限、价格条款必须与相应的单据要求以及费用负担、表示方法等吻合。如在CIF价格条件下，开证申请书应表明要求卖方提交"运费已付"的提单，并要求卖方提交保险单，表明保险内容、保险范围和投保金额。

（6）由于银行是凭单付款，而不管货物质量如何，也不受买卖合同的约束。所以，为使货物质量符合合同规定，买方可在开证时规定要求对方提供商品检验机构出立的装船前检验证明，并明确规定货物的规格品质，指定检验机构（合同中应事先订明）。这样，交单时如发现检验结果与信用证内容不一致，可拒付货款。

（7）信用证内容必须明确无误，明确规定各类单据的出单人（商业发票、保险单和运输单据除外），明确规定各单据应表述的内容。

（8）不准分批装运、不准中途转运、不接受第三者装运单据，均应在信用证中明确规定，否则，将被认为是允许分批、允许转运、接受第三者装运单据。

（9）单据条款要明确。信用证中必须列明所需单据的名称及份数，若有非凡要求，还必须具体列明。

（10）非凡条款的利用。若开证人有一些非凡的指示，而该指示又不能以单据方式表现出来，则可利用非凡条款来说明，如技术规格、质量的说明、包装的搭配以及迟期提单可以接受等。

（11）对于信用证的修改，最好先通过 Fax 或 E-mail 等方式与受益人事先进行沟通，待双方达成一致以后，一次性地进行，从而节省费用。

表 11-2 为开证申请书。

表 11-2 开证申请书
IRREVOCABLE DOCUMENTARY CREDIT APPLICATION

TO:

Beneficiary (full name and address)		L/C No.
		Ex-Card No.
		Contract No.
		Date and place of expiry of the credit
Partial shipments (　)allowed (　) not allowed	Transshipment (　) allowed (　) not allowed	(　)Issue by airmail(　)With brief advice by tele-transmission (　)Issue by express delivery (　)Issue by tele-transmission (which shall be the operative instrument)
Loading on board / dispatch / taking in charge at / from Not later than for transportation to		Amount (both in figures and words)
Description of goods:		Credit available with (　)by sight payment(　)by acceptance(　)by negotiation (　)by deferred payment at against the documents detailed herein (　)and beneficiary's draft for 100% of the invoice value at on (　)FOB　(　)CFR　(　)CIF (　)or other terms

续表

```
Documents required:(marked with ×)
(  )Signed Commercial Invoice in _____ copies indicating invoice no.,contract no. _____.
(  )Full set of clean on board ocean Bills of Lading made out _____ and(  )blank endorsed,marked
"freight(  )to collect /(  )prepaid(  )showing freight amount" notifying _____.
(  )Air Waybills showing "freight(  )to collect /(  )prepaid(  )indicating freight amount" and consigned to
_____.
(  )Memorandum issued by _____ consigned to _____.
(  )Insurance Policy / Certificate in _____ copies for _____ % of the invoice value showing claims payable
in China in currency of the draft,blank endorsed,covering(  )Ocean Marine Transportation /(  )Air
Transportation /(  )Over Land Transportation(  ) All Risks,War Risks.
(  )Packing List / Weight Memo in _____ copies indicating quantity / gross and net weights of each package
and packing conditions as called for by the L/C.
(  )Certificate of Quantity / Weight in _____ copies issued an independent surveyor at the loading
port,indicating the actual surveyed quantity / weight of shipped goods as well as the packing condition.
(  )Certificate of Quality in _____ copies issued by(  )manufacturer /(  )public recognized surveyor /(  ).
(  )Beneficiary's certified copy of FAX dispatched to the accountees with _____ days after shipment
advising(  )name of vessel /(  )date,quantity,weight and value of shipment.
(  )Beneficiary's Certificate certifying that extra copies of the documents have been dispatched according to the
contract terms.
(  )Shipping Co.'s Certificate attesting that the carrying vessel is chartered or booked by accountee or their
shipping agents:
(  )Other documents,if any:
a)Certificate of Origin in _____ copies issued by authorized institution.
b)Certificate of Health in _____ copies issued by authorized institution.
Additional instructions:
(  )All banking charges outside the opening bank are for beneficiary's account.
(  )Documents must be presented with _____ days after the date of issuance of the transport documents but
within the validity of this credit.
(  )Third party as shipper is not acceptable. Short Form / Blank Back B/L is not acceptable.
(  )Both quantity and amount _____ % more or less are allowed.
(  )Prepaid freight drawn in excess of L/C amount is acceptable against presentation of original charges voucher
issued by Shipping Co. / Air line / or it's agent.
(  )All documents to be forwarded in one cover,unless otherwise stated above.
(  )Other terms,if any:
```

Account No.:

Transacted by:

(Applicant:name,signature of authorized person)

四、进口对外付汇

（一）对外付汇进口单位的备案登记

进口单位应当凭以下材料到所在地外汇管理局办理列入"对外付汇进口单位名录"手续，不在名录上的进口单位不得直接到外汇指定银行办理进口付汇。

(1) 对外经贸部（委、厅）的进出口经营权的批件。
(2) 工商管理部门颁发的营业执照。
(3) 技术监督部门颁发的企业代码证书。
(4) 外汇登记证（外商投资企业）。

（二）对外付汇

为进一步完善货物贸易进口付汇管理，推进贸易便利化，促进涉外经济发展，根据《中华人民共和国外汇管理条例》相关规定，国家外汇管理局自 2010 年开始起在全国推广实施货物贸易进口付汇管理改革，改革后进口单位进口付汇业务流程，如图 11-2 所示。

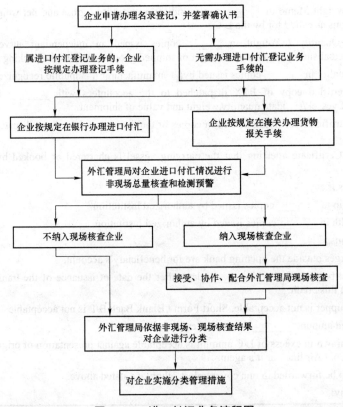

图 11-2　进口付汇业务流程图

(1) 国家对货物贸易项下支付不予限制。进口单位的进口付汇应当具有真实、合法的交易基础，银行应对交易单证的真实性及其与进口付汇的一致性进行合理审查。

(2) 外汇管理局对进口单位进口付汇情况进行非现场总量核查和检测预警，对异常资金流动情况进行现场核实调查。

(3) 外汇管理局对进口单位实行分类管理，在非现场总量核查和检测预警的基础上，结合现场核查情况和进口单位遵守外汇管理规定等情况，将进口单位分为"A 类进口单位""B 类进口单位"和"C 类进口单位"。分类管理内容包括进口付汇审核、进口付汇登记以及逐笔报告等业务环节。

知识回顾

一、单项选择题

1. 根据《中华人民共和国对外贸易法》的相关规定，企业要直接从事进出口业务，必须到（　　）备案登记。
   A. 所在地国家税务机关
   B. 商务部
   C. 海关总署
   D. 所在地的商务厅（委、局）或所在地的对外经济贸易合作厅（委、局）

2. 在进口海运提单中，当 port of discharge 和 port of delivery 栏目分别填写了 Shanghai，China 和 Hangzhou，China 时，则表示（　　）。
   A. 一定发生转运　　　　　　　　　B. 不一定发生转运，视情况而定
   C. 没有发生转运　　　　　　　　　D. 以上情况都可能会发生

3. 2008 年 10 月，大连荣发印染有限公司从美国购买"迪特"牌电脑分色仪一台，贸易术语为 CIP 大连 USD45 000.00，价格中包含了电脑主机（USD2 000.00）和应用软件（USD43 000.00）两个部分，运输方式为航空运输。以下说法不正确的是（　　）。
   A. 该电脑分色仪，进口报关时应该适用的关税税率为"最惠国税率"
   B. 该电脑分色仪，进口报关时应该按"电脑主机"和"应用软件"两个部分向大连海关分别申报
   C. 该电脑分色仪，进口报关时应该按"一台"设备，总价为 CIP 大连 USD45 000.00 向大连海关申报
   D. 该电脑分色仪，进口报关时应该随附"运输单据""发票""装箱单"等单据

4. 扬州牡丹进出口公司从澳大利亚进口羊绒原材料，在以下运输单据中，应该选择的是（　　）。
   A. CARRIER'S BILL OF LADING
   B. FORWARDER'S BILL OF LADING
   C. COPY OF FORWARDER'S BILL OF LADING
   D. COPY OF BILL OF LADING

二、多项选择题

保税货物的基本特征包括（　　）。
   A. 特定目的　　　B. 暂免纳税　　　C. 时效管理　　　D. 复运出境

三、判断题

1. 采用国际铁路联运的进口货物抵达国境站时，口岸外运公司根据合同资料对各种单证进行审核，只要单、证、票完全相符，就可以接受货物。（　　）

2. 海关对进出境的货物、物品进行查验，以确定货物、物品申报是否属实，货物与单证是否相符。（　　）

3. 外贸跟单员在进口跟单时，发现集装箱铅封完好且与提单一致，而箱内货物数量少于提单数量时，应该与出口商联系索赔事宜。（　　）

4. 进口业务跟单较出口业务跟单而言，往往涉及面更广，业务环节更复杂。（　　）

5. 我国《海关法》赋予了进口货物收货人在申报前查看货物或提取货样的权利。（　　）

6. 根据我国外汇核销制度的要求，进口企业须在货物进口报关后一个月内携带进口单据到外汇管理局办理进口付汇核销手续。　　　　　　　　　　　　　　（　　）

进口跟单操作

一、合同审查操作

杭州 DDD 有限公司 Hangzhou DDD Co.Ltd.，是一家自营进出口公司，与法国 EEE Co.Ltd.签订了如下进口合同，请翻译相关的条款，并回答相关问题：

EEE CO. LTD.
1 AVENUE DU GENERAL LECLERC BP 60
93122 LACOURNEUVE CEDEX　　　　　　TEL：0033－1－483788888
FRANCE　　　　　　　　　　　　　　　FAX：0033－1－48379999
CONTRACT NO. 181818　　　　　　　　　DATE：18 AUG.，2018
BUYER：　　HANGZHOU DDD CO. LTD
　　　　　　ADD：5 DINGHAI ROAD，HANGZHOU，CHINA
　　　　　　TEL：0086－571－86040323
　　　　　　FAX：0086－571－86040322
SELLER：　　EEE CO. LTD.
　　　　　　1 AVENUE DU GENERAL LECLERC BP 60
　　　　　　93122 LACOURNEUVE CEDEX
　　　　　　TEL：0033－1－483788888
　　　　　　FRANCE
　　　　　　FAX：0033－1－48379999
COMMODITY：WASTEPAPER
PACKING：IN BULK
SHIPMENT：LATEST 30 SEPTEMBER 2018 FROM ANY EUROPEAN PORT TO NINGBO，CHINA
QUANTITY：85 M/T NET
UNIT PRICE：USD220/MT CFR NINGBO，CHINA
TOTAL AMOUNT：USD18,700.00
　　　　　　　SAY：USD EIGHTEEN THOUSAND SEVEN HUNDRED ONLY
　　　　　　　MORE OR LESS 5% OF AMOUNT IS PERMITTED
VALIDITY OF L/C：L/C REMAINS VALID UNTIL 21 OCT 2018 NEGOTIATION AT COUNTER
　　　　　　　　OF CIC IN PARIS
PARTIAL SHIPMENT：NOT ALLOWED
TRANSSHIPMENT：ALLOWED

SHIPPING MARKS: SELLER'S MARK TO APPLY
L/C WILL BE OPENED DIRECTLY TO OUR BANK IN PARIS:
CIC (CREDIT INDUSTRIEL ET COMMERCIAL)
ADD: CENTRE MT MONTPARNASSE 7, RUE ARMAND MOISANT, 75015 PARIS, FRANCE
TEL: 0033-1-4408700,
FAX: 0033-1-4408788
SWIFT CODE: CMCIFRPP

PAYMENT TERMS:
PAYMENT WILL BE BY TRANSFERABLE IRREVOCABLE DOCUMENTARY CREDIT PAYABLE AT 60 DAYS FROM B/L DATE AGAINST FOLLOWING DOCUMENTS PRESENTATION:
-FULL SET OF CLEAN ON BOARD MARINE B/L MADE OUT TO ORDER (ISSUED BY SHIPPING COMPANY OR SHIPPING AGENTS).
-COMMERCIAL INVOICE IN TRIPLICATE ISSUED BY BENEFICIARY.
-PACKING LIST IN TRIPLICATE ISSUED BY BENEFICIARY.
-BENEFICIARY'S CERTIFIED COPY OF FAX DISPATCHED TO THE ACCOUNTEES WITHIN 1 DAY AFTER SHIPMENT ADVISING THE NAME OF VESSEL, DATE, QUANTITY WEIGHT AND VALUE OF THE SHIPMENT.
DOCUMENTS TO BE PRESENTED WITNIN 21 DAYS AFTER SHIPMENT AND WITHIN VALIDITY OF THE L/C.
L/C WILL BE OPENED AND RECEIVED IN FRANCE LATEST 04 SEP., 2018.

FORCE MAJEURE:
IN CASE OF LATE DELIVERY DUE TO FORCE MAJEURE, THE TIME OF SHIPMENT MIGHT BE DUELY EXTEND, OR ALTERNATIVELY A PART OR WHOLE OF THIS CONTRACT MIGHT BE CONCELLED. IN CASE THE ACCIDENT LASTS FOR MORE THAN 4 WEEKS, THE BUYER SHALL HAVE THE RIGHT TO CANCEL THE COUTRACT.
BUYER: HANGZHOU DDD CO.LTD.
 LI TIAN
SELLER: EEE CO. LTD.
 MIA PHONG

实训任务:
1. SHIPMENT: LATEST 30 SEPTEMBER 2018 FROM ANY EUROPEAN PORT TO NINGBO, CHINA
2. (1) QUANITY: 85 M/T NET
UNIT PRICE: USD 220
TOTAL AMOUNT: USD18,700.00

SAY: USD EIGHTEEN THOUSAND SEVEN HUNDRED ONLY
MORE OR LESS 5% OF AMOUNT IS PERMITTED

（2）出口商装运时能否溢短装，金额能否增减？

3. VALIDITY OF L/C: L/C REMAINS VALID UNTIL 21 OCT. 2018 NEGOTIATION AT COUNTER OF CIC IN PARIS

4.（1）PAYMENT TERMS:
PAYMENT WILL BE BY TRANSFERABLE IRREVOCABLE DOCUMENTARY CREDIT PAYABLE AT 60 DAYS FROM B/L DATE AGAINST FOLLOWING DOCUMENTS PRESENTATION:

（2）TRANSFERABLE CREDIT 有哪些特点？

5. DOCUMENTS TO BE PRESENTED WITNIN 21 DAYS AFTER SHIPMENT AND WITHIN VALIDITY OF THE L/C.
L/C WILL BE OPENED AND RECEIVED IN FRANCE LATEST 04 SEP., 2018.

二、办理进口批件操作

1.（1）合同中的商品是否要办理相关进口批件，若要，是什么批件，有效期多久，采用哪种管理模式？

（2）进口批件向谁申领，申领时需提供哪些材料（假如该公司今年是第一次申领），有几种申领方式？

（3）对于这种商品，数量在什么增减范围内予以免证验收？

2. 请参照本模块表 11-1 填写该批件的申请表内容。

三、申请开证操作

1. 根据合同，杭州 DDD 公司要向中国农业银行浙江省分行办理开立信用证申请，那需提交哪些文件？

2. 请根据合同内容，参照本模块表 11-1 填写开证申请表（假如开证行为中国农业银行浙江省分行）。

四、进口对外付汇操作

进口企业在开展进口业务之前，到当地外汇管理局办理"对外付汇进口单位名录"备案登记时，应提交哪些资料？

进口报检与报关

知识目标

1. 熟悉入境货物报检的相关程序
2. 了解进口货物申报的时间和地点
3. 熟悉一般进口货物申报时应交验的单证及申报程序
4. 掌握入境保税货物报关的基本程序

技能目标

1. 掌握填制入境货物报检单的技能
2. 掌握入境货物报关单的填报技能

孙总,对于进口的流程我已经基本掌握了,接下我要做什么?

小章,最近业务表现很不错,这几天进口基本业务流程都了解了,但在进口业务中报关报检非常重要。

章晓智在进口报检与报关时,应掌握哪些相关知识技能?
1. 进口报检手续
2. 进口报关手续

知识储备

一、进口报检

报检是指进出口商品的外贸关系人（包括生产单位、经营单位、进出口商品的收发货人和接运单位），按《商检法》《动检法》《卫检法》和《食品卫生法》的规定，对法定检验检疫的进出境货物，向检验检疫机构申请办理检验检疫、认定和鉴定的手续。

（一）进口报检的时限和地点

（1）对进口货物，应在入境前或入境时向入境口岸、指定的或到达站的检验检疫机构办理报检手续；入境的运输工具及人员应在入境前或入境时申报。

（2）进口货物需对外索赔出证的，应在索赔有效期前不少于 20 天内向到货口岸或货物到达地的检验检疫机构报检。

（3）输入微生物、人体组织、生物制品、血液及其制品或种畜、禽及其精液、胚胎、受精卵的，应当在入境前 30 天报检。

（4）输入其他动物的，应当在入境前 15 天报检。

（5）输入植物、种子、种苗及其他繁殖材料的，应当在入境前 7 天报检。

（二）进口报检的方式

1. 一般报检

一般报检是指法定检验检疫入境商品的货主或其代理人，持有关单证向卸货口岸检验检疫机构申请取得入境货物通关单，并对商品进行报检。对入境一般报检业务而言，签发入境货物通关单和对商品的检验检疫都由口岸检验检疫机构完成，货主或其代理人在办理通关手续后应主动落实检验工作。

2. 流向报检

流向报检也称口岸清关转异地进行检验检疫的报检，是指法定入境检验检疫商品的收货人或其代理人，持有关单证在卸货口岸检验机构报检，在取得入境货物通关单并通关后，由进境口岸检验检疫机构进行必要的检疫处理，商品调往目的地后再由目的地检验检疫机构进行检验检疫监管。申请进境流向报检商品的通关地与目的地属于不同的辖区。

3. 异地施检报检

异地施检报检是指已在口岸完成进境流向报检，商品到达目的地后由该批商品的货主或代理人在规定时间内向目的地检验检疫机构申请进行检验检疫的报检。异地施检报检时，应提供口岸检验检疫机构签发的入境货物调离通知单。

（三）进口货物报检应提供的单证

进口报检时，应填写《入境货物报检单》并提供合同、发票、提单等有关单证。下列情况应按照要求提供相关文件。

（1）凡实施安全质量许可、卫生注册或其他需审批审核的货物，应提供有关证明。

（2）品质检验的还应提供国外品质证书或质量保证书、产品使用说明书及有关标准和技术资料；凭样成交的，须加附成交样品；以品级或公量计价结算的，应同时申请重量鉴定。

（3）报检入境废物时，还应提供国家环保部门签发的《进口废物批准证书》和经认可的检验机构签发的装运前检验合格证书等。

（4）申请残损鉴定的还应提供理货残损单、铁路商务记录、空运事故记录或海事报告等证明货损情况的有关单证。

（5）申请重（数）量鉴定的还应提供重量明细单、理货清单等。

（6）货物经收、用货部门验收或其他单位检测的，应随附验收报告或检测结果以及重量明细单等。

（7）入境的国际旅行者，应填写入境检疫申明卡。

（8）入境的动植物及其产品，在提供贸易合同、发票、产地证书的同时，还必须提供输出国家或地区官方的检疫证书；需办理入境检疫审批手续的，还应提供入境动植物检疫许可证。

（9）过境动植物及其产品报检时，应持货运单和输出国家或地区官方出具的检疫证书；运输动物过境时，还应提交国家检验检疫局签发的动植物过境许可证。

（10）报检入境运输工具、集装箱时，应提供检疫证明，并申报有关人员健康状况。

（11）入境旅客、交通员工携带伴侣动物的，应提供入境动物检疫证书及预防接种证明。

（12）因科研等特殊需要，输入禁止入境物的，必须提供国家检验检疫局签发的特许审批证明。

（13）入境特殊物品的，应提供有关的批件或规定的文件。

（四）进口货物抽样、制样程序

检验检疫并出具结果的入境货物，均需检验检疫人员到现场抽取样品。样品必须按有关规定抽取。

重点提示

样品抽取方法

1. 进口合同中规定抽样方法的入境货物，按合同规定的标准或方法抽取。
2. 合同没规定抽样方法的，按照有关标准进行。
3. 所抽取的样品必须及时封识送检，以免发生意外并及时填写现场记录。
4. 所抽取的样品必须具有代表性、准确性、科学性。

凡需对所抽取样品经加工方能进行检验的过程称制样。样品制备的一般方法如下：

重点提示

样品制备的一般方法

1. 按部位制取，如纸张、面料性能检测。
2. 按几何形状制取，如金属材料的拉力等性能检测。
3. 按分析要求的化学成分制样，如粮谷、矿产品、铁合金等类的化学成分检验。

制样场地：机构实验室内制样；无条件的，可在社会认可的实验室制样。

样品的封存及存留：样品及制备的小样经检验检疫后重新封识，超过样品保存期后销毁；需留中间样品的，按规定定期保存。

（五）进口检验检疫方法

视频42：
报检、报关跟单

检验检疫是对入境应检对象，通过感官的、物理的、化学的、微生物的方法进行查验，以判定所检对象的各项指标是否符合合同及买方所在国官方机构的有关规定。

重点提示

进口检验检疫方法

感官方法：检验检疫人员用人体的感觉器官对货物的外观及内在品质进行检验，如眼看、耳听、鼻嗅、口尝、手摸等。

物理方法：检验检疫人员利用力学、电学、光学、声学等仪器仪表进行物理方面的检验检疫。

化学方法：检验检疫人员利用化学分析方法对货物的化学成分、有害含量进行检验检疫。

微生物方法：检验检疫人员利用微生物的方法对货物中的细菌、致病菌、微生物进行检验检疫。

隔离检验检疫：对需要隔离检验检疫的入境动物，先确定隔离场所，由检验检疫人员进行临诊检查和实验室检验检疫。对入境植物需隔离检验检疫的，应在口岸检验检疫机构指定的场所进行。

鉴定：除国家法律、行政法规规定必须经检验检疫机构检验检疫的对象外，检验检疫机构可根据对外贸易关系人、国外机构的委托，执法、司法、仲裁机构的委托或指定，对入境货物、动植物及其包装、运载工具等进行检验检疫或鉴定，并签发有关证书，作为办理入境货物交接、计费、通关、索赔等的有效凭证。

（六）进口货物检验检疫签证与放行

签证、放行是检验检疫机构检验检疫工作的最后一个环节。凡法律、行政法规、规章或国际公约规定须经检验检疫机构检验检疫的入境货物，检验检疫机构接收报检后，先签发入境货物通关单，海关据以验放货物。然后，经检验检疫机构检验检疫合格的，由检验检疫机构签发入境货物检验检疫情况通知单；不合格的，由检验检疫机构对外签发检验检疫证书，供有关方面对外索赔。需异地实施检验检疫的，口岸检验检疫机构办理异地检验检疫手续。

自出入境检验检疫管理职责和队伍划入海关总署后，原报关报检申报系统整合为一个申报系统，通过录入一张报关单（表12-1），上传一套随附单证，采用一组参数代码，实现一次申报、一单通关。

表 12-1 中华人民共和国海关出口货物报关单（新版）

预录入编号：　　　　　　　　　　海关编号：　　　　　　　　　　页码/页数：

境内发货人	出境关别		出口日期	申报日期		备案号	
境外收货人	运输方式		运输工具名称及航次号			提运单号	
生产销售单位	监管方式		征免性质			许可证号	
合同协议号	贸易国（地区）		运抵国（地区）		指运港	离境口岸	
包装种类	件数	毛重（千克）	净重（千克）	成交方式	运费	保费	杂费
随附单证及编号							
标记唛码及备注							
项号　商品编号　商品名称及规格型号　数量及单位　单价/总价/币制　原产国（地区）　最终目的国（地区）　境内货源地　征免							
特殊关系确认：　　　　　　　　　　　价格影响确认： 支付特许权使用费确认：　　　　　　自报自缴：							
报关人员　　报关人员证号　　电话　　兹申明对以上内容承担如实申报、依法纳税之法律责任 　　　　　　　　　　　　　　　　　　申报单位（签章）							海关批注及签章

二、进口报关

进口报关是指进口货物的收货人或其代理人向海关交验规定的单据、证件,办理进口货物申报手续的行为。进口货物到货后,由进口企业或委托外贸运输公司根据进口单据填写进口货物报关单,并随附其他单证向海关申报,海关查验货证无误并征缴税费后予以放行。进口报关的基本程序:申报→审核单证→查验货物→办理征税→结关放行。

(一)进口货物申报

1. 申报单位

在我国进口业务中,进口货物的报关手续一般由进口企业委托货运代理企业办理,也可自行办理。无论是委托代办,还是自行办理,根据我国《海关法》的规定,办理货物报关手续的企业都必须向海关办理报关注册登记,报关单位指派的报关员必须经海关培训并考核认可。未经海关准予注册登记的单位和未经海关考核认可的人员,不得直接向海关办理报关手续。

2. 申报时限和申报地点

进口货物的收货人在货物进境前就要做好申报准备,以便收到提货单证后按时向进口地海关办理申报手续。进出口货物的报关时限在《海关法》中都有明确的规定,进口货物报关时限与出口货物是不同的。进口货物的收货人或其代理人应当自载运该货物的运输工具申报进境之日起 14 天内,向海关办理进口货物的通关手续。这样规定的目的是加快口岸运行,促使进口货物早日投入使用,减少差错,防止舞弊。超过 14 天期限未向海关申报的,海关将征收滞报金。滞报金按日计征,其起征为规定的申报时限的次日,截止日为收货人向海关申报后海关接受申报的日期。滞报金的日征收金额为进口货物的完税价格的 0.5‰,滞报金起征额为 50 元,不足 50 元的免予征收。滞报金按日计收,进口货物收发货人及其代理人向海关申报之日也算在内。

3. 申报方式

办理进口货物的海关申报手续应当采用纸质报关单或电子数据报关单的形式,电子数据报关单与纸质报关单具有相同的法律效力。对采用电子数据报关单向海关申报的报关单位来说,更应注意因数据申报不实而引起的有关法律责任。因此,报关单位在报关数据发送前应认真核查所申报内容是否规范、准确,随附的单据、资料是否与所申报的内容相符,交验的各种单证是否正确、齐全、有效。

4. 进口报关交验的单证

在进口报关过程中,准备全套完整而正确的报关单据是非常重要的。任何进口货物的报关,在向海关递交已填好的进口货物报关单的同时,还必须交验有关的货运、商业单据和批准进口的证件,由海关审核各种单证是否一致,并由海关审核后加以盖章,作为提取货物的凭证。除进口货物报关单外,报关单证可分为基本单证、特殊单证和预备单证。

(1)进口货物报关单。为进一步深化海关报关作业无纸化改革,减少纸质单证流转,减轻企业负担,海关总署决定全面取消打印出口货物报关单证明联(出口退税专用)。在海关总署发布的关于全面取消打印出口货物报关单证明联(出口退税专用)公告中,指出从 2018 年 4 月 10 日后实施的启运港退税政策的出口货物,企业也将不会再取得出口货物报关单证明联(出口退税专用)。

同时,海关进出口货物整合申报自 2018 年 8 月 1 日起实施,原报关单、报检单合并为一张新报关单,原报关、报检共 229 个申报项目精简为 105 个。海关对进口、出口货物报关单和进境、出境货物备案清单布局结构进行优化,版式由竖版改为横版,纸质单证采用普通打印方式,取消套打,不再印制空白格式单证。原报关、报检单据单证整合为一套随附单证、一组参数代码,参照国际标准,统一了国别(地区)、港口、币制等 8 个原报关、报检共有项的代码。

(2)基本单证。基本单证是指与进口货物直接相关的商业或货运单证,主要包括因进口交易而产生的货物成交、包装、运输、结算和保险等进口商业单据。任何进口货物通过海关,都必须在向海关递交其填好的报关单的同时,交验有关的货运和商业单据,接受海关审核,并由海关审核后加盖印章,作为提取货物的凭证。

――――――――――――― 相关链接 ―――――――――――――

随报关单交验的商业单据

海运进口提货单,陆、空运运单,邮运包裹单,货物的发票(其份数比报关单少一份,须报关单位盖章),货物的装箱单(其份数与发票相等,须报关单位盖章)等。各种单据的内容必须齐全,且必须互相符合,做到单单相符、单证相符。

(3)特殊单证。特殊单证是指国家有关法律规定实行特殊管制的证件,主要包括:

① 进口货物许可证或自动进口许可证,是对进口贸易进行管理的一种行政保护手段。凡按国家规定应申领进口货物许可证的商品,报告时必须交验由对外贸易管理部门签发的进口货物许可证,并经海关查验合格无误后才能放行。

② 入境货物通关单及相关入境检验检疫证书。我国从 2001 年 1 月 1 日开始启用出境货物通关单,并在通关单上加盖检验检疫专用章,对列入《出入境检验检疫机构实施检验检疫的进出口商品目录》范围内的出口货物,海关一律凭货物报关地出入境检验检疫局签发的出境货物通关单验放。

③ 其他各类管理证件,包括机电产品进口证明文件、药品检验等主管部门签发的证件等。对国家规定的其他进口管制货物,报关单位也必须向海关提交由国家主管部门签发的特定的进口货物批准单证,由海关检验合格无误后再予以放行。

――――――――――――― 相关链接 ―――――――――――――

进口报关资格

海关规定,进口货物要由海关准予注册的报关企业或者有权经营进出口业务的企业负责办理报关纳税手续。从这一规定可以看出,报关权是海关授予企业向海关办理货物进出口手续的特有权利。外经贸管理部门批准企业经营进出口业务,但并不代表企业已享有报关权,只有有权经营进出口业务的企业向海关申请并办理了报关注册登记手续后才能获得报关权。

5. 滞纳金和滞报金

（1）滞纳金。

①征收范围。滞纳金是海关征收管理中的一种行政强制措施。在海关监督管理中，滞纳金是指应纳关税的单位或个人因在规定期限内未向海关缴纳税款而依法应缴纳的款项。按照规定，关税、进口环节增值税、消费税、船舶吨税等的纳税人应当自海关填发税款缴款之日起 15 日内缴纳进口税款，逾期缴纳的，海关依法在原应纳税款的基础上，按日加收滞纳税款 0.5‰的滞纳金。征收滞纳金的目的是通过纳税人承担增加的经济制裁责任，促使其尽早履行纳税义务。海关对滞纳金的征收是自缴纳期限届满次日起，至进出口货物的纳税义务人缴纳税费之日止，其中的法定假日不予扣除。旅客和个人邮递物品不征收滞纳金。

---- 相 关 链 接 ----

海关征收的各种进出口税费一律以人民币计征，进出口货物的成交价格及有关费用以外币计价的，计算税款前按货物适用税率之日所适用的计征汇率折合为人民币计算完税价格。

计征汇率为上一个月的第三个星期三（第三个星期三为法定节假日的，顺延采用第四个星期三）中国银行的外汇折算价，人民币元后采用四舍五入法保留4位小数。完税价格、税额采用四舍五入法计算至分，分以下四舍五入。各种进出口税费的起征点均为人民币50元。

② 征收标准。根据我国《海关法》和《关税条例》的规定，逾期缴纳的进出口货物的关税、进口环节增值税、消费税、船舶吨税等，由海关按日征收 0.5‰的滞纳金。滞纳金起征额为50元，不足50元的免予征收。具体计算公式是：

关税滞纳金 = 滞纳关税税额 × 0.5‰ × 滞纳天数

代征税滞纳金 = 滞纳代征税税额 × 0.5‰ × 滞纳天数

【例 12-1】国内某公司向香港购进日本皇冠牌轿车 10 辆，成交价格共为 CIF 境内某口岸 125 800 美元。已知该批货物应征关税税额为人民币 352 793.52 元。海关于 2018 年 10 月 11 日填发海关专用缴款书，该公司于 2018 年 11 月 6 日缴纳税款，计算应征关税的滞纳金（2018 年 10 月 26 日最后缴款日为星期五）。

【分析】纳税义务人应自海关填发税款缴款书之日 15 日内缴纳税款，逾期按日计征滞纳金。纳税期限，当天不计入，从海关填发缴款书第二天起算，缴纳期限的最后一日是双休日或节假日，则缴纳期限顺延至第一个工作日。

第一步：确定滞纳天数，最后缴款日为 2018 年 10 月 26 日（星期五），10 月 27 日至 11 月 6 日为滞纳期，共滞纳 11 天（10 月份有 31 日）。

第二步：计算滞纳金。

关税滞纳金 = 滞纳关税税额 × 0.5‰ × 滞纳天数

$$352\,793.52 \times 0.5‰ \times 11 = 1\,940.36\,(元)$$

（2）滞报金。滞报金是海关对未在法定期限内向海关申报进口货物的收发货人采取的依法加收的属经济制裁性的款项。征收滞报金的目的是加速口岸疏运，加强海关对进口货物的通关管理，促进进口货物收货人按规定时限申报。我国海关自 1987 年 8 月 1 日起实行滞报金制度。

①征收范围如下：

> **重点提示**
>
> ### 进口货物的报关期限
>
> 1. 邮运进口货物为邮局送达领取通知单之日起 14 日内（第 14 日遇法定节假日的，顺延至其后第一个工作日，下同）。
> 2. 转关货物自运输工具申报进境之日起 14 日内向进境地海关办理转关手续，逾期征收滞报金。货物在海关限定期限内运抵指运地之日起 14 日内，向指运地海关办理报关手续，逾期征收滞报金。
> 3. 其他运输方式的货物均为载运进口货物运输工具申报进境之日起 14 日内。

②征收标准。滞报金按日计征，其起征日为规定的申报时限的次日，截止日为收货人向海关申报后海关接受申报的日期。滞报金的日征收金额为进口货物的完税价格的 0.5‰，滞报金起征额为 50 元，不足 50 元的免予征收。滞报金按 6 日计收，进口货物收发货人及其代理人向海关申报之日也算在内。其计算公式为：

$$进口货物完税价格 = CIF 价格 = FOB 价格 + 运费/1 - 保险费率$$
$$进口货物滞报金 = 进口货物完税价格 \times 0.5‰ \times 滞纳天数$$

【例 12-2】载有进出口企业 A 从国外购进的进口货物的某海轮船 B 于 2018 年 6 月 5 日（周二）向上海海关申报进境，但 A 企业于 2018 年 6 月 28 日（周四）才向海关申报进口该批货物。该货物的 CIF 上海价格为 15 万美元。已知其适用中国人民银行公布的基准汇率为 1 美元 = 6.93 元人民币。计算应征收滞报金。

计算过程如下：

第一步：确定滞报天数。申报期限为自运输工具申报进境之日起 14 日，所以 A 企业应当最迟于 2018 年 6 月 19 日（周二）向海关申报进口货物。而实际申报日期为 6 月 28 日，所以滞报天数为 9 天。

第二步：确定进口货物完税价格，并折算为人民币。

$$完税价格 = 150\,000 \times 6.93 = 1\,039\,500\,(元)$$

第三步：计算滞报金。

$$进口货物滞报金 = 进口货物完税价格 \times 0.5‰ \times 滞纳天数 = 1\,039\,500 \times 0.5‰ \times 9 = 4\,678\,(元)$$

（二）进口货物查验

1. 查验的定义及目的

进口货物通过申报环节后，即进入查验环节。查验进口货物的目的是指海关以进口报关单为依据,依法在海关监管的区域内对进口货物的品名、规格、成分、原产地、货物状态、数量和价格等进行实际的检查和核对。进口货物,除经发货人申请、海关总署特准免验的以外,都应接受海关查验。查验的目的是审查进口货物的合法性;核对报关单证所报内容与实际到货情况是否符合,有无错报、漏报、瞒报等情况;验证申报审单环节的疑点,为征税、统计和后续管理提供可靠的监管依据等。

2. 查验的地点和时间

货物的查验一般在海关规定的时间和场所进行。查验的场所一般是海关监管区内的进口口岸、码头、车站、机场、邮局等地仓库或货场。对进口大宗散货、危险品、鲜活商品、落驳运输的货物,经进口发货人的申请,海关也可在装卸现场进行查验。对于成套设备、精密仪器、贵重物资和"门到门"运输的集装箱货物等在海关规定场所进行查验有困难的,需报经海关同意,并支付费用及提供往返交通工具和住宿,由海关派员到监管区域以外的场所进行查验。

3. 查验方法

海关查验的方法如表 12-2 所示。

表 12-2 海关查验的方法

彻底查验	即对货物逐件开箱查验,对货物品种、规格、数量、重量、原产地、货物状况等逐一与申报单详细核对
抽查	即按一定比例对货物有选择地开箱查验。对集装箱进行抽查,必须卸货。卸货程度和开箱比例以能够确定货物的品名、规格、数量、重量等查验指令的要求为准
外形查验	对货物的包装、标记唛头等进行查验核实。外形查验只能适用于大型机器、大宗原材料等不易搬运、移动,但堆放整齐、比较直观的货物

(三)进口关税缴纳

进口关税是指一国海关以进境货物和物品为征税对象所征收的关税,在国际贸易中,它一直被各国公认为是一种重要的经济保护手段。目前,我国进口关税的计征方法可以分为从价税、从量税、复合税(表 12-3)。表 12-4 列出了各计征标准的计算公式和计算程序。

表 12-3 进口关税计算方法

1. **从价税**是以课税对象的价格作为计征标准,以应征税额占价格的百分比为税率征收的关税。从价税的税额和价格成正比例关系,是包括中国在内的大多数国家使用的主要计征方法

2. **从量税**是以课税对象的计量单位(如重量、数量、容量、长度等)作为计征标准,以每一计量单位的应征税额征收关税。我国目前对原油、啤酒、胶卷和冻鸡等进口商品征收从量税

3. **复合税**是指在海关税则中,对一个税目中的商品同时使用从价、从量两种计征方法,计税时按两者之和作为应征税额征收的关税。从价税和从量税两种计征方法各有优缺点,两者混合使用可以取长补短,有利于关税作用的发挥。我国于 1997 年 10 月 1 日起对录像机、放像机等四类进口商品使用了复合税

表 12-4 各进口关税计算公式及程序

计征标准	计算公式	计算程序
从价关税	完税价格（CIF）×进口税率 （FOB+运费）÷（1-保费率）×进口税率 CFR÷（1-保费率）×进口税率	第一步：确定应税货物所适用的税率 第二步：确定应税货物的 CIF 价格 第三步：将外币计价的 CIF 价折算成人民币 第四步：按计算公式计算应征税额
从量关税（适合冻鸡、原油、啤酒、胶卷等）	进口货物数量×单位税额	第一步：确定单位税额 第二步：将外币计价的单位税额折算成人民币 第三步：确定进口货物数量 第四步：确定 CIF 价，计征环节税时需要
复合关税（适合录放像机、摄录机、数字相机等）	货物数量×单位税额×完税价格×税率	第一步：确定应税货物适用的税率 第二步：确定其实际进口量 第三步：确定应税货物的完税价格 第四步：将外币折算成人民币 第五步：按计算公式计算应征税额

【例 12-3】国内某公司向香港购进日本皇冠牌轿车 10 辆，成交价格合计为 FOB 香港 12 万美元，实际支付运费 5 000 元，保险费 800 美元。已知汽车的规格为 4 座位，汽缸容量 200，适用的最惠国税率为 28%，适用汇率为 1 美元=人民币 6.93 元，计算应征进口关税。

计算方法如下：

第一步：确定所适用的税率为 28%。

第二步：确定应税汽车的完税价格=120 000+5 000+800=125 800（美元）

第三步：将外币价格折算成人民币=125 800 美元×6.93=871 794.00（元）

第四步：按计算公式计算应征税款：

应征进口关税税额=完税价格×法定进口关税税率=871 794.00×28%=244 102.32（元）

（四）进口货物放行

对进口货物的放行是海关通关程序的最后一个环节。《海关法》第二十九条规定，除海关特准外，进口货物在收货人缴清税款或提供担保后，即可由海关签印放行。

1. 进口货物的放行条件

从收货人的角度看，放行只是海关在有关报关单及运输单据上签盖放行章，并将其退交收货人的一种形式。但在实际操作上，放行必须以海关审单和查验完毕并办理了征税手续或提供担保的手续作为前提条件。原则上，关税及其他进口税应用现款缴纳，而且已经审核查验的货物必须在交验付税并得到纳税凭证后才能放行，但是，为了加速验放，对信誉较好的纳税人，海关允许其在提供担保的基础上先行提物。

2. 进口货物放行手续

（1）签印放行。对于一般进口货物，在收货人或其代理人如实向海关申报并如数缴纳税款和有关费用后，海关在货物的进口货运单据上签盖"海关放行章"，进口货物的收货人凭以到海关监管仓库提取货物。

> **重点提示**

海关不予放行的情况

1. 违反《海关法》和其他进境管理的法律、法规非法进境的。
2. 单证不齐或应税货物未办理纳税手续，且未提供担保的。
3. 包装不良，继续运输足以造成海关监管货物丢失的。
4. 尚有其他未了事宜待处理的（如违章罚款未缴的）。
5. 根据海关总署指示不准放行的。

签发进口货物证明书。它是证明某项货物经海关监管合法实际进口的文件，一般在办完放行手续后由海关签发。

签发进口付汇进口货物报关单。海关在办结放行手续后，出具一份盖有海关验讫章的电脑打印报关单，并在报关单的右上角加贴防伪标签，交进口单位专门用于办理进口付汇核销手续。

（2）担保放行。海关事务担保是指与进境活动有关的自然人、法人或者其他组织在向海关申请从事特定的进境经营业务或者办理特定的海关事务时，以向海关交付现金、保函等方式，保证行为的合法性，或保证在一定期限内履行其承诺义务的法律行为。

海关事务担保的范围依据《海关法》的规定，在确定货物归类、估价和提供有效报关单证或者办结其他海关手续前，收货人要求放行货物的，海关应当在其提供与其依法应当履行的法律义务相适应的担保后放行。进口货物报关单类似表12-1所示出口货物报关单。

三、保税类货物进口报关

保税制度是国家为鼓励发展加工生产产品出口或在境内进行特定储存而设立的一项特殊的海关业务制度，即对那些在境内从事特定方式加工或存储的进口货物，在其尚未确定最终流向的前提下，给予其在海关监管之下暂免纳税的待遇，享有免税待遇的这些货物就叫作保税货物。保税货物的基本特征包括：

1. 经海关批准

任何货物不经海关批准，不能成为保税货物。海关按照《海关法》和相关法规、规章的规定，对符合保税货物条件的，给予批准保税，也就是在办理进口手续时暂缓纳税，待货物去向明确，如复运出口，则免于纳税；如果留在境内使用或销售，则照章纳税。

海关批准保税的范围包括：海关对符合保税货物条件的，批准加工贸易合同备案，包括来料加工合同备案、进料加工合同备案和外商投资企业加工贸易合同备案，核发加工贸易手册；批准设立保税仓库、出口监管仓库、保税物流中心（A型、B型）、保税工厂、保税集团；以及核准保税仓库、出口监管仓库、保税物流中心（A型、B型）、保税区、出口加工区、保税物流园区的保税业务等。

2. 是监管货物

保税货物是未办理纳税手续进境的货物，是海关的监管货物。保税货物从进境之日起就必须置于海关的监管之下,未经海关许可,不得开拆、提取、交付、发运、调换、改装、抵押、质押、留置、转让、更换标志、移作他用或进行其他处置。

3. 应复运出境

这既是海关对保税货物的监管原则,也是经营者必须履行的法律义务。一旦决定不复运出境,就改变了保税货物的性质,不再是保税货物。

(一)保税货物与减免税货物的区别

由于保税货物进境时暂缓纳税,容易与减免税货物相混淆,从而发生违法违规等情况,所以报关员应该掌握这两类货物的海关规定,并注意区分。下面我们从四个方面讲一下这两种货物的区别。

1. 性质不同

减免税货物是按照《海关法》《进出口关税条例》《进出口税则》和国务院发布的减免税规定实施的税收优惠,货物进口时海关按照规定免征或减征进口税,货物进口后在境内使用和消费,不再复运出境。保税货物是以在境内保税储存和加工成品复运出境为前提条件,未在境内最终使用和消费。另外,保税货物进境时是"暂缓纳税",如果最终去向是复运出口则免于征税;如果最终去向是在境内销售或使用,则应在转为正式进口时,按照一般进口货物征税及办理其他相应的海关手续。所以,保税是国家为了鼓励出口和对进出口企业提供便利而实行的优惠措施。

2. 货物范围不同

减免税货物是指《海关法》《进出口关税条例》《进出口税则》和国务院发布的减免税规定范围内的进出口货物,即法定减免税货物、特定减免税货物和临时减免税货物。保税货物是进口后缓办纳税手续,保税储存或加工成品复出口的货物。

3. 海关手续不同

减免税货物中,"法定减免税"货物只要符合《海关法》《进出口关税条例》和《进出口税则》规定范围内的减免税货物,不需要收发货人在货物进口前办理审批手续,由海关径直办理减免税;"特定减免税"货物,必须在货物进口前,由享受减免税的单位按照规定的程序办理减免税审批手续,由主管海关签发征免税证明,货物进境时,凭此证明向进境地海关办理减免税手续。保税货物中,保税仓库、出口监管仓库、保税物流中心在储存保税货物前应经海关批准、并获得海关签发的保税仓库登记证书或保税物流中心登记证书方可经营保税货物的业务;加工贸易企业的保税加工料件进口前,必须向海关办理合同登记备案手续,由海关签发加工贸易手册,方能进口。保税区、出口加工区、保税物流园区是经国务院批准设立的海关特殊监管区域,加工贸易和物流货物享受保税待遇,海关实行计算机联网管理。

4. 海关监管方式不同

减免税货物中,属于"法定减免税"货物,海关按规定办理了减免税手续,查验放行后,即为结关;"特定减免税"货物,海关按规定办理了减免税手续后,并未结关,海关仍进行后续管理,海关监管年限期满、办理解除监管手续才是结关。保税货物中,保税仓库储存货物及保税物流货物进口时,海关放行存入保税仓库及保税物流仓库,不是结关,海关仍进行监管。货物在储存期间不进行实质性加工,待最终去向确定、办结相应的海关手续,经海关核销后,才是结关;保税加工进口料件,海关按保税货物放行后,海关即进入后续管理,待加工产品复出口，经海关核销后才是结关。

（二）保税货物通关

保税货物的报关与一般进出口货物不同，它不是在某一时间办理了进口或出口手续后即完成了报关，而是要办理从进境、储存或加工到复运出境全过程的各种海关手续，才真正完成了保税货物的报关（图12-1）。

图12-1　保税货物通关基本程序

1. 合同登记备案

经营保税货物的单位持有关证件、对外签订的合同及其他有关单证向主管海关申请办理合同登记备案手续，海关核准后，签发有关登记手册。合同登记备案是向海关办理的第一个手续，须在保税货物进口前办妥，它是保税业务的开始，也是经营者与海关建立承担法律责任和履行监管职责的法律关系的起点。

2. 进口货物

在海关办理合同登记备案的保税货物实际进境时，经营单位或其代理人应持海关核发的该批保税货物的登记手册及其他单证，向进境地海关申报，办理进口手续。

3. 储存或加工后复运出口

保税货物进境后，应储存于海关指定的场所或交付海关核准的加工生产企业进行加工制造，在储存期满或经加工后再复运出境。经营单位或其代理人应持该批保税货物的登记手册及其他单证，向出境地海关申报办理出口手续。

4. 核销结案

在备案合同期满或加工产品出口后的一定期限内，经营单位应持有关加工贸易登记手册、进出口货物报关单及其他有关资料，向合同备案海关办理核销手续，海关对保税货物的进口、储存、加工、使用和出口情况进行核实并确定最终征免税之后，对该备案合同予以核销结案。这一环节是保税货物整个通关程序的终点，意味着海关与经营单位之间法律关系的最终解除。

知识回顾

一、单项选择题

转关运输的进口货物，如属许可证管理商品，其许可证应按下列哪种规定交验（　　）。

　　A. 应在办理转关运输手续时，直接向指运地海关交验

　　B. 应在办理进口手续时，直接向指运地海关交验

　　C. 应事先向指运地海关交验，经审核后由指运地海关核发"进口转关运输货物联系单"封交进境地海关

　　D. 在办理转关运输和进口手续时，分别向进境地海关和指运地海关交验

二、多项选择题

1. 下列哪些是属于我国商品进出口报检的依据（　　）。
   A. 《中华人民共和国进出口商品检验法》及实施条例
   B. 《中华人民共和国进出境动物检疫法》及实施条例
   C. 《中华人民共和国国境卫生检疫法》及实施细则
   D. 《中华人民共和国食品卫生法》

2. 我国《海关法》规定，进口货物收货人向海关申报的时限是自运输工具进境申报之日起（　　）天内。
   A. 7　　　　　B. 10　　　　　C. 14　　　　　D. 15

三、判断题

1. 入境货物报检时，应填写入境货物报检单，并提供合同、发票、提单等有关单证。
（　　）

2. 根据海关的现行规定，进口货物的收货人向海关报关的期限为货物到达第一进境地口岸之日起14天内。
（　　）

3. 在我国对进出口货物、技术实行许可管理中，涉及禁止进出口的货物只要凭进出口许可证就可以办理海关通关手续。
（　　）

4. 跟单员小李因商务活动从香港入境，随身携带香水两瓶（共100毫升），其入境时需要向海关申报，并接受海关监管。
（　　）

5. 依据我国《海关法》的相关规定，"保税货物"的含义是未办理海关手续和未缴纳关税的货物。
（　　）

6. 口岸海关对进出口货物查验后放行即意味着结关。
（　　）

技能训练

（2013年全国外贸跟单员考证题）青岛莆田机械设备公司（简称"青岛莆田公司"）是一家刚设立的专业从事机械产品的贸易公司，2012年7月15日首次与德国汉栎公司签订了购买大型挖掘机零件和挖掘机用空调部件的合同，贸易术语为CIF青岛。合同规定允许分批交货并以不可撤销远期信用证结算。

青岛莆田公司指派了外贸跟单员郭明全程进口跟单。郭明在接到公司布置的任务后，立即查阅相关资料，并从海关总署编写的《中国海关报关实用手册》（2012年版）中获知了相关信息。如果现在你是郭明，请依据上述背景资料，结合我国对外贸易的管理要求以及我国海关、商检的相关规定，填制操作流程并回答相关问题。

实训任务：

一、报检跟单

（1）如果在进口跟单环节中，口岸商检机关在集装箱内发现部分零部件采用原木木条框包装，经查，青岛莆田公司不能现场出示熏蒸证书。于是，口岸商检机关以涉嫌违反《中华人民共和国动植物检疫法》的有关规定，决定予以暂扣该集装箱并立案调查。你认为口岸商检机关的处理是否正确？为什么？

（2）该商品的报检与报关是何种关系？

二、报关跟单

（1）如果青岛莆田公司委托青岛四海报关行向青岛海关办理报关及其他海关事务，那么青岛莆田公司除了递交报关单和报关委托书、进口许可登记资料、商检通关单外，还需要递交哪些单证？

（2）如果青岛莆田公司为了获得优惠的进口关税税率，应该要求出口商提供一张什么证书？

第四单元

客户管理

模块十三

解读客户管理

知识目标

1. 知晓客户信息的收集方法与管理
2. 知晓客户的分类方法与管理
3. 知晓客户的联络跟踪方式
4. 知晓客户的服务技巧

技能目标

1. 熟练运用各种收集的方法收集客户信息
2. 熟练运用客户的分类方法对客户进行分类管理
3. 熟练掌握客户服务的各种技巧

经理,经过这几个月的实习,我收集了很多客户的信息,有时候因为沟通问题也收到过客户的投诉,但在这个过程中我受益颇多。

小章,很高兴你能在公司实习期间真正学到跟单技能。在跟单中其实客户管理非常重要,维护一位老客户的成本远远低于开发一位新客户,所以在客户管理这方面你还有许多要学习的新技能。

章晓智在客户管理时,应掌握哪些相关技能?
1. 客户信息收集与管理
2. 客户分类管理
3. 客户跟踪管理
4. 客户投诉处理

知识储备

视频43：客户信息收集管理

客户是企业生存和发展的根本源泉。客户关系管理，建立以客户为中心元素的信息协同管理，其目的是让企业能够很好跟踪客户，及时把握客户的动态，充分建立或调整企业的营销策略，从而与客户建立长期、稳定的合作关系。

跟单员对客户的管理与服务主要集中在客户信息的收集、整理、分类、跟踪巩固，以及处理投诉与补救失误。

一、客户信息收集与整理

跟单员应通过一切可能的渠道，利用多种收集方法收集、整理客户的信息资料，以便企业的业务人员与客户建立长期的业务往来。

（一）客户信息的主要作用

（1）客户信息是企业资源的重要组成部分。有效客户信息的获得成为企业开拓市场、取得成功的第一步。

（2）客户信息是企业创新的合作伙伴。创新是企业生存的灵魂，企业创新的过程就是不断研发新产品、开拓新市场的过程。而客户信息提供了关于未来产品的价格和性能的变化趋势，及时反映最新的市场动向，便于加强客户和企业的联系。客户信息成为企业和市场的一座桥梁，熟练地运用客户信息可以加快企业的创新步伐。

（3）客户信息是企业利润的部分来源。科学的客户信息管理是凝聚客户、促进企业业务发展的重要保障。客户信息是一切交易的源泉。由于客户信息自身的特点，进行科学的客户信息管理是信息加工、信息挖掘、信息提取和再利用的需要。通过客户信息管理，可以实现客户信息利用的最大化和最优化。

（二）客户信息的主要内容

1. 客户的基本资料

具体应该包括：客户的名称、地址、邮编、电话、传真、电子邮件、网址、负责人、账号、税号、工商登记号、所有制性质、业务范围、类别和规模等。

2. 客户的信用资料

具体应该包括：客户的注册资本、开业历史、信用额度、信用期限、结账日期和付款条件等。

3. 客户的经营资料

具体应该包括：销售人员、经营人员的数量、商圈范围、营业面积、仓储面积、运货方式、送货地点和竞争产品情况等。

4. 客户的业绩资料

具体应该包括：与客户每年甚至每个月的实际交易记录，客户历年的业绩额等。

5. 客户的个人资料

具体应该包括：客户的决策人或项目主要负责人的性别、年龄、生日、家庭状况、爱好、性格类型、社会阶层、生活方式、交往情况、个人影响力、具体行程、信用等级、个人发展计划和志向等。

6. 客户的其他资料

具体应该包括：客户最近的采购计划以及采购时间表、客户的主要竞争对手和合作伙伴有哪些、客户过去与哪些供应商合作过及合作情况等。

（三）客户信息收集的主要方法

1. 统计资料法

通过相关部门的统计调研报告、行业在报纸或者期刊等上面刊登的统计调研资料、行业团体公布的调查统计资料等采集、获取信息；通过企业内部的各种统计资料、原始记录、营业日记、订货合同、客户来函等采集、获取信息。

2. 观察法

主要是通过跟单员到跟单活动的第一线进行实地观察收集客户信息。

3. 会议现场收集法

通过参加业务会议交流采集、获取信息。

4. 阅读法

通过阅读报纸、杂志、书籍等资料文献采集、获取信息。

5. 视听法

通过电视、广播等媒介广告的信息资料采集、获取信息。

6. 多向沟通法

纵向沟通是加强企业内部上下级之间的信息交流，建立自下而上的信息联络网，既反映企业情况，又能取得上级有关部门的情报资料；横向沟通是行业内企业之间通过日常的客户拜访、电话询问、分析客户投诉情况等采集、获取信息。

7. 聘请法

聘请专职或兼职的信息员、顾问等组成智囊团，为企业提供情报。

8. 购买法

通过购买调查公司制作的专题信息资料采集、获取信息。

9. 网络收集法

通过内外部网络系统采集、获取信息。

（四）客户信息收集的主要途径

国内外贸易指南，国内外展览会，新闻传播媒体，各类商品订货会，行业、企业协会会议上的会员名录，产业公报，厂商联谊会，客户介绍，客户自行找上门等，加之现在的网络，都是收集信息的好途径。

（五）客户信息的汇总整理

跟单员应将从各种途径收集来的信息进行汇总整理，以便企业考虑如何选择分类标准进行客户分类和管理。客户的汇总整理就是把收集来的客户信息内容按类别、要求记录下来，整理成电子化文档资料，通过 Word、Excel 等办公自动化软件进行简单的编辑、统计等。具体操作可参考表 13-1 至表 13-4 的客户信息表格：

表 13-1　客户信息表

产品类别：　　　　　　　　　　　　填表人：
客户名称：　　　　　　　　　　　　编　号：

一、基础信息				
名　称			性　质	
行　业			地　址	
电　话			邮　编	
网　址			传　真	
成立时间			邮　箱	
经营范围			法人代表	
注册资金			经营规模	
税　号			结算方式	
开户银行			账　号	
工商登记号				
业务金额	旺季　　月，月业务量　　；淡季　　月，月业务量			
备　注				
二、联系人信息								

姓名	性别	生日	职务	*电话	*手机	传真	邮箱	爱好

备注：
（联系人家庭成员情况等）

表 13－2 ＿＿＿＿＿＿ 年客户交易记录表

客户类别：　　　　　　　　　　　　客户名称：
总体评价：

一、往年交易记录							
年度	数量	金额	均价	销售贡献率	已付款	尚欠款	欠款原因
备注							

二、本年交易情况						
数量	金额	均价	销售贡献率	已付款	尚欠款	欠款原因

客户信用评价	业务员评价： 业务经理评价： 主管经理评价：
退（换）货情况	
客户服务记录	

表 13-3 _____ 年客户统计表

客户编号	客户名称	国别	订单数	订单编号	交易额	平均每年交易额

表 13-4 _____ 年前五名客户名称及交易金额

客户序号	客户名称	交易金额	交易产品及价格	负责人员	备注
1					
2					
3					
4					

二、客户分类管理

跟单员要将从各种途径收集来的信息进行汇总、分析，进而对客户进行分类管理。并非每个客户都是重要的，有的客户所占有的服务甚至得不偿失。区别对待客户是提升利润的关键所在，挖掘大客户潜力是客户分类管理的核心。

视频 44：客户分类

（一）客户分类管理的主要作用

1. 甄别客户，分类管理，真正做到尊重客户

把客户加以甄别并实行分类管理是实施客户有效管理的前提，也是提高客户管理效率的关键，更是对客户实施有效激励的基础。

2. 精心做"大"，慎重放"小"，把握原则，禁走极端，真正做到长久、稳定的合作

大客户是为企业提供价值的核心客户，是企业的优质资源，但大客户依赖其市场运作能力而扰乱市场秩序的情况屡见不鲜，而市场上也需要小客户起到拾遗补阙的作用。因此，在实际管理大客户时，我们采取"危机管理意识"，与其建立起长远的、利益共享的、风险共担的合作关系，建立起能够实现"双赢"的合作模式，使合作完全在双方认可的"游戏规则"下进行。是否"淘汰"小客户，得立足于对其一定时间的长期跟踪。

处理客户大与小关系时，我们应把握好原则。一方面不要因为客户"大"就丧失管理原则，另一方面不要因为客户"小"就盲目嫌弃。否则，看似丢了一个小客户，实际上则是损失了一个将来的大客户。

3. 营造氛围，激励客户

核心客户自豪地享受着企业提供的一切服务，并努力保持着这种种尊贵地位，小客户则努力着使自己成为大客户，得以享受大客户所特有的优惠与便利，这是客户管理的理想境界。在实际操作中，我们针对客户采取差异化激励体系，让激励走出企业波及客户，让客户真正体会到企业的激励机制和企业文化。

（二）客户分类管理的原则

1. 可衡量性

可衡量性指客户分类必须是可以识别的和可以衡量的，亦即分类出来的客户不仅范围比较明晰，而且能大致判断该市场的大小，因而据此分类的各种特征应是可以识别和衡量的。

2. 需求足量性

分类出来的客户总量，必须大到足以使企业实现它的利润目标。在进行分类时，跟单员必须考虑客户的数量、他们的订单数量及金额。大的、关键的客户，应有足够的市场拓展能力，并且他们又有充足的货币支付能力，使企业能够补偿生产与行销成本，获得利润。

3. 可开发性

分类的客户应是企业的业务活动能够开发的，即分类出来的客户应是企业能够对其发生影响，产品能够展现在其面前的客户。

4. 反应差异性

分类出来的各类客户，对企业营销组合中任何要素的变动都能灵敏地做出差异性的反应。如果几类客户对于一种营销组合按相似的方式做出反应，就不需要为每一类客户制定一个单独的营销组合。例如，如果所有分类的客户按同一方式对价格变动做出反应，就无须为每一分类客户规定不同的价格策略。也就是说，这样的客户分类是不成功的。

（三）客户的分类方法

对客户的分类有许多标准，可以按以下不同的划分方式进行分类：

（1）按地理位置划分。以地区代码标示的客户，如 EU（欧洲）客户；AM（美洲）客户；AS（亚洲）客户；AU（澳洲）客户；AF（非洲）客户。如果某一国的客户特别多亦可单独区分，如日本客户、韩国客户、美国客户、俄罗斯客户、德国客户、法国客户等。

（2）按所在行业划分：日用品类客户、纺织品类客户、钢铁类客户等。

（3）按成交金额划分：通常是以某一时期（通常为一年），客户与企业成交的金额高低来分类。按照帕累托原则（20/80 原则），把客户划分为Ⅰ、Ⅱ、Ⅲ三大类。

Ⅰ类客户是公司最重要、最忠实的大客户，这类客户的成交额占企业销售总额的 70%左右，但客户数目却只占 10%左右。

Ⅱ类客户，它的成交额占企业销售总额的 20%左右，客户数目也占 20%，但这类客户却很有发展潜力。

Ⅲ类客户则与Ⅰ类客户正好相反，客户数目占 70%，但成交额却只占企业销售总额的 10%左右。

（4）按企业经营角度（表 13-5）划分：常规客户、潜力客户和头等客户三类。这主要是基于客户给企业带来利润的多少来划分的，这种客户分类更具有实际意义。

表 13-5 按企业经营角度分类的客户类型

客户层次	比重/%	档次	利润/%	目标性
头等客户（关键客户）	5	高	80	财务利益
潜力客户（合适客户）	15	中	15	客户价值
常规客户（一般客户）	80	低	5	客户满意度

（5）按与客户关系生命周期划分。与产品的生命周期一样，企业与客户的业务关系也存在导入期、成长期、成熟期、衰退期等这样的周期。交易开始时是导入期客户；交易额上升时是成长期客户；交易额趋于稳定时是成熟期客户；交易额减少时是衰退期客户。

（6）按时间紧缓划分：紧急客户、缓急客户、不紧急客户、可慢反应客户。

（7）按客户的信用状况划分：诚信客户、不诚信客户。

通常，在实际工作中跟单员往往将客户分为已交易客户、可能交易客户、潜在客户三大类型客户。

（四）客户分类管理的模式

1. 设立客户管理的专职部门，规范客户服务的内容、培训一批有沟通技巧的专职人员

客户管理部门的服务人员必须以客户为中心，最大限度地满足客户的合理要求。同时，客户管理部门要积极寻找获得企业员工的支持，因为与客户发生关系的不仅仅是客户管理部门，而要涉及经营管理企业的很多业务领域，客户管理离不开企业各个工作岗位员工的支持和合作，以减少客户资源管理中的阻力。

2. 建立客户档案资料，制作客户服务卡片

大多数处于初级阶段的小规模企业，企业的营业额总体比较小，并且企业的客户量不是很大，可以将一些客户档案形成电子化文档资料，通过 Word、Excel 等办公自动化软件进行简单的编辑、统计等操作。这种管理模式的优点是成本比较低，对管理人员的技术水平要求不高；企业发展到一定程度，客户的数量有一定的规模，必须建立完善的客户档案库，使客户信息融合在企业的信息化管理系统中，充分应用数据挖掘技术，根据企业客户档案的特点建立合理的数据挖掘分析模型和挖掘方法，从大量客户档案原始资料中通过数据选择和检测，揭示出隐含的具有潜在客户价值的信息。

通过档案资料可完整地了解客户，并能透过档案资料分析客户，做到预知预判，达到全面把握客户动态，避免不良情况发生，只有这样企业才能更好地对客户进行管理。

（五）客户的管理

跟单员应根据分类的情况，对客户实施有针对性的管理，对不同地区的客户还要按照其文化特点及亚文化背景实施个性化管理。

1. 分类管理

例如，按客户与企业成交的金额高低将客户划分为Ⅰ、Ⅱ、Ⅲ三大类，跟单员对这三类客户实施管理的内容如下：

跟单员对于Ⅰ类客户应加强跟踪管理，并给予价格的优惠，应优先保证其订单的交期，因为Ⅰ类客户是企业的重点客户，是企业利润的主要来源。

对Ⅲ类客户可以每季或每年进行跟踪,甚至可以放弃。

对Ⅱ类客户,跟单员也应进行必要的跟踪,其方法介于Ⅰ类和Ⅲ类之间。

同时,对Ⅰ、Ⅱ、Ⅲ三类客户的分类管理也应考虑其发展性,如Ⅰ类客户可能会演变成Ⅱ类客户,甚至Ⅲ类客户,而Ⅲ类客户也有可能上升为Ⅰ类、Ⅱ类客户。有时出于战略考虑,把Ⅲ类客户当成Ⅰ类客户来管理也是必要的,如某一地区只有一个客户,而这个客户是Ⅲ类客户,为了拓展这一地区的业务,加强对该客户的管理也是必要的。

2. 关系管理

例如,按企业经营角度将客户划分为常规客户、潜力客户和头等客户三类,跟单员对这些客户实施管理的内容如下:

(1)对于常规客户(或称一般客户),跟单员应建议企业通过让利给客户,从而增加客户的满意度,而客户也主要希望从企业那里获得直接好处,获取满意的客户价值。他们是经济型客户,下订单具有随机性,讲究实惠,看重价格优惠,是企业与客户关系的最主要部分,可以直接决定企业的短期现实收益。

(2)对于潜力客户(或称合适客户),他们希望从与企业的关系中增加价值,从而获得附加的财务利益和社会利益。这类客户通常与企业建立一种伙伴关系或者"战略联盟",他们是企业与客户关系的核心,是合适客户中的关键部分。

(3)对于头等客户(或称关键客户)。他们除了希望从企业那里获得直接的客户价值外,还希望从企业那里得到社会利益,如成为企业供应链中的成员等,从而体现一定的精神满足。他们是企业比较稳定的客户,虽然数目不占多数,但对企业的贡献高达80%左右。

3. 生命周期管理

跟单员在分析出与客户的生命周期之后,针对处于不同生命周期的客户就应这样去管理客户:重点跟进那些处于导入期、成长期的客户,并做好成熟期客户的服务工作,同时应尽力延续业务的衰退期,以接到更多的订单。

三、客户服务

客户服务体系是以客户为对象的整个服务过程的组织构成和制度构成。有效的客户服务体系是保证客户满意的必要条件,它能够增加客户满意度、培育客户忠诚度,为企业赢得良好的口碑,有利于扩大业务量,有利于树立良好的企业形象,使客户更多、更久地下订单给企业。反之,差的客户服务体系会降低客户满意度,使公司没有"回头客户",长期以后,必然会极大影响公司的业绩。

跟单员不仅要管理客户,更要为客户提供良好的服务。

(一)客户的联络跟踪

跟单员主要是通过电话、传真、邮件等方式定期与客户联络,跟踪客户的各种情况,及时处理问题,并最终与客户达成良好的合作关系。

1. 客户的联络与拜访

客户的联络与拜访是跟单员的重点工作之一,目的在于:创造一个与客户交流的机会,联络感情;通过交流,向客户传达资料、样品等无法表达的信息;了解客户的信用情况、经营状况、个人人格;听取对方的要求和建议等。

视频45:客户服务跟踪

具体操作可以按照表13-6的客户联络计划表进行。

表13-6 每月客户联络计划表

客户类别	头等客户 （关键客户）	潜力客户 （合适客户）	常规客户 （一般客户）
电话次数	4~5次	2~3次	1次
拜访次数	2	2	1
联络重点内容			
相关产品			
计划联络时间			
客户负责人员			
备注			

在对客户进行联络与拜访时，应注意以下几个方面的问题。

（1）联络与拜访时工作目的要明确。

每次联络与拜访必须目的明确，清楚自己能为客户提供什么样的服务，能为客户带来什么样的效益，能发现什么样的问题，能解决什么样的问题，不进行目的不明确的联络与拜访，以避免浪费客户的工作时间。

（2）联络与拜访工作准备要确保充分。

每次联络与拜访之前一定准备充足自己此次出差所需要的资料和物品，客户上次提出问题的解决办法等，做到有备而来。

（3）联络与拜访时掌握主动权，控制好时间。

每次联络与拜访不应与客户长时间地闲谈，控制好时间及时结束，以避免浪费客户的过多时间。在谈话时，应掌握谈话的主动权，不为客户所左右。

（4）利用自己的特长，在闲暇时间帮助客户干力所能及的工作。

（5）利用闲暇时间向在场的其他人介绍宣传企业。

2. 客户的跟踪

跟单员对客户的跟踪主要有订单跟踪、出货跟踪、产品跟踪、客户满意度跟踪。工作中主要是对这些资料进行统计记录，定期联络跟踪。

（1）订单跟踪。

当贸易合同签订以后，要根据合同规定的有关内容，填制订单跟踪表对客户进行全方位的跟踪。"订单跟踪表"格式如表13-7所示。

表 13-7 订单跟踪表

序号	订单编号	客户名称	客户类别	联系人	开票号	信用证号	数量金额	下单日期	交货日期	备注

（2）出货跟踪。

货物从出口商到进口商，在途跟踪、单据签收跟踪管理等应得到精细化的即时跟踪管理。"出货跟踪表"格式如表 13-8 所示。

表 13-8 出货跟踪表

客户名称		订单编号		数量规格		出货日期	
制造单号							
制造状况说明							
运输方式及承运人							
交货地点							
交货日期							
出货状况说明							
备注							

（3）产品跟踪。

产品是决定合同交易成功的关键所在，跟单员应该对企业产品进行全面了解，记录产品的重要数据内容，协助外贸业务员做好履约工作。"产品跟踪表"格式如表 13-9 所示。

表 13-9 产品跟踪表

项次	产品编号	品名规格	颜色	包装尺寸	外箱尺寸	净重	毛重	成本价	成交价	主要材料	备注

（4）客户满意度跟踪。

客户满意度就是客户接受产品或服务时感受到的质量与预期比较所产生的满足或愉快的感觉，这种感觉决定他们是否继续购买企业的产品或服务。

跟单员应根据产品的特定要求，定期向每个客户发送客户满意度调查表，了解客户的要求和需要。调查后按客户类别建立客户满意度统计表，对需要改善之处应形成报告交付主管，由相关部门执行。"客户满意度调查表"格式如表 13-10 所示。

表13-10 客户满意度调查表

序号	服务项目 \ 服务状态	非常满意		满意		尚可		不满意		极不满意		备注
1	产品交付状况与质量	10	9	8	7	6	5	4	3	2	1	
2	产品款式与先进性											
3	产品价格、费用											
4	市场退货、满意与反应情况											
5	对不良品的处理方式和结果											
6	技术支援情况											
7	维护、保修状况											
8	样品处理速度											
9	企业方面的配合度											
10	人员服务的礼貌态度与效果											
	总得分情况											

对我公司的其他宝贵意见

客户代表	调查日期

（二）客户投诉管理

投诉是指当顾客购买商品时，对商品本身和企业的服务都抱有良好的愿望和期盼值，如果这些愿望和要求得不到满足，就会失去心理平衡，由此会产生抱怨和想"讨个说法"的行为。

1. 客户投诉产生的原因

跟单员在从事跟单工作时，不管如何细心，都免不了会有客户的投诉。客户投诉的产生一般有两个来源：一是产品，二是服务。最根本原因是客户没有得到预期的服务，即实际情况与客户期望的差距。即使我们的产品和服务已达到良好水平，但只要与客户的期望有距离，投诉就有可能产生。

2. 客户投诉的目的

客户投诉的主要目的是希望他们投诉的问题能得到重视；能得到相关人员的热情接待；能获得优质服务，最终能使他们所遇到的问题得到圆满的解决。

3. 处理投诉的技巧

跟单员在处理客户投诉时的方法技巧：

（1）倾听：认真地听，不要打断。打断客户的投诉，是一种不礼貌的行为，会让客户感觉自己得不到尊重，激起客户的不满。

（2）控制：控制住客户不满或愤怒的情绪，采取缓兵之计，向客户表示同情、关心并安抚客户。

（3）处理：弄清客户想得到什么结果，必要时可转移目标，采用角色转换或替代，向客户提出多种解决问题的建议方案，选择一个最佳的解决问题的办法来答复对方，并得到客户的同意，圆满处理客户的投诉问题。

（4）适当让步：给客户适当的优越感。在不影响企业整体利益的情况下，稍微的一丝让步换来的是企业忠实的长期客户。

（5）主动回访：询问客户自己所做的是否满足了客户的需要和要求，客户对所做出的反应是否满意，感谢客户提出问题，引起自己的注意并解决了问题。

（6）拒绝：假设可能出现的几种情景及应对措施，把握好最终处理原则，超出原则不予接受。

（7）注意要点：注重处理客户投诉的要点。客户投诉的主要目的还是要求对他的投诉做出妥善的处理，所以处理客户的问题是最重要的一环，其中答复对方的解决方案是最关键的步骤。最终的答复方案应当做到明快、诚恳、稳妥六个字。

4. 客户投诉的处理步骤

投诉是"坏事"，也是好事，关键在于如何理解及面对。如果视客户投诉为灾难，企业将会背负沉重的压力，甚至影响企业的生存和发展。如果把它当作好事，投诉就是提高企业服务水平的工具：它可以指出公司的缺点；它是提供继续为客户服务的机会；它可以推动投诉客户成为公司的长期理性客户；它可以促使公司产品、服务更好地改进；它可以提高处理投诉人员的能力。

跟单员应认真分析投诉产生的原因，是产品品质不过关，是售后服务没跟上，还是企业的承诺没兑现，及时地、独立地或协助公司业务部门妥善处理好客户的投诉。

处理客户投诉的基本步骤：

（1）在管理中应该将客户投诉管理纳入日常工作，有专人负责。

（2）对于投诉事件应做出详细的记录，记录客户投诉内容，判定投诉性质并进行相关调查，确认造成客户投诉的具体责任部门及个人，从而确定投诉处理责任。

（3）由有关领导批示处理意见，提出解决办法进行整改，并做出相应的责任处罚。

（4）最后通知客户处理结果。

不论处理得如何，都应及时给客户反馈意见，最忌投诉没有下文，这样会造成投诉升级。

（5）所有投诉记录都应保存完好，存档备查。"客户投诉记录表"格式如表13-11所示。

表13-11 客户投诉记录表

投诉时间			客户名称		联系电话	
投诉问题	投诉产品					
	投诉服务					
投诉对象						
客户要求						
处理意见						
进展情况						
填表时间				填表人		

知识回顾

一、单项选择题

1. 客户关系管理是将（　　）作为最重要的企业资源。
   A. 客户　　　　B. 企业　　　　C. 银行　　　　D. 有关部门
2. 成交额和客户数分别占本公司总额的70%和10%左右的，其为（　　）。
   A. Ⅰ类客户　　B. Ⅱ类客户　　C. Ⅲ类客户　　D. Ⅳ类客户
3. 客户对产品和售后服务不满意，对此，跟单员应本着（　　）的原则，处理好客户投诉。
   A. 退货　　　　B. 退款　　　　C. 双方满意　　D. 中止合同

二、多项选择题

1. 外贸跟单员在处理客户投诉时，必须针对不同的客户、不同的地区和不同的商品分别采用不同的方法（方式）来处理，其中主要的方法有（　　）。
   A. 电话或传真　　　　　　　　B. 书信或电子邮件
   C. 运用GPS　　　　　　　　　D. 现场沟通
2. 按照客户与企业的成交金额高低，通常以一年为期，可以将客户分为（　　）。
   A. 关键客户、合适客户与一般客户　　B. 头等客户、潜力客户与常规客户
   C. A类客户、B类客户与C类客户　　　D. 重点客户、一般客户与非重点客户

三、判断题

1. 客户信息的收集可以通过购买法、网络收集法、会议现场收集法、观察法等多种途径。（　　）
2. 现代企业管理中，越来越多的外贸企业通过ERP系统进行管理，即通过信息技术等手段，实现企业内部资源的共享，提高管理效率和企业的盈利能力，降低交易成本。（　　）
3. 企业的组织结构主要有直线制、职能制、事业部制和矩阵结构等形式。（　　）

4. CRM 的核心是客户价值管理，就是以客户为中心并为客户提供最合适的个性化服务。　　　　　　　　　　　　　　　　　　　　　　　　　（　　）

5. "看板"是 JIT 生产方式中独具特色的管理工具，其本质就是跟单。　（　　）

技能训练

浙江金苑有限公司（Zhejiang Jinyuan Co., Ltd.）于 2006 年 9 月 18 日与英国 ROSE Co., Ltd. 签订一份订购合同。（合同内容详见模块二的技能训练）

实训任务：

假如英国 ROSE Co., Ltd. 收到蓝天服装厂产品后，发现部分产品颜色不正，尺寸规格也不符合合同的要求并立即向浙江金苑有限公司（Zhejiang Jinyuan Co., Ltd.）提起投诉，请问外贸跟单员该如何处理此事？

附　录

附录一：跟单必备国际贸易英语常用词汇

贸易价格术语
FOB（free on board）离岸价
CFR（cost and freight）成本加运费价
CIF（cost, insurance and freight）到岸价
freight 运费
wharfage 码头费
landing charge 卸货费
customs duty 关税
port dues 港口税
import surcharge 进口附加税
import variable duties 进口差价税
commission 佣金
return commission 回佣，回扣
price including commission 含佣价
net price 净价
wholesale price 批发价
discount / allowance 折扣
retail price 零售价
spot price 现货价格
current price 现行价格/时价
indicative price 参考价格
customs valuation 海关估价
price list 价目表
total value 总值

贸易保险术语
All Risks 一切险
F.P.A.（Free from Particular Average）平安险
W.A./ W.P.A（With Average or With Particular Average）水渍险
War Risk 战争险
F.W.R.D.（Fresh Water Rain Damage）淡水雨淋险
Risk of Intermixture and Contamination 混杂、玷污险

Risk of Leakage 渗漏险
Risk of Odor 串味险
Risk of Rust 锈蚀险
Shortage Risk 短缺险
T.P.N.D.（Theft，Pilferage & Non–delivery）偷窃提货不着险
Strikes Risk 罢工险

贸易机构词汇
WTO（World Trade Organization）世界贸易组织
IMF（International Monetary Fund）国际货币基金组织
CTG（Council for Trade in Goods）货币贸易理事会
EFTA（European Free Trade Association）欧洲自由贸易联盟
AFTA（ASEAN Free Trade Area）东盟自由贸易区
JCCT（China–US Joint Commission on Commerce and Trade）中美商贸联委会
NAFTA（North American Free Trade Area）北美自由贸易区
UNCTAD（United Nations Conference on Trade and Development）联合国贸易与发展会议

贸易方式词汇
stock 存货，库存量
cash sale 现货
purchase 购买，进货
bulk sale 整批销售，趸售
distribution channel 销售渠道
wholesale 批发
retail trade 零售业
hire–purchase 分期付款购买
fluctuate in line with market conditions 随行就市
unfair competition 不合理竞争
dumping 商品倾销
dumping profit margin 倾销差价，倾销幅度
antidumping 反倾销
customs bond 海关担保
chain debt 三角债
freight forwarder 货运代理
trade consultation 贸易磋商
mediation of dispute 商业纠纷调解
partial shipment 分批装运
restraint of trade 贸易管制
RTA（Regional Trade Arrangements）区域贸易安排
favorable balance of trade 贸易顺差
unfavorable balance of trade 贸易逆差

special preference 优惠关税
bonded warehouse 保税仓库
transit trade 转口贸易
tariff barrier 关税壁垒
tax rebate 出口退税
TBT（Technical Barriers to Trade）技术性贸易壁垒

进出口贸易词汇

commerce，trade，trading 贸易
inland trade，home trade，domestic trade 国内贸易
international trade 国际贸易
foreign trade，external trade 对外贸易，外贸
import，importation 进口
importer 进口商
export，exportation 出口
exporter 出口商
import licence 进口许可证
export licence 出口许可证
commercial transaction 买卖，交易
inquiry 询盘
delivery 交货
order 订货
make a complete entry 正式/完整申报
bad account 坏账
Bill of Lading 提单
marine bills of lading 海运提单
shipping order 托运单
blank endorsed 空白背书
endorsed 背书
cargo receipt 承运货物收据
condemned goods 有问题的货物
catalogue 商品目录
customs liquidation 清关
customs clearance 结关

贸易伙伴术语

trade partner 贸易伙伴
manufacturer 制造商，制造厂
middleman 中间商，经纪人
dealer 经销商
wholesaler 批发商

retailer, tradesman 零售商
merchant 商人，批发商，零售商
concessionaire, licensed dealer 受让人，特许权获得者
consumer 消费者，用户
client, customer 顾客，客户
buyer 买主，买方
carrier 承运人
consignee 收货人

附录二：纺织服装相关术语

(一) 衣服、裤子尺寸常用词汇

1. 裤子

腰围 waist
脾围 thigh
脚围 hem/ bottom
前浪 front rist（Incl.W/B）
内长 inseam
门襟长 fly length
耳仔长 loop length
约克高（后中度）yoke depth at C.B.
袋盖 pocket flap
袋宽 pocket width

臀围 hip
膝围 knee
脚高 hem depth
后浪 back rist（Incl.W/B）
外长 outseam
腰宽长 waist band
耳仔宽 loop width
约克高（侧骨度）yoke depth at side seam
袋拉链长 zip length at pocket
袋长 pocket length

2. 衣服

胸围 chest
腰围 waist
肩宽 shoulder
前长 front length
袖笼/夹圈（直量）armhole in straight
袖口 sleeve open
衣领 collar
领宽 neck opening
领尖高 collar point
后背宽 cross back
中袖 half sleeve
无袖 sleeveless

前胸围 cross front
脚围（下摆）hem
后中长 C.B. length
袖笼/夹圈（弯量）armhole in curve
袖长 sleeve length
袖肥 sleeve width
领高（后中）collar height（CBK）
领深 neck drop
领尖距 collar spread
长袖 long sleeve
短袖 short sleeve

(二) 服装常用词汇

服装 garments/clothing/ apparel

时装 fashion

定制服装 customer made　　　　　　毛呢服装 woolen garment
棉布服装 cotton clothes　　　　　　丝绸服装 silk garment
化纤服装 chemical fiber garment　　牛仔服 cowboy wear
西服 suit　　　　　　　　　　　　　裘革服装 fur or leather garment
羽绒服装 down garment　　　　　　 中山服 Zhongshan Jacket
夹克衫 jacket　　　　　　　　　　　衬衫 shirt（男）/ blouse（女）
人造毛皮服装 artificial fur and leather garment

（三）纺织服装辅料常用词汇

揿钮 snap　　　　　　　　　　　　 铆钉 rivet
衬料 interlining　　　　　　　　　　热熔衬，黏合衬 fusible interlining
抽带 drawstring　　　　　　　　　　肩垫 shoulder pad
胶袋 poly bag　　　　　　　　　　　胶夹，别针 clip
包装（拷贝纸）tissue paper　　　　 吊牌 hang tag
贴纸 sticker　　　　　　　　　　　　条码贴纸 tape sticker
衣架 hanger　　　　　　　　　　　　套洁 bartack
衬里 backing　　　　　　　　　　　（拉链）门襟 fly facing
（拉链）里襟 crotch　　　　　　　　搭环，夹头 keeper
孔眼 eyelet holes　　　　　　　　　 织带 braid
松紧带 elastic　　　　　　　　　　　网眼布 eyelet
风纪扣 eyes hooks　　　　　　　　　花边，蕾丝 lace
罗纹 ribbing　　　　　　　　　　　　魔术贴 magic tag
线 line　　　　　　　　　　　　　　 唛头 label
主唛 necklabel　　　　　　　　　　　尺码唛 sizelabel
洗水唛 washing label　　　　　　　　吊牌 hangtang

（四）纺织品测试中常用词汇

dry clean 干洗
machine washing 机洗
appearance retention after wash 洗后外观
colour fastness 色牢度
light fastness 光晒色牢度
rubbing fastness 摩擦色牢度
tensile strength 拉伸强度
water resistance 抗水性
fabric weight 布面（织物）克重
tearing strength 撕破强度
bursting strength 顶破强度
seam strength 接缝强度
fiber composition 纤维成分组成

abrasion resistance 耐磨牢度
heavy metal 重金属
accessories test 辅料测试
hand wash 手洗
washing fastness 水洗色牢度
perspiration fastness 汗渍色牢度
water repellency 拒水性（喷雾测试）
yarn count 纱支数
formaldehyde content 甲醛含量
AZO dye 偶氮染料（有害）成分
flammability 燃烧性能
dimensional stability 尺寸稳定性（缩水率）
zipper strength 拉链强度
appearance retention 外观稳定性
fabric density（per inch）织物密度（每英寸）
rain test 雨淋测试
care instruction 养护建议/指示
pH value 酸碱度值
PCP 五氯苯酚（纺织品、皮革制品和印花色浆等中使用的一种防霉防腐剂）

参 考 文 献

[1] 全国外贸跟单员培训认证考试专用教材编写组. 外贸跟单理论与实务 [M]. 北京：中国商务出版社，2015.
[2] 余世明. 外贸跟单理论与实务 [M]. 广州：暨南大学出版社，2011.
[3] 童宏祥. 外贸跟单实务 [M]. 上海：上海财经大学出版社，2014.
[4] 李东. 外贸与业务跟单实操细节 [M]. 广州：广东经济出版社，2007.
[5] 李浩妍. 外贸跟单实务 [M]. 北京：科学出版社，2017.
[6] 李二敏，赵继梅. 外贸跟单操作 [M]. 北京：高等教育出版社，2018.
[7] 赵东明. 外贸跟单实务 [M]. 2版. 北京：对外经济贸易大学出版社，2016.
[8] 姚钟华，王锡耀. 外贸跟单实务 [M]. 北京：中国财政经济出版社，2008.
[9] 邵作仁. 外贸跟单操作实务 [M]. 北京：中国商务出版社，2017.